Sete ensaios de interpretação da realidade peruana

José Carlos Mariátegui

Tradução
Felipe José Lindoso

2ª Edição

Expressão Popular

São Paulo 2010

Dados Internacionais de Catalogação-na-Publicação (CIP)

M333s   Mariátegui, José Carlos, 1894-1930
          Sete ensaios de interpretação da realidade peruana /
    José Carlos Mariátegui ; tradução [de] Felipe José Lindoso.
    -- 2.ed.-- São Paulo : Expressão Popular : Clacso, 2010.
          336 p.--(Coleção Pensamento Social Latino-Americano)

             Indexado em GeoDados - http://www.geodados.uem.br
             ISBN 978-85-7743-064-2

             1. Peru (País) - História. 2. Ensaios peruanos - Séc1ilo
    XIX. 3. Índios - Peru -Condições Sociais. 3. Educação -
    Peru. 4. Regionalismo - Peru. 5. Agricultura - Peru. 6. Peru -
    Condições econômicas. 7. Indigenismo - Peru. I. Lindoso,
    Felipe José, trad. II. Título. III. Série.

                                                         CDD 985
                                                         868.9935

Bibliotecária: Eliane M. S. Jovanovich CRB 9/1250

COLEÇÃO PENSAMENTO SOCIAL LATINO-AMERICANO

Sete ensaios de interpretação da realidade peruana

José Carlos Mariátegui

Tradução
Felipe José Lindoso

Consejo Latinoamericano
de Ciencias Sociales CLACSO Conselho Latino-americano
de Ciências Sociais

expressão
POPULAR

Colección Pensamiento Social Latinoamericano

Director de la Colección Emir Sader, Secretario Ejecutivo de CLACSO

Coordinador Académico Pablo Gentili, Secretario Ejecutivo Adjunto de CLACSO

Área de Difusión y Producción Editorial de CLACSO
Coordinador Jorge A. Fraga

Diseño editorial
Responsable: Zap Design

Arte de Tapa Zap Design

Programa de Publicaciones en Português
Edición en Português Ana Cristina Teixeira, Geraldo M. de Azevedo Filho, Miguel C. Yoshida e Rodrigo Nobile
Traducción Felipe José Lindoso
Impresión Cromosete

Primera edición
Sete ensaios de interpretação da realidade peruana (São Paulo: CLACSO/Expressão Popular, maio de 2008)

ISBN 978-85-7743-064-2

Editora Expressão Popular Ltda.
Rua Abolição, 201 | Bela Vista | 01319-010 | São Paulo - SP | Tel [11] 3105 9500 | Fax [11] 3112 0941
e-mail <livraria@expressaopopular.com.br> | web <www.expressaopopular.com.br>

CLACSO
Consejo Latinoamericano de Ciencias Sociales - Conselho Latino-americano de Ciências Sociais
Av. Callao 875 | piso 3° | C1023AAB Ciudad de Buenos Aires | Argentina
Tel [54 11] 4811 6588 | Fax [54 11] 4812 8549 | e-mail <clacso@clacso.edu.ar> | web <www.clacso.org>

Não é permitida a reprodução total ou parcial deste livro, nem seu armazenamento em um sistema informático, nem sua transmissão em qualquer formato ou por qualquer meio eletrônico, mecânico, fotocópia ou outros meios, sem a autorização do editor.

A responsabilidade pelas opiniões expressadas nos livros, artigos, estudos e outras colaborações incumbe exclusivamente os autores firmantes, e sua publicação não necessariamente reflete os pontos de vista da Secretaria Executiva de CLACSO.

Sumário

PRÓLOGO À EDIÇÃO BRASILEIRA 9
Rodrigo Montoya Rojas

BIBLIOGRAFIA SOBRE JOSÉ CARLOS MARIÁTEGUI 23

SETE ENSAIOS DE INTERPRETAÇÃO DA REALIDADE PERUANA
José Carlos Mariátegui
    Advertência 31
    Esquema da evolução econômica 33
        1. A economia colonial 33
        2. As bases econômicas da república 36
        3. O período do guano e do salitre 39
        4. Caráter da nossa economia atual 42
        5. Economia agrária e latifundismo feudal 46
    O problema do índio 53
        1. Sua nova colocação 53
        2. Revisão histórica sumária 61
    O problema da terra 67
        1. O problema agrário e o problema do índio 67
        2. Colonialismo-feudalismo 70
        3. A política do regime colonial: despovoamento e escravidão 72
        4. O colonizador espanhol 75
        5. A "comunidade" durante o regime colonial 78
        6. A revolução da independência e a propriedade agrária 81
        7. Política agrária da república 84
        8. A grande propriedade e o poder político 87
        9. A "comunidade" sob a república 91
        10. A "comunidade" e o latifúndio 96
        11. O regime de trabalho. Servidão e assalariado 99
        12. "Colonialismo" de nossa agricultura da costa 106
        13. Propostas finais 109

O processo da educação pública 115
  1. A herança colonial e as influências francesa e estadunidense... 115
  2. A reforma universitária – Ideologia e reivindicações 129
  3. Política e ensino universitário na América Latina 136
  4. A Universidade de Lima 138
  5. Reforma e reação 141
  6. Ideologias em contraste 153

O fator religioso 163
  1. A religião do *Tawatinsuyo* 163
  2. A conquista católica 169
  3. A independência e a Igreja 183

Regionalismo e centralismo 191
  1. Colocações básicas 191
  2. Regionalismo e *gamonalismo* 195
  3. A região na república 199
  4. Descentralização centralista 204
  5. O novo regionalismo 207
  6. O problema da capital 210

O processo da literatura 221
  1. Testemunho de parte 221
  2. A literatura da colônia 225
  3. O colonialismo sobrevivente 229
  4. Ricardo Palma, Lima e a colônia 234
  5. González Prada 242
  6. Melgar 251
  7. Abelardo Gamarra 253
  8. Chocano 256
  9. Riva Agüero e sua influência. A geração "futurista" 260
  10. "Colónida" e Valdelomar 265
  11. Nossos "independentes" 274
  12. Eguren 276
  13. Alberto Hidalgo 286
  14. César Vallejo 290
  15. Alberto Guillén 300
  16. Magda Portal 305
  17. As correntes de hoje. Indigenismo 311
  18. Alcides Spelucin 326
  19. Balanço provisório 328

Prólogo à edição brasileira

RODRIGO MONTOYA ROJAS

Os *Sete ensaios de interpretação da realidade peruana* foi publicado em Lima, Peru, em 1928. Trata-se de um livro fundamental, escrito por um autodidata brilhante, que morreu em 1930 quando tinha apenas 35 anos e era a melhor esperança do socialismo peruano e latino-americano. Começou trabalhando no posto mais humilde de uma gráfica. Lia tudo o que ali se publicava e logo começou a escrever até se tornar um jornalista de primeira ordem. Ainda muito jovem, foi para a Itália e andou pelo velho continente com olhos de ver e aprender. Esteve próximo do movimento intelectual e político da época e depois de três anos regressou, em 1923, segundo suas próprias palavras "com algumas ideias e uma mulher", ou seja, o socialismo e Ana Chiappe, mãe de seus quatro filhos. Tinha o rosto impecavelmente andino, uma cabeça universal e um coração suficientemente grande para se colocar ao lado dos operários, dos camponeses, dos indígenas com outras línguas e culturas, dos condenados da terra, dos sem-terra de todo o mundo. Não regressou para copiar o que tinha visto na Europa e sim para se servir do que aprendeu e olhar o Peru a partir de dentro. Tinha nascido em Moquegua – uma terra distante, no Sul do país, mas passou em Lima a parte substantiva de sua curta vida. Nunca foi um limenho ou um provinciano habituado a confundir o Peru com Lima. Essa foi uma diferença fundamental com os políticos e intelectuais de seu tempo.

Uma voz autônoma no mundo da esquerda

Em vez de repetir as teses dos partidos comunistas e socialistas europeus, partiu de uma observação fundamental: os índios representavam três quartos da população peruana da época; e de uma conclusão original: o socialismo peruano não podia se colocar à margem dos índios, não deveria ser "nem decalque nem cópia e sim uma criação heroica". O que se conhecia em 1923 do Peru interior? Pouco ou nada, porque os políticos e os intelectuais tinham os olhos voltados para a Europa e confundiam Lima com o Peru. As tarefas dos socialistas então seriam três, segundo Mariátegui: olhar, observar e entender o Peru, organizar os operários, camponeses e indígenas e, depois, formar um partido socialista.

O primeiro número da revista *Amauta*, a mais importante da história peruana, tem na capa o rosto de um índio, obra do grande pintor indigenista José Sabogal.[1] O primeiro artigo desse número foi "Tempestade nos Andes", no qual seu autor – Luis Eduardo Valcárcel, pai do indigenismo e fundador da antropologia peruana – anunciava que a revolução peruana baixaria dos Andes, que as hostes rebeldes indígenas já estavam prontas e que só lhes faltava o Lenin que não tardaria em aparecer. Em seus 32 números, *Amauta* foi uma tribuna aberta de encontro entre política e vida, entre política e literatura e entre informação e reflexão. A psicanálise, condenada pelo marxismo europeu, era objeto de atenção dos socialistas peruanos. Começava assim uma extraordinária aventura de política e cultura. Os excluídos de sempre, os índios e os intelectuais das províncias, foram convidados a figurar na revista com plenos direitos. Nesses tempos, pela primeira vez foi possível olhar as terras altas dos Andes. Da Amazônia não se dizia nada: para se ir de Lima a Iquitos, às vezes se preferia dar uma volta pelo Atlântico

---

[1] A palavra *amauta* em quéchua quer dizer mestre, pensador. Como fundador da revista *Amauta*, José Carlos Mariátegui ficou conhecido e recordado como o "*Amauta* José Carlos".

e sulcar o Amazonas através de Manaus. Devido a sua doença, e por ter perdido uma perna, José Carlos não conheceu os Andes nem a Amazônia, mas recebeu, no "recanto vermelho" de sua casa em Lima, os índios que chegavam a Lima vindos de todos os lugares para exigir do Estado a atenção que mereciam.

Em 1928, foi formada a Central Geral de Trabalhadores do Peru (CGTP), com a decisiva participação de José Carlos. Eram tempos nos quais os dirigentes operários escreviam textos sindicais, políticos e literários. Ele fundou também a revista *Labor*, consagrada em seus dez números especialmente aos operários. No mesmo ano de 1928, José Carlos fundou o "Partido Socialista". Ele sabia muito bem que o socialismo não podia se confundir com o comunismo. Os funcionários da Terceira Internacional tentaram convencê-lo a mudar de nome e José Carlos disse não, simplesmente não.

Dos sete ensaios, José Carlos consagrou três ao esquema da evolução econômica, ao problema do índio e ao problema da terra. Nos quatro restantes, abriu um processo, no sentido jurídico, de iniciar um julgamento da educação pública, da implantação da igreja católica, do centralismo de Lima e da literatura peruana. O elemento comum que atravessa todos esses ensaios é a implacável crítica que Mariátegui faz aos dirigentes políticos e aos intelectuais que tinham os olhos voltados para Madrid, Paris e Nova York, e praticamente não entendiam nada do que acontecia no centro do Peru.

Como escreveu José Carlos, a república peruana teve um pecado original: nasceu em 1821 sem os índios e contra os índios. Quarenta anos antes, Túpac Amaru II, o índio que comandou a rebelião indígena e nacional mais importante do vice-reinado espanhol, foi vencido, torturado e seu corpo foi destroçado pelos quatro cavalos que puxaram seus braços e pernas. Foram assassinados todos os dirigentes índios que o acompanharam e o mesmo aconteceu com Túpac Katari, o dirigente da mesma rebelião no que hoje se chama Bolívia. Os *criollos*, filhos de espanhóis nascidos na América, não convidaram os índios para a festa da independência. Também não houve nenhum dirigente índio que tenha exigido o direito dos povos originários para participar das novas repúblicas. Apesar dessa exclusão, foram os índios que defenderam a república do Peru quando esse país foi ocupado pelos chilenos na guerra de 1879-1884, enquanto uma parte dos *criollos* deixou passar os invasores. Depois da dor e da vergonha da ocupação chilena, d. Manuel González Prada perguntou, em um célebre discurso em Lima, em 1888, quem eram os verdadeiros peruanos. Respondeu afirmando que Lima não era o Peru, que o Peru começava nos contrafortes andinos e que os verdadeiros peruanos eram os índios e não os descendentes de espanhóis que se aliaram aos chilenos. Desde então se continua discutindo até hoje se Lima e os Andes são ou não partes do Peru. Os termos excludentes da discussão – "Lima é o Peru" e "Lima não é o Peru" – mostram a profunda fratura da sociedade peruana e a enorme dificuldade para aceitar "os outros" como membros com plenos direitos como "nós". Uma visão integral do Peru sem exclusões, aparentemente tão simples como a defendida por Mariátegui, ainda não pode se generalizar no Peru. A confrontação que produziu o Sendero Luminoso como "partido marxista, leninista, maoísta, pensamento de Mao e pensamento de Gonzalo" (Abimael Guzmán) é uma expressão contemporânea dessa grave fratura estrutural do Peru.

Desde 1888 até hoje, fala-se no Peru do problema indígena como problema do país. Em outras palavras, os índios seriam parte do problema do Peru. Se o Peru não tivesse índios, supõem os racistas, viveríamos no melhor dos mundos. A direita e a esquerda tinham, na época de Mariátegui, pontos de vista muito diferentes sobre o assunto. No terreno da direita, a solução oferecida para o problema indígena era a educação e a redenção espiritual. Os índios deixarão de ser índios e cheios de vícios, se forem educados, diziam e ainda dizem os descendentes dos espanhóis. D. Manuel González Prada foi quem sustentou, pela primeira vez, que o problema principal era a servidão indígena derivada do problema da terra. José Carlos tomou o bastão e ofereceu, em três ensaios deste livro, os argumentos para sustentar que o ponto de partida de toda reforma política devia ser a eliminação do latifúndio e, como consequência, da servidão. Em nome de seu deus e de seu rei, os espanhóis se apropriaram de toda a terra do vice-reinado e com ela formaram grandes latifúndios. Durante o século 16, índio queria dizer, no Peru, habitante da América; depois, a partir do século 17, foi sinônimo de servo ou escravo. Para considerar a importância dos senhores da terra, não bastava medir apenas a extensão de suas fazendas, mas sim, sobretudo, o número de seus índios. "Meus índios", "teus índios", "nossos índios". Depois passaram a ser "meus *cholos*", "teus *cholos*", "nossos *cholos*",[2] categorias ainda vigentes no Peru de hoje, ainda que sem a força que tinham em 1928. Nessa concepção, não se tratava nem se trata de pessoas e sim de objetos. Do diagnóstico do latifúndio como problema, era muito fácil passar a uma proposta alternativa: nem senhores nem servos, apenas cidadãos com direitos iguais e com trabalho digno para viver. Uma proposta de reforma agrária como essa não foi aceita pelas classes dominantes nem para ser discutida. Foi considerada como um atrevimento insustentável e simplesmente atribuída ao comunismo internacional. A reforma agrária anunciada demoraria 40 anos para chegar ao país.

Durante o primeiro terço do século 20, os índios não tinham vozes próprias. Por eles e elas falavam outros, principalmente os indigenistas, que não eram índios e sim, principalmente, intelectuais e artistas que defendiam a causa indígena de modo paternalista. O indigenismo foi, no Peru, um estado de ânimo a favor dos índios, uma defesa de sua produção artística e uma primeira tentativa de colocar no cenário político alguns de seus direitos.

A obra do *Amauta* – produzida apenas nos sete anos de seu regresso da Itália (1923-1930), recolhida depois em 20 volumes – é, como escrevi em outro texto:

> um ponto de partida, rico, fértil, cheio de múltiplas possibilidades para entender o Peru e para colocar as bases de sua transformação socialista possível. Sua reflexão intelectual teve uma marca permanentemente política, livre, autônoma, antidogmática, aberta ao novo e firme no trabalho nessa direção.

Tese 1. O pecado original do Peru é ter se formado sem o índio e contra o índio. Optar pelo Peru incaico e renunciar ao Peru colonial é a chave sociológica da sociedade peruana. A literatura começa a ser peruana somente quando inclui o componente indígena.

Tese 2. O Peru é uma nacionalidade em formação, é um conceito a ser criado. Os índios – três quartas partes da população – constituem o

---

[2] *Cholo* é o filho de um espanhol com uma índia. *Cholo* era uma palavra indígena de Barlavento, Colômbia, que significava vira-lata, cachorro sem *pedigree* nenhum, sem valor.

alicerce dessa nacionalidade em formação. Apenas uma insensibilidade moral explica por que isso é ignorado.

Tese 3. Não é suficiente ver os fragmentos do Peru, o ideal é ter uma visão do Peru integral. Não tem sentido ignorar seu componente hispânico. Apesar da carnificina da conquista e da exploração colonial, a história do Peru também foi criada com aluviões do Ocidente. O Peru é apenas um fragmento do mundo. A ciência e a técnica do Ocidente constituem uma herança irrenunciável. O descobrimento da América, em geral, e do império incaico, em particular, constituem o começo da modernidade, da utopia de uma sociedade justa. Não existe um conflito real entre a revolução e a tradição.

Tese 4. O socialismo não deve ser confundido com o indigenismo. O indigenismo foi útil para condenar o *gamonalismo*[3] e o feudalismo. O socialismo não é uma solução indigenista e, por isso, filantrópica do problema do índio. A literatura indigenista foi feita por mestiços. Chegará o tempo da literatura indígena.

Tese 5. Em 1927, só era possível começar a colocar o problema indígena. Resolvê-lo era um assunto do futuro. O ponto de partida para a solução do problema indígena é colocado como um problema essencialmente econômico e social. Os gestores da solução dos problemas dos índios devem ser os próprios índios.

Tese 6. O socialismo na América Latina não deve ser decalque ou cópia e sim uma criação heroica. O socialismo é de origem europeia, mas existe na tradição americana. A comunidade camponesa pode se converter na célula do Estado socialista moderno e a tradição de solidariedade camponesa é fundamental. Mas o socialismo não significa voltar ao socialismo inca.

Tese 7. A esperança indígena é absolutamente revolucionária. Existe uma consanguinidade do movimento indigenista com as correntes revolucionárias do mundo. Para que o socialismo seja socialismo e peruano deve se solidarizar com as reivindicações indígenas. É necessário dar à luta indígena um caráter de luta de classes.[4]

---

[3] *Gamonales* (sing. *Gamonal*) são os latifundiários dos andes peruanos. Como o termo tem uma conotação própria, manteremos a grafia original. Gamonalismo, portanto, é o sistema latifundiário. (N.T.)

[4] Rodrigo Montoya, "Siete tesis de Mariátegui sobre el problema étnico y el socialismo en el Perú", in *Anuário Mariateguiano*, v. II, n. 2, 1990, pp. 45-68.

Imediatamente depois da morte de José Carlos, os comunistas peruanos, inteiramente submetidos à linha política da Terceira Internacional com sede em Moscou, mudaram o nome do partido socialista para "partido comunista" e, como escreveu Aníbal Quijano, "enterraram seu pensamento". Acusaram Mariátegui de populista e deram às palavras "mariateguismo" e "amautismo" o significado de desvio pequeno-burguês por prestar atenção aos índios, à sua liberdade, e por ver o Peru para mais além dos antolhos do partido comunista soviético. A partir dos anos de 1960, esses mesmos adversários de Mariátegui se transformaram em "mariateguistas" para usar seu nome como guarda-chuva e aval de suas teses, sem levar em consideração nenhuma das suas teses centrais sobre o Peru e o socialismo. Aconteceu o mesmo com outras novas organizações políticas surgidas nos anos de 1960, que também se declararam "mariateguistas" para se beneficiar do prestígio desse nome, enquanto sua prática política se orientava, principalmente, pelas tendências do Partido Comunista Chinês.

Sua morte, em 1930, coincidiu com a derrota do movimento operário e popular tão importante nos anos de 1920. As ditaduras de Sánchez Cerro, Benavides e Manuel Prado (1930-1945) acabaram com a organização alcançada pelos trabalhadores. Os dirigentes dos partidos e dos sindicatos e os intelectuais revolucionários foram encarcerados, desterrados, alguns assassinados e outros obrigados a se refugiarem no trabalho acadêmico à margem das lutas populares.

Em 2005, depois de 77 anos, os *Sete ensaios de interpretação da realidade peruana* é o livro mais vendido e traduzido da história peruana, de alguma maneira comparável no Brasil aos textos de Sérgio Buarque de Holanda, Caio Prado Jr. e Gilberto Freyre. A comparação tem sentido porque se trata de textos para conhecer a realidade dos países. Mas Mariátegui foi um caso excepcional pelo seu compromisso político com o socialismo peruano e mundial.

O problema da terra entre 1928 e 2005

O que aconteceu com o problema da terra? Uma mudança muito grande. A prédica de Mariátegui em seus *Sete ensaios* contribuiu para difundir a reivindicação de uma reforma agrária como necessidade urgente no país. Os camponeses tomaram em suas próprias mãos a tarefa de realizá-la. Hugo Blanco, em 1962, como secretário de reforma agrária da Federação de Camponeses de Cuzco (FDCC), conseguiu que essa Federação decretasse uma reforma agrária sem o pagamento da terra. "Terra ou morte" foi a palavra de ordem. Em seguida, em boa parte dos Andes e da costa peruana, aconteceram ocupações de fazendas. Seguindo o exemplo da revolução cubana, grupos de guerrilheiros tentaram se articular com os movimentos camponeses, provocando uma violenta resposta do Exército. As tomadas de terra e as guerrilhas foram vencidas, e os militares chegaram à conclusão de que, se o problema da terra não fosse resolvido, apareceriam no horizonte novos movimentos camponeses e armados, assim como muitos outros dirigentes como Hugo Blanco.

A reforma agrária de 1969 – imposta pelo governo militar do general Velasco Alvarado, a mais radical de todas as reformas da América Latina – expropriou com um pagamento relativamente simbólico 10 milhões de hectares, extensão importantíssima na agricultura peruana. Com astúcia extraordinária, os militares reconheceram o valor das terras que os próprios fazendeiros tinham declarado para evitar ou reduzir a quase nada o pagamento de impostos, sem levar em consideração o preço de mercado das terras.[5] Essa medida foi decisiva para fazer desaparecer do cenário político a classe dos latifundiários servis e os servos de fazenda, para expulsar a grande burguesia do campo, devolver terras para as comunidades camponesas e formar empresas cooperativas de produção.[6] Essa reforma agrária foi uma surpresa política, organizada em grande segredo, como uma operação militar. Não faz sentido imaginar que os militares dirijam processos democráticos de reformas políticas. Eles impuseram uma reforma agrária

---

[5] "O peixe morre pela boca", é a frase que melhor expressa a astúcia dos militares.

[6] As comunidades camponesas do Peru se formaram a partir de 1569. Diante do desmedido interesse pela terra por parte dos conquistadores, a coroa espanhola reservou uma "terra do comum" para os índios sobreviventes. A eles foi entregue a posse, mas não a propriedade e, por isso, não podiam vendê-las. Eram as terras mais pobres. Essa é uma instituição básica do país: em 2005, existe mais de 5 mil comunidades camponesas oficialmente reconhecidas e é nelas onde se juntam a tradição inca e colonial.

sem consultar os interessados. Ofereceram a terra àqueles que não a tinham pedido: os sindicatos de operários agrícolas nunca reivindicaram a propriedade da terra, queriam principalmente melhores salários, melhores condições de vida e escolas para seus filhos. De um dia para o outro, disseram a eles que seriam sócios cooperativistas e proprietários dos complexos canavieiros e das fazendas algodoeiras. Levaram muitos meses para se sentirem proprietários e, quando tomaram decisões importantes, entraram em conflito aberto com os militares que, por princípio, não aceitam outras opiniões que não sejam as suas. Sentindo-se donos, os operários-sócios aumentaram substancialmente seus salários, diminuíram suas horas de trabalho, na prática de oito ou dez para duas, eliminaram os capatazes que os controlavam tão rigidamente e substituíram os engenheiros de grandes salários por profissionais filhos de seus amigos com remunerações mais baixas. Os operários agiam como fazendeiros, tentando desfrutar de sua nova situação. Naqueles anos de 1970, os dirigentes dos partidos de esquerda não tinham uma alternativa diante do modo de produção capitalista. Também não a tinham os dirigentes operários e camponeses.

Os chefes militares e seus assessores de esquerda não perguntaram às comunidades camponesas o que queriam fazer com suas terras. A um certo número delas, que tinham sido grande fazendas de gado, impuseram uma estranha forma iugoslava de propriedade social (Sociedades Agrícolas de Interesse Social – Sais). O conflito entre os operários-sócios que trabalhavam e os comuneiros-sócios que não trabalhavam, mas recebiam proventos, apareceu desde o primeiro momento e não podia durar.

Com a reforma agrária houve uma vitória política e, ao mesmo tempo, um fracasso econômico. Os beneficiados sentiram-se livres para tomar decisões e libertar-se da opressão anterior, mas sua produção e produtividade caíram. Os modelos associativos impostos pelos militares tiveram uma vida muito curta.

Em 1980, quando as cooperativas e empresas associativas estavam já em crise aberta, apareceu no horizonte político o movimento armado Sendero Luminoso. Essa organização comunista considerava que as cooperativas e comunidades camponesas faziam parte do Estado e, por isso, deveriam ser dinamitadas.

Abimael Guzmán, seu dirigente máximo, estava convencido da justeza de "sua linha correta" e impôs a demolição do Estado, começando de baixo. Os senderistas informaram aos camponeses e sócios das cooperativas, às autoridades locais das comunidades, municípios e governos, que o poder nasce do fuzil, que a construção de um novo Estado supõe a demolição do velho Estado. O resultado do fracasso dos modelos de reforma agrária imposto pelo governo militar e a força destruidora do Sendero Luminoso deixaram o campo peruano numa crise gravíssima. Os simentais[7] de raça das fazendas de criação de gado foram entregues aos comuneiros e sua carne vendida nos mercados. Uma grande parte das cooperativas foi parcelada. As terras das "Sociedades Agrícolas de Interesse Social" passaram para as comunidades e seus operários perderam os empregos. Que extraordinária contradição! A prática política que acabo de descrever se fazia em nome da aliança da classe operária e do campesinato.

O governo de Alan Garcia (1985-1990) encarnava a esperança de um partido, a Aliança Popular Revolucionária Americana – Apra, fundada por Víctor Raúl Haya de la Torre que, em 60 anos de história, passou por ilusões revolucionárias, lutas reais antiditatoriais e compromissos firmes com seus antigos inimigos da direita.[8] A esperança popular foi destruída porque seu governo não resolveu nenhum dos principais problemas do país: ao contrário, agravou-os. Uma inflação de 7 mil por cento é um dado suficientemente expressivo. Com sua inépcia e corrupção, contribuiu para o crescimento do Sendero Luminoso e para que se multiplicasse sua presença no país.

Depois da década perdida dos anos de 1980, desde 1990 até agora está em marcha um processo de privatização das antigas cooperativas canavieiras para voltar ao velho sistema da agricultura capitalista. O lema deixado pelo governo de Fujimori, e seguido pelos governos seguintes, é muito simples: privatizar tudo.

---

[7] Raça bovina de origem europeia (N.E.)
[8] Nos anos de 1920, Victor Raúl Haya de la Torre e José Carlos Mariátegui tiveram uma história comum e, depois, caminhos diferentes. Compartilharam o anti-imperialismo e a convicção de resolver primeiro o problema da terra e a servidão. Os trabalhos de Germaná e Franco são úteis para entender essa polêmica.

Com um raciocínio fundamentalista, os funcionários do capital e pregoeiros da globalização propõem que não sobre nada do velho Estado redistribuidor.

Em outro texto escrevi:

O êxito político da reforma agrária é plenamente compatível com seu fracasso econômico, na medida em que a redução da jornada de trabalho de oito para três ou duas horas diárias e o aumento constante de salários para trabalhar menos e ganhar mais levaram as empresas a um colapso inevitável. A imposição forçada da produção cooperativa como um meio de coletivizar a economia, descuidando do aspecto individual, foi lamentável. O igualitarismo como ideal resultou contraproducente porque nas cooperativas se pagava salários iguais para os que trabalhavam mais e para os que trabalhavam menos. Se tivessem levado em conta as diferenças individuais que são essenciais, teriam seguido uma política salarial diferente, pagando mais para os que trabalhavam mais e menos aos que trabalham menos.[9]

O erro político e teórico mais grave cometido pelo governo militar e seus assessores civis foi ter acreditado que bastava mudar o regime de propriedade para mudar o mundo. O mundo não muda substancialmente se os dominados passam a ser dominadores e se os dominadores passam a ser dominados. Com a simples inversão de posições, só mudam de nome os beneficiados e vítimas de um sistema injusto. Esse erro é uma das razões que explica o naufrágio da União Soviética e do chamado socialismo realmente existente na Europa oriental. Trata-se, em última instância, da lição mais importante que devemos aprender.

Mariátegui chegou até o ponto preciso de exigir resolver o problema da terra. Ainda não se tinham debatido os problemas da construção do socialismo. Em 1930, a população do Peru era um pouco menos que 6 milhões de habitantes, agora é de 28 milhões. O aumento demográfico é enorme, enquanto a capacidade produtiva continua sendo exígua. Se nos tempos de Mariátegui cerca de 80% da população vivia no campo e 20% nas cidades, hoje as tendências praticamente se inverteram. Lima passou de 600 mil habitantes a 8 milhões. Os indígenas, que representavam três

---

[9] Rodrigo Montoya, 1994, "El problema étnico y el socialismo en tiempos de Mariátegui y en 1994".

quartos da população, hoje só representam um terço. A pobreza de 54% da população é consequência direta dessas mudanças.

Um novo sujeito político no cenário: os índios

Uma das mudanças notáveis na vida política do Peru foi o surgimento dos indígenas como atores políticos:

À margem da esquerda e, em vários casos, contra a esquerda, surgiu uma liderança indígena na Amazônia peruana, o que constitui uma novidade fundamental no país. Aquela região que, nos anos de 1920, não era levada em consideração, está agora na cena política do país devido à conjunção de vários fatores. É uma área de expansão da fronteira agrícola e pecuária do país, de onde provém uma parte significativa dos alimentos que se consomem no país. Há 25 anos os povos indígenas avançam em seus processos de organização autônoma. O Congresso Amuesha, em 1969, foi o primeiro embrião de organização indígena. O mais recente é a Coordenadora Indígena da Bacia Amazônica (Coica, 1988) que agrupa as organizações nacionais de indígenas do Brasil, Bolívia, Peru, Colômbia, Venezuela, Suriname. O território, a língua, a cultura, o respeito à dignidade são suas mais importantes reivindicações.[10]

É, além disso, a região de produção da folha de coca, que convertida em droga ou cocaína, é o produto de maior rentabilidade econômica do país. A desconfiança indígena da Amazônia a respeito das organizações de esquerda se multiplicou desde que o Sendero Luminoso e o Movimento Revolucionário Túpac Amaru assassinaram dirigentes e habitantes Asháninkas da selva central do país.[11]

Diferentemente do que acontece no Equador e na Bolívia, ainda não apareceu nos Andes peruanos um movimento político indígena autônomo. É possível que surja como fruto da união de vários embriões que, em 2005, apontam nessa direção. En-

---

[10] Os povos indígenas reivindicam um território próprio; isto é, uma extensão da floresta na qual possam circular livremente fazendo a rotação das terras de plantio em função de seu modo de produção original; em contraste com o sedentarismo e com a noção de "parcela", que é uma extensão de terra. Território quer dizer Terra Grande. Para uma visão mais detalhada do crescimento da ação indígena na Amazônia ver o capítulo "La ciudadania étnica como un nuevo fragmento en la utopia de la libertad" de meu livro *Al borde del naufrágio: democracia, violencia y problema étnico en el Perú* (1992).

[11] Rodrigo Montoya, 1994, "El problema étnico y el socialismo en tiempos de Mariátegui y en 1994".

tre esses, poderia mencionar três: a) Coordenadora Nacional de Comunidades Camponesas Afetadas pela Mineração (Conacami) que, à margem das organizações agrárias centradas em temas estritamente camponeses, se levanta contra as grandes empresas mineradoras que deixam a terra sem frutos, os rios sem peixes e os céus sem aves. b) Nas favelas de Lima, particularmente em Villa El Salvador, o movimento "Integración Ayllu" propõe uma defesa firme da cultura andina quéchua a partir do conceito do *ayllu* que, em quéchua, quer dizer grupos de parentes. Seus promotores sustentam que os filhos devem compartilhar a língua, a cultura, a espiritualidade dos pais. A partir da defesa da língua e da cultura, o grupo avança e talvez proponha a formação de um movimento indígena quéchua. c) Finalmente, a partir da Amazônia, a Associação Interétnica para o Desenvolvimento da Selva (Aidesep) anima a Coordenadora de Organizações de Povos Indígenas de Peru (Copip), que dá seus primeiros passos para a aproximação dos povos quéchuas e aimaras dos Andes, os povos da costa e os grupos afro-peruanos. Para poder contar com uma proposta política autônoma, ainda resta a necessidade de libertar essas organizações dos laços de dependência das Organizações Não Governamentais (ONGs), que aportam recursos e influenciam sua dinâmica.

Rodrigo Montoya Rojas
Professor Emérito da Universidad Nacional Mayor de San Marcos
Lima, abril de 2005.

Tradução de Felipe José Lindoso

Bibliografia sobre José Carlos Mariátegui

Bibliografia mínima no Brasil
MARIÁTEGUI, José Carlos
1975 – *Sete ensaios de interpretação da realidade peruana*. Tradução de Salvador Obiol e Caetano Lagrasta; apresentação de Florestan Fernandes. São Paulo: Alfa-Omega. A primeira edição do livro aqui apresentado está esgotada.

2005 – *Do sonho às coisas: retratos subversivos*. Seleção, tradução e apresentação de Luiz Bernardo Pericás. São Paulo: Boitempo.

1982 – *Política*. Organização de Manoel L. Bellotto e Anna Maria M. Corrêa. São Paulo: Ática.

AMAYO, Enrique e SEGATTO, José Antônio, organizadores.
2002 – *José Carlos Mariátegui e o marxismo na América Latina*. Araraquara: Unesp, FCL, Laboratório Editorial; São Paulo: Cultura Acadêmica.

ESCORSIM, Leila
2006 – *Mariategui vida e obra*. São Paulo: Expressão Popular.

Bibliografia mínima no Peru
ARICÓ, José (seleção e prólogo)
1978 – *Mariátegui y los orígenes del marxismo latinoamericano*. Cuadernos de Pasado y Presente. Segunda edição, México: Flores-Galindo Alberto.

1981 – *La agonía de Mariátegui, la polémica con la Komintern*. Lima: Desco.

FLORES-GALINDO, Alberto e Portocarrero, Ricardo (Editores)
1989 – *Invitación a la vida heroica José Carlos Mariátegui, antología*. Lima: Instituto de Apoyo Agrario.

FRANCO, Carlos
1983 – "Haya y Mariátegui: los discursos fundadores". In: *El Perú de Velasco* I. Lima: Ediciones Cedep.

GERMANÁ, César
1977 – "La polémica Haya-Mariátegui: reforma o revolución en el Perú". *Cuadernos de Sociedad y Política*, n. 2, Lima.

MARIÁTEGUI, José Carlos
1994 – *Mariátegui total*. Tomo I: *La obra medular; Correspondencia*. Tomo II: *Escritos juveniles. Iconografía*. Seleção de textos de Sandro Mariátegui Chiappe. Edição Comemorativa do Centenário de José Carlos Mariátegui. Lima: Empresa Editora Amauta, 3.908 p.

MESSEGUER, Diego
1974 – *José Carlos Mariátegui y su pensamiento revolucionario*. Lima: Instituto de Estudios Peruanos.

MONTOYA, Rodrigo
1994 – "El problema étnico y el socialismo en tiempos de Mariátegui". *In: Anuario Mariateguiano.* Lima, v. II, n. 3, pp. 67-82

1992 – *Al borde del naufragio: democracia, violencia y problema étnico en el Perú.* Madri: Talasa.

1990 – "Siete tesis de Mariátegui sobre el problema étnico y el socialismo". *In: Anuario Mariateguiano*, Lima: 2, pp. 45-70.

1989 – *Lucha por la tierra, reformas agrarias y capitalismo en el Perú del siglo XX.* Lima: Mosca Azul Editores.

QUIJANO, Aníbal
1981 – *Reencuentro y debate: una introducción a Mariátegui.* Lima: Mosca Azul Editores.

Revista *Amauta* – 1926-1930 - edição em facsímile, com uma "nota" preparada por Alberto Tauro. Lima: Empresa Editorial Amauta, 32 números reunidos em 6 volumes.

Revista *Labor* – 1928, 1929 – edição em facsímile, Lima: Empresa Editora Amauta. 10 números reunidos em um volume.

TAURO DEL PINO, Alberto
1960 – *Amauta y su influencia.* Biblioteca Amauta, v. 19 da série *Obras completas.*

Sete ensaios de interpretação da realidade peruana

José Carlos Mariátegui

*"Ich will keinen Autor mehr lesen, dem man anmerkt,
er wollte ein Buch machen; sondernnur jene, deren
Gedanken unversehens
ein Buch wurden."*

*"Não quero mais ler nenhum autor em
quem se note que queria fazer um livro,
mas apenas aqueles cujos pensamentos inopinada-
mente se tornaram um livro."*

(Nietzsche, *Der Wanderer und sein Schatten*)

Advertência

Reúno neste livro, organizados e anotados em sete ensaios, os escritos que publiquei no *Mundial* e na *Amauta* sobre alguns aspectos substantivos da realidade peruana. Tal como no livro *A cena contemporânea*, este não é, portanto, um livro orgânico. Meu trabalho se desenvolve segundo a observação de Nietzsche, que não apreciava o autor envolvido na produção intencional e deliberada de um livro, e sim aquele cujos pensamentos formavam um livro de forma espontânea e inadvertidamente. Muitos projetos de livros visitam minhas horas despertas; mas sei de antemão que só chegarei a realizar aqueles que me forem impelidos por um imperioso mandado vital. Meu pensamento e minha vida constituem uma única coisa, um único processo. Se espero e exijo que algum mérito me seja reconhecido é o de – também conforme um princípio de Nietzsche – empenhar todo o meu sangue em minhas ideias.

Pensei incluir neste volume um ensaio sobre a evolução política e ideológica do Peru. Mas, na medida em que avanço, sinto a necessidade de dar a esse tema um desenvolvimento e a autonomia de um livro aparte. Já me parece excessivo o número de páginas destes *Sete ensaios*, de maneira que me contive para não completar como desejava e devia alguns trabalhos. Entretanto, é bom que apareçam antes do meu novo estudo. Dessa maneira, o público que me ler já estará oportunamente familiarizado com os materiais e as ideias da minha especulação política e ideológica.

Voltarei a esses assuntos quantas vezes me for exigido pelo curso da minha pesquisa e da polêmica. Talvez haja em cada um destes ensaios o esquema, a intenção de fazer um livro autônomo. Nenhum deles está acabado: e não estarão enquanto eu viva e pense e tenha algo que acrescentar ao que tenha escrito, vivido e pensado.

Todo este trabalho não passa de uma contribuição à crítica socialista dos problemas e da história do Peru. Não falta quem me acuse de europeizado, alheio aos fatos e às questões do meu país. Que a minha obra se encarregue de me justificar contra essa especulação barata e interessada. Fiz na Europa o melhor da minha aprendizagem. E acredito que não há salvação para a Indo-América sem a ciência e o pensamento europeus ou ocidentais. Sarmiento, que ainda é um dos criadores da argentinidade, foi considerado, na sua época, um europeizado. Não achou melhor maneira de ser argentino.

Repito mais uma vez que não sou um crítico imparcial e objetivo. Meus juízos se nutrem dos meus ideais, dos meus sentimentos, de minhas paixões. Tenho uma ambição enérgica e declarada: a de contribuir para a criação do socialismo peruano. Estou o mais afastado possível da atitude professoral e do espírito universitário.

E disso tudo, devo, lealmente, advertir o leitor, no começo do meu livro.

LIMA, 1928.
JOSÉ CARLOS MARIÁTEGUI

Esquema da evolução econômica

1. A economia colonial

No plano da economia se percebe melhor que em qualquer outro até que ponto a conquista divide a história do Peru. A conquista aparece nesse terreno mais claramente que em qualquer outro, como uma quebra de continuidade. Até a conquista, desenvolveu-se no Peru uma economia que nascia espontânea e livremente do solo e da gente peruana. No império dos incas, agrupação de comunas agrícolas e sedentárias, o mais interessante era a economia. Todos os testemunhos históricos concordam na afirmação de que o povo incaico – trabalhador, disciplinado, panteísta e simples – vivia com bem-estar material. As subsistências abundavam; a população crescia. O império ignorou radicalmente o problema de Malthus. A organização coletivista, regida pelos incas, tinha amortecido o impulso individualista nos índios; mas havia desenvolvido extraordinariamente neles, em proveito desse regime econômico, o hábito de uma humilde e religiosa obediência ao seu dever social. Os incas tiravam todo proveito social possível dessa virtude de seu povo, valorizavam o vasto território do império construindo caminhos, canais etc., e o estendiam submetendo à sua autoridade as tribos vizinhas. O trabalho coletivo e o esforço comum eram frutiferamente empregados nos fins sociais.

Os conquistadores espanhóis destruíram, naturalmente, sem poder substituir, essa formidável máquina de produção. A sociedade indígena e a economia incaica se descompuseram e se aniquilaram completamente sob o golpe da conquista. Rompidos os vínculos de sua unidade, a nação se dissolveu em comunidades dispersas. O trabalho indígena deixou de funcionar de forma solidária e orgânica. Os conquistadores quase só se ocuparam de distribuir e disputar entre si o fértil botim de guerra. Despojaram os templos e palácios dos tesouros que estes guardavam; repartiram entre si as terras e os homens, sem se preocuparem por seu futuro como forças e meios de produção.

O vice-reinado assinala o começo do difícil e complexo processo de formação de uma nova economia. Nesse período, a Espanha se esforçou por dar uma organização política e econômica a sua imensa colônia. Os espanhóis começaram a cultivar o solo e a explorar as minas de ouro e prata. Por cima das ruínas e resíduos de uma economia socialista, lançaram as bases de uma economia feudal.

Mas a Espanha não enviou ao Peru – como ademais não enviou também às suas outras possessões – uma densa massa colonizadora. A debilidade do império espanhol consistiu precisamente em seu caráter e estrutura de empreendimento militar e eclesiástico, mais que político e econômico. Nas colônias espanholas não desembarcaram – como nas costas da Nova Inglaterra – grandes grupos de *pioneers*. Para a América espanhola praticamente só vieram os vice-reis, cortesãos, aventureiros, clérigos, doutores e soldados. Por isso não se formou no Peru uma verdadeira força de colonização. A população de Lima era composta por uma pequena corte, uma burocracia, alguns conventos, inquisidores, comerciantes, criados e escravos.[12] O

---

[12] Comentando Donoso Cortés, o falecido crítico italiano Piero Goberti qualifica a Espanha como "um povo de colonizadores, de buscadores de ouro, que não se furtaram a escravizar em caso de desventura". É necessário retificar Goberti, que considera colonizadores aos que não passaram de conquistadores. Mas é impossível não se meditar sobre a avaliação seguinte: "O culto da corrida é um aspecto desse amor pela diversão e desse catolicismo do espetáculo e da forma: é natural que a ênfase decorativa constitua o ideal do esfarrapado que toma ares de senhor e que não pode seguir nem a pedagogia anglo-saxã do heroísmo sério e teimoso, nem a tradição francesa da fineza. O ideal espanhol de senhorio confina com a vadiagem e por isso compreende como campo propício e como símbolo a ideia da corte".

pioneer espanhol, além do mais, não tinha aptidão para criar núcleos de trabalho. Em vez da utilização do índio, parecia perseguir seu extermínio. E os colonizadores não se bastavam para criar uma economia sólida e orgânica. A organização colonial fracassava pela base. Faltava a ela o cimento demográfico. Os espanhóis e os mestiços eram muito poucos para explorar, em vasta escala, as riquezas do território. E, como para o trabalho nas fazendas da costa se recorreu à importação de escravos negros, foram misturados, aos elementos característicos de uma sociedade feudal, elementos e características de uma sociedade escravista.

Somente os jesuítas, com seu positivismo orgânico, puderam mostrar, no Peru como em outras terras da América, a aptidão para a criação econômica. Os latifúndios que lhes foram destinados prosperaram. Os vestígios de sua organização ficaram como uma marca duradoura. Quem se lembra da vasta experiência dos jesuítas no Paraguai, onde habilmente aproveitaram e exploraram a tendência natural dos indígenas para o comunismo, não pode se surpreender absolutamente que essa congregação de filhos de São Iñigo de Loyola, como os chama Unamuno, fossem capazes de criar no solo peruano os centros de trabalho e produção que os nobres, doutores e clérigos, dedicados em Lima a uma vida fácil e sensual, jamais se preocuparam em formar.

Os colonizadores se preocuparam quase unicamente com a exploração do ouro e da prata peruana. Já me referi mais de uma vez à inclinação que os espanhóis tinham de se instalar nas terras baixas. E à mistura de respeito e desconfiança que os Andes sempre lhes inspiraram, dos quais jamais chegaram realmente a se sentir senhores. Sem dúvida, deve-se ao trabalho nas minas a formação das populações *criollas*[13] da serra. Sem a ambição pelos metais escondidos nas entranhas dos Andes, a conquista da serra teria sido muito mais incompleta.

Essas foram as bases históricas da nossa economia peruana. Da economia colonial – colonial desde as raízes – cujo processo

---

[13] O termo espanhol *criollo* poderia ser traduzido como crioulo, em sua acepção de "que ou quem, embora descendente de europeus, nasceu nos países hispano-americanos e em outros, originários de colonização europeia" (Houaiss). Entretanto, como no português do Brasil a palavra "crioulo" assumiu outras conotações, preferimos deixá-la em espanhol. (N.T.)

ainda não terminou. Examinemos agora os lineamentos de uma segunda etapa. A etapa na qual a economia feudal se transforma, pouco a pouco, em economia burguesa. Mas sem deixar de ser, no contexto do mundo, uma economia colonial.

2. As bases econômicas da república

Como a primeira, a segunda etapa dessa economia começa com um fato político e militar. A primeira etapa nasce da conquista. A segunda etapa se inicia com a independência. Mas, enquanto a conquista engendra totalmente o processo da formação da nossa economia colonial, a independência aparece determinada e dominada por esse processo.

Já tive – desde meu primeiro esforço marxista de fundamentar a história peruana no estudo do fato econômico – ocasião de me ocupar dessa etapa da revolução da independência, sustentando a seguinte tese: As ideias da revolução francesa e da constituição estadunidense encontraram um clima favorável para sua difusão na América do Sul, porque na América do Sul já existia, ainda que embrionariamente, uma burguesia que, diante de suas necessidades e interesses econômicos, podia e devia ser contagiada pelo humor revolucionário da burguesia europeia. A independência da América hispânica não teria se realizado, certamente, se não tivesse contado com uma geração heroica, sensível à emoção da sua época, com capacidade e vontade para desenvolver uma verdadeira revolução nesses povos. A independência, sob esse aspecto, se apresenta como um empreendimento romântico. Mas isso não contradiz a tese da trama econômica da revolução emancipadora. Os condutores, os caudilhos, os ideólogos dessa revolução não foram nem antecessores nem superiores às premissas e razões econômicas desse acontecimento. O fato intelectual e sentimental não foi anterior ao fato econômico.

A política da Espanha obstaculizava e contrariava totalmente o desenvolvimento econômico das colônias ao não lhes permitir comerciar com nenhuma outra nação e reservá-las para si, como metrópole, monopolizando o direito de todo o comércio e os empreendimentos em seus domínios.

O impulso natural das forças produtoras das colônias pugnava para romper esse laço. A economia nascente das embrionárias formações nacionais da América necessitava imperiosamente, para conseguir seu desenvolvimento, desvincular-se da autoridade rígida e emancipar-se da mentalidade medieval do rei da Espanha. O estudioso da nossa época não pode deixar de ver aqui o mais dominante fator histórico da revolução da independência sul-americana, inspirada e movida pelos interesses da população *criolla* e da espanhola, muito mais do que pelos interesses da população indígena.

Enfocada sobre o plano da história mundial, a independência sul-americana se apresenta como decidida pelas necessidades de desenvolvimento da civilização ocidental ou, melhor dito, capitalista. O ritmo do fenômeno capitalista teve, na elaboração da independência, uma função menos aparente e ostensiva, mas sem dúvida muito mais decisiva e profunda que o eco da filosofia e da literatura dos enciclopedistas. O império britânico, destinado a representar de maneira tão genuína e transcendental os interesses da civilização capitalista, estava então ainda em formação. Na Inglaterra, a sede do liberalismo e do protestantismo, a indústria e a máquina preparavam o futuro do capitalismo, ou seja, do fenômeno material do qual aqueles dois fenômenos, um político e outro religioso, aparecem na história como fermento espiritual e filosófico. Por isso coube à Inglaterra – com essa clara consciência de seu destino e missão histórica à qual deve sua hegemonia na civilização capitalista – desempenhar um papel primário na independência da América do Sul. E, por isso, enquanto o primeiro-ministro da França – da nação que alguns anos antes havia dado o exemplo de sua grande revolução – se negava a reconhecer as jovens repúblicas sul-americanas que podiam lhe enviar "junto com seus produtos, suas ideias revolucionárias", o sr. Canning, tradutor e executor fiel do interesse da Inglaterra, consagrava, com esse reconhecimento, o direito desses povos de se separarem da Espanha e, subsidiariamente, de se organizarem de forma republicana e democrática. O sr. Canning, por outro lado, tinha sido praticamente antecipado pelos banqueiros de Londres que, com seus empréstimos – que, nem por serem usurários, foram menos oportunos e eficientes – haviam financiado a fundação das novas repúblicas.

O império espanhol refluía por não repousar senão em bases militares e políticas e, sobretudo, por representar uma economia superada. A Espanha não podia abastecer com abundância suas colônias com outras coisas além de eclesiásticos, doutores e nobres. Suas colônias tinham apetite por coisas mais práticas e necessidade de instrumentos mais novos. E, como consequência, voltavam-se para a Inglaterra, cujos industriais e banqueiros, colonizadores de novo tipo, queriam por sua vez se apoderar desses mercados, cumprindo suas funções de agentes de um império que surgia como criação de uma economia manufatureira e adepta do livre comércio.

O interesse econômico das colônias espanholas e o interesse econômico do Ocidente capitalista se correspondiam totalmente, ainda que disso, como acontece com frequência na história, os dois protagonistas não dessem exata conta do que acontecia.

Tão logo essas nações se tornaram independentes, guiadas pelo mesmo impulso natural que as tinha levado à revolução da independência, procuraram no tráfico com o capital e a indústria do Ocidente os elementos e as relações exigidas pelo incremento de suas economias. Começaram a enviar ao Ocidente capitalista os produtos de seu solo e seu subsolo. E do Ocidente capitalista começaram a receber tecidos, máquinas e mil produtos industriais. Estabeleceu-se, assim, um contato contínuo e crescente entre a América do Sul e a civilização ocidental. Os países mais favorecidos por esse tráfico foram, naturalmente, por causa de sua maior proximidade com a Europa, os países situados na costa do Atlântico. A Argentina e o Brasil, principalmente, atraíram para seu território capitais e imigrantes europeus em grande quantidade. Aluviões ocidentais, fortes e homogêneos, aceleraram nesses países a transformação da economia e da cultura, que adquiriram gradualmente a função e a estrutura da economia e da cultura europeias. A democracia burguesa e liberal pôde lançar ali raízes seguras, enquanto no resto da América do Sul isso era impedido pela subsistência de tenazes e extensos resíduos de feudalismo.

Nesse período, o processo histórico geral do Peru entra em uma etapa de diferenciação e desvinculação do processo histórico de outros povos da América do Sul. Por sua geografia, alguns estavam destinados a caminhar com mais rapidez que outros. A independência tinha-os combinado em uma empresa comum para mais tarde separá-los em empresas individuais. O Peru estava a uma enorme distância da Europa. Os barcos europeus, para chegar aos seus portos, tinham que se aventurar numa longa viagem. Por sua posição geográfica, o Peru acabava mais vizinho e próximo do Oriente. E o comércio entre o Peru e a Ásia começou, como era lógico, a tornar-se considerável. A costa peruana recebeu aqueles famosos contingentes de imigrantes chineses destinados a substituir, nas fazendas, os escravos negros, importados pelo vice-reinado, e cuja alforria também foi, de certa forma, uma consequência do trabalho de transformação de uma economia feudal em economia mais ou menos burguesa. Mas o comércio com a Ásia não podia contribuir de maneira eficaz para a formação da nova economia peruana. No Peru que emergiu da conquista, apoiado na independência, havia necessidade das máquinas, dos métodos e das ideias dos europeus, dos ocidentais.

3. O período do guano e do salitre

O capítulo da evolução da economia peruana que se abre com o descobrimento da riqueza do guano e do salitre e se encerra com sua perda, explica totalmente uma série de fenômenos políticos de nosso processo histórico que uma concepção anedótica e retórica, mais que romântica da história peruana, se compraz tão superficialmente em desfigurar e contradizer. Mas esse rápido esquema de interpretação não se propõe a ilustrar nem a enfocar esses fenômenos, e, sim, a fixar alguns traços substantivos da formação da nossa economia para melhor perceber seu caráter de economia colonial. Consideremos somente o fato econômico.

Comecemos por constatar que coube ao guano e ao salitre, substâncias grosseiras, jogar na gesta da república um papel que parecia reservado ao ouro e a prata em tempos mais cavalheirescos e menos positivistas. A Espanha nos queria e nos guardava como país produtor de metais preciosos. A Inglaterra nos preferiu como país produtor do guano e do salitre. Mas esse gesto diferenciado não representava, é claro, um objetivo diferente. O que mudava não era o motivo, era a época. O ouro do Peru perdia seu atrativo numa época em que, na América, o bando de *pioneers* descobria o ouro da Califórnia. Ao contrário, o guano e o salitre – que para civilizações anteriores eram desprovidos de valor, mas que para uma civilização industrial adquiriam um preço extraordinário – constituíam uma reserva quase exclusivamente nossa. O industrialismo europeu ou ocidental – fenômeno em pleno desenvolvimento – precisava se abastecer dessas matérias no distante litoral do Sul do Pacífico. À exploração dos dois produtos não se contrapunha, todavia, como a de outros produtos peruanos, a situação rudimentar e primitiva dos transportes terrestres. Enquanto, para extrair das entranhas dos Andes o ouro, a prata, o cobre, o carvão, tinha que se enfrentar montanhas ásperas e enormes distâncias, o salitre e o guano jaziam na costa, quase ao alcance dos barcos que vinham buscá-los.

A fácil exploração desses recursos naturais dominou todas as outras manifestações da vida econômica do país. O guano e o salitre ocuparam um papel desmedido na economia peruana. Seus rendimentos se converteram na principal renda fiscal. O país sentiu-se rico. O Estado usou sem medida o seu crédito. Viveu no desperdício, hipotecando seu futuro junto à banca inglesa.

Tal é, em grandes traços, toda a história do guano e do salitre para o observador que se sente puramente economista. O resto, à primeira vista, pertence ao historiador. Mas, nesse caso, como em todos, o fato econômico é muito mais complexo e transcendental do que parece.

O guano e o salitre, antes de tudo, cumpriram o papel de criar um comércio ativo com o mundo ocidental num período em que o Peru, mal situado geograficamente, não dispunha de grandes meios para atrair ao seu solo as correntes colonizadoras e civilizadoras que já fecundavam outros países da América indo-ibérica. Esse comércio colocou nossa economia sob o controle do capital britânico, ao qual, em decorrência das dívidas contraídas com a garantia dos dois produtos, tivemos mais tarde que entregar a administração das estradas de ferro, ou seja, as próprias molas da exploração de nossos recursos.

Os lucros do guano e do salitre criaram no Peru, onde a propriedade havia conservado até então um caráter aristocrático e feudal, os primeiros elementos sólidos de capital comercial e bancário. Os *profiteurs* diretos e indiretos das riquezas do litoral começaram a constituir uma classe capitalista. Formou-se no Peru uma burguesia, confundida e enraizada em sua origem e estrutura com a aristocracia, formada principalmente pelos sucessores dos *encomenderos*[14] e latifundiários da colônia, mas obrigados por sua função a adotar os princípios fundamentais da economia e da política liberais. Com esse fenômeno – ao qual me refiro em várias passagens dos estudos que compõem este livro – se relacionam as seguintes constatações:

> Nos primeiros tempos da independência, a luta de facções e chefes militares aparece como uma consequência da falta de uma burguesia orgânica. No Peru, a revolução encontrou, menos definidos e mais atrasados que em outros povos hispano-americanos, os elementos de uma ordem liberal burguesa. Para que essa ordem funcionasse mais ou menos embrionariamente tinha que se constituir uma classe capitalista vigorosa. Enquanto essa classe se organizava, o poder ficou à mercê de caudilhos militares. O governo de Castilla[15] marcou a etapa de solidificação da uma classe capitalista. As concessões do Estado e os lucros do guano e do salitre criaram um capitalismo e uma burguesia. E essa classe, que logo se organizou no "civilismo", movimentou-se muito rapidamente para a conquista do poder.

Outra face desse capítulo da história econômica da república é a formação da nova economia como economia de prevalência costeira. A procura do ouro e da prata obrigou os espanhóis – contra sua tendência a se instalar na costa – a manter e ampliar seus postos avançados na serra. A mineração – atividade fundamental do regime econômico implantado pela Espanha no território sobre o qual prosperou antes uma sociedade genuína e tipicamente agrária – exigiu que se estabelecesse na serra as bases da colônia. O guano e o salitre chegaram para retificar essa situação. Fortaleceram o poder da costa. Estimularam a sedimentação do Peru novo na terra baixa. E acentuaram o dualismo e o conflito que até agora constitui nosso maior problema histórico.

---

[14] Os *encomenderos* eram aproximadamente equivalentes aos detentores de sesmarias na colonização portuguesa. Na colonização espanhola, o nome derivava da obrigação explícita de que deveriam "cuidar das almas" dos índios, convertendo-os ao cristianismo. Deixamos a palavra em castelhano. (N.T.)

[15] Ramón Castilla, militar peruano, governou o país em dois períodos. Na sua primeira presidência, iniciada em 1845, entregou a comercialização do guano a uma companhia inglesa. Concedeu aos ingleses o direito de construir e explorar a primeira linha férrea do Peru, entre Lima e o porto do Callao. (N.T.)

Esse capítulo do guano e do salitre não se deixa, por isso mesmo, isolar do desenvolvimento posterior da nossa economia. Ali já estão as raízes e os fatores do capítulo que se seguiu. A guerra do Pacífico,[16] consequência do guano e do salitre, não eliminou outras consequências do descobrimento e a exploração desses recursos nos revelou, tragicamente, o perigo de uma prosperidade econômica apoiada ou cimentada quase exclusivamente sobre a posse de uma riqueza natural, exposta à ambição e ao assalto de um imperialismo estrangeiro, ou à decadência de suas aplicações como resultado das contínuas mutações produzidas no campo industrial pelas invenções da ciência. Caillaux nos fala, com evidente atualidade capitalista, da instabilidade econômica e industrial engendrada pelo progresso científico.[17]

No período dominado e caracterizado pelo comércio do guano e do salitre, o processo de transformação da nossa economia, de feudal em burguesa, recebeu seu primeiro impulso enérgico. É, a meu juízo, indiscutível que, se em vez da metamorfose ridícula da antiga classe dominante, houvesse operado o advento de uma classe de seiva e élan novos, esse processo teria avançado de forma mais orgânica e segura. A história do nosso pós-guerra[18] demonstra isso. A derrota – que provocou, com a perda dos territórios do salitre, um longo colapso das forças produtivas – não deixou como compensação, nem mesmo nessa ordem de coisas, uma liquidação do passado.

4. Caráter da nossa economia atual

O último capítulo da evolução da economia peruana é o do nosso pós-guerra. Esse capítulo começa com o quase total colapso das forças produtivas.

A derrota não apenas significou, para a economia nacional, a perda de suas principais fontes: o salitre e o guano. Significou, além disso, a paralisação das nascentes forças produtivas, a de-

---

[16] Conflito bélico que envolveu o Peru e a Bolívia contra o Chile, que os derrotou e tomou parte do território peruano e boliviano – cortando a saída ao mar da Bolívia, para se apoderar de territórios ricos em salitre. (N.T.)
[17] J. Caillaux, *Oú va la France? Oú va l´Europe?*, pp. 234-239.
[18] Pós-guerra do Pacífico. (N.T.)

pressão geral da produção e do comércio, a desvalorização da moeda nacional, a ruína do crédito externo. Dessangrada e mutilada, a nação sofria uma terrível anemia.

O poder voltou a cair, como depois da independência, em mãos de chefes militares, espiritual e organicamente inadequados para dirigir o trabalho de reconstrução econômica. Entretanto, rapidamente, a camada capitalista, formada nos tempos do guano e do salitre, reassumiu sua função e retomou seu lugar. Dessa forma, a política de reorganização da economia do país acomodou-se totalmente a seus interesses de classe. A solução que se deu ao problema monetário, por exemplo, correspondeu tipicamente a um critério de latifundiários ou proprietários, indiferentes não apenas aos interesses do proletariado mas também da pequena e média burguesia, únicas camadas sociais que a súbita anulação das cédulas podia prejudicar.

Essa medida e o Contrato Grace foram, sem dúvida, os atos mais substantivos e mais característicos de uma liquidação das consequências econômicas da guerra, inspirada pelos interesses e conceitos da plutocracia latifundiária.

O Contrato Grace, que ratificou o predomínio britânico no Peru, entregando as ferrovias do Estado aos banqueiros ingleses que, até então, tinham financiado a república e seus desperdícios, deu ao mercado financeiro de Londres os bens e garantias necessários para novos investimentos em negócios peruanos. Na restauração do crédito do Estado, não se obtiveram resultados imediatos. Mas investimentos seguros e prudentes começaram novamente a atrair o capital britânico. A economia peruana, mediante o reconhecimento prático de sua condição de economia colonial, conseguiu alguma ajuda para sua convalescença. O término da construção da ferrovia para La Oroya abriu ao trânsito e ao comércio internacionais o Departamento[19] de Junín, permitindo a exploração em vasta escala de sua riqueza mineral.

A política econômica de Piérola[20] ajustou-se plenamente aos mesmos interesses. O caudilho democrata, que durante tanto

---

[19] O Peru é uma república centralizada. O "Departamento" é uma divisão administrativa que não tem a mesma autonomia que os Estados no Brasil. (N.T.)
[20] Presidente populista e demagogo peruano, que conseguiu afastar os militares, durante um certo período.

tempo agitara estrondosamente as massas contra a plutocracia, se esmerou em fazer uma administração "civilista". Seu método tributário e seu sistema fiscal dissipam todos os equívocos que possam criar seu discurso e sua metafísica, o que confirma o princípio de que no plano econômico se percebe sempre com mais clareza que no político o sentido e o contorno da política, de seus homens e de seus fatos.

As etapas fundamentais desse capítulo em que nossa economia, convalescente da crise pós-bélica, se organiza lentamente sobre bases menos férteis, porém mais sólidas que as do guano e do salitre, podem ser esquematizadas nos seguintes fatos:

1. Aparecimento da indústria moderna: o estabelecimento de fábricas, usinas, transportes etc., que transformam, principalmente, a vida da costa. A formação de um proletariado industrial com tendência natural e crescente de adotar um ideário classista, o que seca uma das antigas fontes do proselitismo caudilhista e modifica os termos da luta política;

2. A função do capital financeiro: o surgimento dos bancos nacionais que financiam diversas empresas industriais e comerciais, mas que se movimentam dentro de um âmbito estreito, enfeudados aos interesses do capital estrangeiro e da grande propriedade agrária; o estabelecimento de filiais de bancos estrangeiros que servem aos interesses das finanças estadunidense e inglesa;

3. A diminuição das distâncias e o aumento do comércio entre Peru e Estados Unidos e Europa: como consequência da abertura do Canal do Panamá, que melhora de forma notável nossa posição geográfica, acelera-se o processo de incorporação do Peru na civilização ocidental;

4. A gradual superação do poder britânico pelo poder estadunidense: o Canal do Panamá parece ter aproximado o Peru mais dos Estados Unidos que da Europa. A participação do capital estadunidense na exploração do cobre e do petróleo peruanos, que se convertem em dois de nossos maiores produtos, proporciona uma larga e durável base para o predomínio ianque. A exportação para a Inglaterra, que, em 1898, constituía 56,7% da exportação total, em 1923 só chegava a 33,2%. No mesmo período, a exportação aos Estados Unidos subia de 9,5% para 39,7%. E esse movimento se acentuava ainda mais na importação, pois enquanto a dos Esta-

dos Unidos, nesse período de 25 anos, passava de 10% para 38,9%, a da Grã-Bretanha baixava de 44,7% para 19,6%;[21]

5. O desenvolvimento de uma classe capitalista, dentro da qual deixa de prevalecer como antes a antiga aristocracia: a propriedade agrária conserva seu poder, mas declina o dos sobrenomes vice-reinais. Constata-se o robustecimento da burguesia;

6. A ilusão da borracha: nos anos de seu apogeu, o país acredita ter encontrado o Eldorado na selva, que adquire temporariamente um valor extraordinário na economia e, principalmente, na imaginação do país. Afluem até a selva muitos indivíduos "da raça forte dos aventureiros". Com a queda do preço da borracha, desaparece essa ilusão bastante tropical nas suas origens e em suas características;[22]

7. O superlucro do período europeu: a subida dos preços dos produtos peruanos provoca um rápido crescimento da fortuna privada nacional. Opera-se um reforço da hegemonia da costa na economia peruana;

8. A política de empréstimos: o restabelecimento do crédito peruano no estrangeiro levou o Estado a recorrer a empréstimos para a execução de seu programa de obras públicas.[23] Também nessa função a América do Norte substituiu a Grã-Bretanha. Inundado de ouro, o mercado de Nova York é o que oferece as melhores condições. Os banqueiros ianques estudam diretamente as possibilidades de colocação de capital em empréstimos aos Estados latino-americanos. E tratam, é claro, de que sejam investidos com lucros para a indústria e o comércio estadunidenses.

---

[21] *Extracto estadístico del Perú.* Nos anos 1924 a 1926, o comércio com os Estados Unidos continuou suplantando cada vez mais o comércio com a Grã-Bretanha. A porcentagem da importação da Grã-Bretanha baixou em 1926 para 15,6% do total de importações e o da exportação atingiu 18,5%. Enquanto isso, a importação dos Estados Unidos alcançou a porcentagem de 46,2%, o que compensava largamente a queda da porcentagem de exportação para 34,5%.

[22] Veja-se, no sexto estudo deste volume sobre Regionalismo e Centralismo, a nota 171.

[23] A dívida externa do Peru, segundo o *Extracto estadístico* de 1926, alcançava, no dia 31 de dezembro desse ano, £p 10.341.906. Posteriormente se contraiu em Nova York um empréstimo de 50 milhões de dólares, em virtude da lei que autorizava o Executivo a emitir um "Empréstimo Nacional Peruano", a um tipo não menor de 86% e com juros não maiores que 6%, destinado ao pagamento de empréstimos anteriores, contratados a um juro de 7,5 a 8%.

Parece-me que esses são os principais aspectos da evolução econômica do Peru no período que começa com o nosso pós-guerra. Não cabe nesta série de notas sumárias um exame detido das comprovações ou proposições anteriores. O que eu me propus a fazer aqui é somente a definição esquemática de alguns traços essenciais da formação e do desenvolvimento da economia peruana.

Apontarei uma constatação final: a de que no Peru atual coexistem elementos de três economias diferentes. Sob o regime de economia feudal nascido da conquista subsistem na serra alguns resíduos ainda vivos da economia comunista indígena. Na costa, sobre um solo feudal, cresce uma economia burguesa que, pelo menos em seu desenvolvimento mental, dá a impressão de ser uma economia retardada.

5. Economia agrária e latifundismo feudal

O Peru mantém, não obstante o incremento da mineração, seu caráter de país agrícola. O cultivo da terra ocupa a maioria da população nacional. O índio, que representa 4/5 da população, é habitualmente agricultor tradicional. Desde 1925, como consequência da queda dos preços do açúcar e do algodão e da diminuição das colheitas, as exportações da mineração ultrapassaram largamente as da agricultura. A exportação de petróleo e seus derivados, em rápido crescimento, influi poderosamente nesse sucesso. Mas a produção agropecuária só está parcialmente representada pelos produtos exportados: algodão, açúcar e derivados, lã, couro e borracha. A agricultura e a pecuária nacionais abastecem o consumo nacional, enquanto os produtos minerais são exportados quase integralmente. A importação de produtos alimentícios e bebidas alcançaram em 1925 £p 4.148.311. O item maior dessas importações corresponde ao trigo, que ainda é produzido no país em quantidade muito insuficiente. Não existe estatística completa da produção e do consumo nacionais. Calculando um consumo diário de 50 centavos de sol por habitante em produtos agrícolas e pecuários do país, alcançamos um total de mais de £p 84 milhões para uma população de 4.609.999 pessoas apontada no censo de 1896. Se supormos uma população de 5 milhões de habitantes, o valor do consumo nacional sobe para £p

91.250.000. Essas cifras atribuem uma enorme primazia à produção agropecuária na economia do país.

A mineração, entretanto, ocupa um número ainda reduzido de trabalhadores. Segundo o *Extracto estadístico*, em 1926 trabalhavam nesse setor 28.592 operários. A indústria manufatureira também emprega um modesto contingente de braços.[24] Apenas as fazendas de cana-de-açúcar ocupavam, nas tarefas de campo, em 1926, 22.367 homens e 1.173 mulheres. As fazendas de algodão da costa, na safra de 1922-1923, a última alcançada pela estatística publicada, usaram 40.557 trabalhadores braçais; e as fazendas de arroz, na safra 1924-1925, 11.332.

A maioria dos produtos agrícolas e pecuários que se consome, no país é proveniente dos vales e planícies da serra. Nas fazendas da costa, os cultivos de produtos alimentícios estão abaixo do mínimo obrigatório determinado por uma lei promulgada no período em que o aumento do preço do algodão e do açúcar incitou os latifundiários a suprimir quase totalmente aqueles cultivos, com grave efeito no encarecimento dos produtos de subsistência.

A classe latifundiária não conseguiu se transformar em uma burguesia capitalista, dirigente da economia nacional.[25] A mineração, o comércio, os transportes, se encontram nas mãos do capital estrangeiro. Os latifundiários se contentaram em servir como intermediários a esse, na produção de algodão e açúcar. Esse sistema econômico manteve, na agricultura, uma organização semifeudal, que se constitui na maior dificuldade para o desenvolvimento do país.

A sobrevivência do feudalismo na costa se traduz na languidez e pobreza de sua vida urbana. O número de vilarejos e cidades da costa é insignificante. E a aldeia propriamente dita mal existe nos pedaços onde os prados ainda se acendem com a alegria de suas parcelas no meio do agro feudalizado.

---

[24] O *Extracto estadístico del Perú* não proporciona nenhum dado sobre o assunto. A *Estadística industrial del Perú*, do eng. Carlos P. Jiménez (1922), também não proporciona uma cifra geral.

[25] As condições em que se desenvolve a vida agrícola do país são estudadas no ensaio sobre o problema da terra, mais adiante, neste volume.

Na Europa, a aldeia descende do feudo dissolvido.[26] Na costa peruana quase não existe a aldeia porque o feudo, mais ou menos intacto, ainda subsiste. A fazenda – com sua casa mais ou menos clássica, os ranchos geralmente miseráveis, o engenho e seus depósitos – é o tipo dominante de agrupação rural. Todos os pontos do itinerário estão assinalados por nomes de fazendas. A ausência da aldeia, a escassez do vilarejo, prolonga o deserto dentro do vale, na terra cultivada e produtiva.

As cidades, conforme uma lei da geografia econômica, se formam regularmente nos vales, no ponto onde se cruzam os caminhos. Na costa peruana, vales ricos e extensos, que ocupam lugar de destaque na estatística da produção nacional, não deram vida até agora a uma única cidade. Nos cruzamentos dos caminhos ou estações mal aparece um vilarejo, povoação estagnada, palúdica, macilenta, sem saúde rural e sem aparência urbana. E, em alguns casos, como é o do vale de Chicama, o latifúndio começou a sufocar a cidade. A negociação capitalista torna-se mais hostil aos foros da cidade que o castelo ou o domínio feudal. Disputa com ela seu comércio e a despoja de sua função.

Dentro do feudalismo europeu, os elementos de crescimento, os fatores da vida do burgo eram, apesar da economia rural, muito maiores que dentro do semifeudalismo *criollo*. O campo necessitava dos serviços do burgo, por mais enclausurado que se mantivesse. Dispunha, principalmente, de um excedente de produtos da terra que tinha de oferecer. Enquanto isso, a fazenda da costa produz algodão ou cana para mercados distantes. Assegurado o transporte desses produtos, sua comunicação com os vizinhos não lhe interessa, salvo como algo secundário. O cultivo de frutos para venda, quando não foi totalmente extinto pelo cultivo do algodão ou da cana, tem como objetivo abastecer o consumo

---

[26] "A aldeia não é – escreve Lucien Romier – como o burgo ou a cidade, o produto de um agrupamento: é o resultado do desmembramento do antigo domínio, de um senhorio, de uma terra leiga ou eclesiástica ao redor de um campanário. A origem unitária da aldeia transparece em várias sobrevivências: assim é o "espírito de campanário", como as rivalidades imemoriais entre as paróquias. Explica o fato tão impressionante de que as rotas antigas não atravessam as aldeias: estas são respeitadas como propriedades privadas e abordam preferencialmente seus confins" (*Explication de notre temps*).

da fazenda. O burgo, em muitos vales, não recebe nada do campo. Vive, por isso, na miséria, de um ou outro ofício urbano, dos homens que proporciona para o trabalho na fazenda, de sua fadiga triste de estação pela qual anualmente passam muitos milhares de toneladas de frutos da terra. Uma porção de parcelas, com seus homens livres, com sua comunidade laboriosa, é um oásis raro numa sucessão de feudos deformados, com máquinas e trilhos, sem os lustres da tradição senhorial.

A fazenda, em grande número de casos, fecha completamente suas portas a todo o comércio com o exterior: os *"tambos"*[27] têm a exclusividade de abastecimento da sua população. Essa prática que, por um lado, mostra o hábito de tratar o peão como uma coisa e não como uma pessoa, por outro, impede que os povoados tenham a função que garantiria sua subsistência e desenvolvimento, dentro da economia rural dos vales. A fazenda, monopolizando, com a terra e as indústrias conexas, o comércio e os transportes, priva o vilarejo de meios de vida e o condena a uma existência sórdida e exígua.

As indústrias e o comércio das cidades estão sujeitos à fiscalização, regulamentos, impostos municipais. A vida e os serviços comunais se alimentam de sua atividade. O latifúndio, entretanto, escapa dessas regras e taxas. Pode fazer concorrência desleal à indústria e ao comércio urbanos. E pode arruiná-los.

O argumento favorito dos advogados da grande propriedade é o da impossibilidade de criar, sem ela, grandes centros de produção. A agricultura moderna – argumenta-se – exige máquinas caras, grandes investimentos, administração especializada. A pequena propriedade não é compatível com essas necessidades. As exportações de açúcar e algodão estabelecem o equilíbrio de nossa balança comercial.

Mas os cultivos, os "engenhos" e as exportações, de que tanto se orgulham os latifundiários, estão muito longe de constituir sua própria obra. A produção de algodão e açúcar prosperou com o impulso de créditos obtidos com essa finalidade, sobre uma base

---

[27] Tambo – originalmente palavra quéchua que designava os armazéns, é usada nesse contexto como equivalente aos empórios, mercadinhos nos quais obrigatoriamente os peões têm que comprar. (N.T.)

de terras apropriadas e mão de obra barata. A organização financeira desses cultivos, cujo desenvolvimento e cujos lucros estão regidos pelo mercado mundial, não é um resultado da previsão nem da cooperação dos latifundiários. O capitalismo estrangeiro, em sua perene busca por terras, braços e mercados, financiou e dirigiu o trabalho dos proprietários, emprestando-lhes dinheiro com a garantia de seus produtos e suas terras. E já muitas propriedades carregadas de hipotecas começaram a passar para a administração direta das empresas exportadoras.

A mais ampla e típica experiência da capacidade dos latifundiários do país nos é dada pelo Departamento de La Libertad. As grandes fazendas de seus vales estavam nas mãos da aristocracia latifundiária. O balanço de longos anos de desenvolvimento capitalista se resume em dois fatos notórios: a concentração da indústria açucareira na região em duas grandes centrais, a da Cartavio e a de Casa Grande, ambas estrangeiras; a absorção das empresas nacionais por essas duas empresas, particularmente a segunda; o monopólio do próprio comércio de importação por essa mesma empresa; a decadência comercial da cidade de Trujillo e a liquidação da maioria de suas empresas importadoras.[28]

Os sistemas provinciais, os hábitos feudais dos antigos grandes proprietários de La Libertad não puderam resistir à expansão das empresas capitalistas estrangeiras. Essas não devem seu êxito exclusivamente a seus capitais: devem também à sua técnica, aos seus métodos, à sua disciplina. Devem também à sua vontade de poder. E devem, em geral, a tudo aquilo que faltava aos proprietários locais, alguns dos quais poderiam ter feito o mesmo que fez a empresa alemã, se tivessem tido condições de capitães da indústria.

Pesam sobre o proprietário *criollo* a herança e educação espanholas, que o impedem de perceber e entender claramente tudo que distingue o capitalismo do feudalismo. Os elementos morais, políticos e psicológicos do capitalismo não parecem ter encontra-

---

[28] Alcides Spelucin expôs recentemente, em um jornal de Lima, com muita objetividade e ponderação, as causas e etapas dessa crise. Ainda que sua crítica enfatize principalmente a ação invasora do capitalismo estrangeiro, a responsabilidade do capitalismo local – por absenteísmo, por imprevisão e por inércia – é, no final das contas, o que assume o primeiro lugar.

do aqui seu clima.[29] O capitalista, ou melhor dito, o proprietário *criollo* tem o conceito da renda em vez do da produção. O sentimento de aventura, o ímpeto de criação, o poder organizador, que caracterizam o autêntico capitalista, são quase desconhecidos entre nós.

A concentração capitalista foi precedida por uma etapa de livre concorrência. A grande propriedade moderna não surge, por conseguinte, da grande propriedade feudal, como provavelmente imaginam os latifundiários *criollos*. Muito ao contrário, para que surgisse a grande propriedade moderna, foi necessário o fracionamento, a dissolução da grande propriedade feudal. O capitalismo é um fenômeno urbano: tem o espírito do burgo industrial, manufatureiro, mercantil. Por isso, um de seus primeiros atos foi a liberação da terra, a destruição do feudo. O desenvolvimento da cidade precisa se nutrir da atividade livre do camponês.

No Peru, contra o sentido da emancipação republicana, se encarregou ao espírito do feudo – antítese e negação do espírito do burgo – a criação de uma economia capitalista.

---

[29] O capitalismo não é apenas uma técnica; é, além do mais, um espírito. Esse espírito, que nos países anglo-saxões alcançou sua plenitude, é exíguo e incipiente entre nós, rudimentar.

O problema do índio

1. Sua nova colocação

Todas as teses sobre o problema indígena, que ignoram ou aludem a esse como problema econômico-social, são outros tantos exercícios teóricos – e às vezes apenas verbais – condenados a um descrédito absoluto. Nem a boa-fé de algumas as salvam. Praticamente todas só serviram para ocultar ou desfigurar a realidade do problema. A crítica socialista o descobre e esclarece, porque busca suas causas na economia do país e não no seu mecanismo administrativo, jurídico ou eclesiástico, nem em sua dualidade ou pluralidade de raças, nem em suas condições culturais ou morais. A questão indígena nasce de nossa economia. Tem suas raízes no regime de propriedade da terra. Qualquer tentativa de resolvê-la com medidas de administração ou polícia, com métodos de ensino ou obras de estradas, constitui um trabalho superficial ou adjetivo, enquanto subsistir o feudalismo dos *gamonales*.[30]

---

[30] No prólogo de "Tempestad en los Andes", de Valcárcel, veemente e beligerante evangelho indigenista, assim expliquei meu ponto de vista:
"A fé no ressurgimento indígena não provém de um processo de 'ocidentalização' material da terra quéchua. Não é a civilização, não é o alfabeto do branco, o que levanta a alma do índio. É o mito, é a ideia da revolução socialista. A esperança indígena é absolutamente revolucionária. O próprio mito, a própria ideia, são agentes decisivos no despertar de outros velhos povos, de outras velhas raças em colapso: hindus, chineses etc. A história universal tende hoje como nunca a se reger pelo mesmo quadrante. Porque haveria de ser o povo incaico, que constituiu o mais desenvolvido e harmônico sistema comunista, o único insensível

a essa emoção mundial? A consanguinidade do movimento indigenista com as correntes revolucionárias mundiais é demasiado evidente para que seja preciso documentá-la. Já disse que cheguei à compreensão e à valorização justa do indígena pela via do socialismo. O caso de Valcárcel demonstra a exatidão de minha experiência pessoal. Homem de diferente formação intelectual, influenciado por seus gostos tradicionalistas, orientado por gêneros diferentes de sugestões e estudos, Valcárcel resolve politicamente seu indigenismo no socialismo. Nesse livros nos diz, entre outras coisas, que o "proletariado indígena espera seu Lenin". A linguagem de um marxista não seria diferente.

A reivindicação indígena carece de concreção histórica enquanto se mantiver em um plano filosófico ou cultural. Para adquiri-la – isto é, para adquirir realidade, corporeidade – precisa se converter em reivindicação econômica e política. O socialismo nos ensinou a colocar o problema indígena em novos termos. Deixamos de considerá-lo abstratamente como problema étnico ou moral para reconhecê-lo concretamente como problema social, econômico e político. E assim o sentimos, pela primeira vez, esclarecido e demarcado.

Os que ainda não romperam com o cerco de sua educação liberal e burguesa e, colocando-se numa posição abstrata e literária, se divertem em embaralhar os aspectos raciais do problema, esquecem que a política e, portanto, a economia, o dominam fundamentalmente. Empregam uma linguagem pseudoidealista para escamotear a realidade, dissimulando-a sob seus atributos e consequências. Opõem à dialética revolucionária uma balbúrdia crítica confusa, segundo a qual a solução do problema indígena não pode partir de uma reforma ou fato político porque escapariam a seus efeitos imediatos uma multidão de costumes e vícios que só podem ser transformados através de uma evolução lenta e normal.

A história, felizmente, resolve todas as dúvidas e apaga todos os equívocos. A conquista foi um ato político. Interrompeu bruscamente o processo autônomo da nação quéchua, mas não implicou uma substituição repentina das leis e costumes dos nativos pelas dos conquistadores. No entanto, esse fato político abriu, em todas as ordens de coisas, tantos espirituais quanto materiais, um novo período. A mudança de regime bastou para modificar, desde seus alicerces, a vida do povo quéchua. A independência foi outro fato político. Também não correspondeu a uma transformação radical da estrutura econômica e social do Peru; mas inaugurou, entretanto, outro período de nossa história, e se praticamente não melhorou a condição do indígena, por quase não haver tocado a infra-estrutura econômica colonial, modificou sua situação jurídica e abriu caminho para sua emancipação política e social. Se a república não seguiu esse caminho, a responsabilidade da omissão cabe exclusivamente à classe que usufruiu da obra dos libertadores, potencialmente tão rica em valores e princípios criadores.

O problema indígena já não admite a mistificação a que perpetuamente o submeteu uma turba de advogados e literatos, consciente ou inconscientemente mancomunados com os interesses da casta latifundiária. A miséria moral e material da raça indígena aparece muito claramente como uma simples consequência do regime econômico e social que sobre ela pesa há séculos. Esse regime sucessor do feudalismo colonial é o *gamonalismo*. Sob seu império, não se pode falar seriamente de redenção do índio.

O termo *gamonalismo* não designa apenas uma categoria social e econômica: a dos latifundiários ou grandes proprietários agrícolas. Designa todo um fenômeno. O *gamonalismo* não está representado somente pelos *gamonales* propriamente ditos. Compreende uma grande hierarquia de funcionários, intermediários, agentes, parasitas etc. O índio alfabetizado se transforma em explorador de sua própria raça porque se coloca a serviço do *gamonalismo*. O fator central do fenômeno é a hegemonia da grande propriedade semifeudal na política e no

O *gamonalismo* inevitavelmente invalida toda lei ou ordenamento de proteção indígena. O fazendeiro, o latifundiário, é um senhor feudal. Contra sua autoridade, favorecida pelo ambiente e pelo hábito, a lei escrita é impotente. O trabalho gratuito está proibido por lei e, no entanto, o trabalho gratuito, e até o trabalho forçado, sobrevivem no latifúndio. O juiz, o subprefeito,[31] o comissário, o professor, o coletor, estão todos enfeudados à grande propriedade. A lei não pode prevalecer contra os *gamonales*. O funcionário que se empenhasse em impô-la seria abandonado e sacrificado pelo poder central, junto ao qual são onipotentes as influências do *gamonalismo*, que atuam diretamente ou por meio do Parlamento, por uma ou outra via com a mesma eficiência.

O novo exame do problema indígena, por isso, se preocupa muito menos com as linhas gerais da legislação tutelar que com as consequências do regime da propriedade agrária. O estudo do dr. José A. Encinas (*Contribución a una legislación tutelar indígena*) inicia,

---

mecanismo do Estado. Por conseguinte, é sobre esse fator que se deve atuar caso se deseje atacar pela raiz um mal do qual alguns se empenham em contemplar somente as expressões simbólicas ou subsidiárias.

Essa liquidação do *gamonalismo*, ou do feudalismo, poderia ter sido realizada pela república dentro dos princípios liberais e capitalistas. Mas, pelas razões que já assinalei, esses princípios não dirigiram de maneira efetiva e plena nosso processo histórico. Sabotados pela própria classe encarregada de aplicá-los, durante mais de um século foram impotentes para redimir o índio de uma servidão que constituía um fato absolutamente solidário com o do feudalismo. Não é o caso de esperar que hoje, quando esses princípios estão em crise no mundo, adquiram de repente, no Peru, uma insólita vitalidade criadora.

O pensamento revolucionário, e mesmo o reformista, já não pode ser liberal, mas sim socialista. O socialismo aparece em nossa história não por força do acaso, de imitação ou de moda, como supõem espíritos superficiais, mas sim como uma fatalidade histórica. E acontece que, enquanto, por um lado, os que professamos o socialismo propugnamos lógica e coerentemente a reorganização do país sobre bases socialistas e – constatando que o regime econômico e político que combatemos gradualmente se converteu numa força de colonização do país pelos capitalismos imperialistas estrangeiros – proclamamos que este é um instante de nossa história no qual não é possível ser efetivamente nacionalista e revolucionário sem ser socialista; por outro lado não existe no Peru, como jamais existiu, uma burguesia, com sentido nacional, que se professe liberal e democrática e que inspire sua política nos postulados de sua doutrina".

[31] Na estrutura centralizada do Estado peruano, prefeito e subprefeito são cargos nomeados, de caráter administrativo.

em 1918, essa tendência, que até hoje não deixou de se acentuar.[32] Mas, pelo próprio caráter do seu trabalho, o dr. Encinas não podia formular nele um programa econômico-social. Suas propostas, dirigidas à tutela da propriedade indígena, tinham que se limitar a esse objetivo jurídico. Esboçando as bases do *homestead* indígena, o dr. Encinas recomenda a distribuição de terras do Estado e da Igreja. Não menciona absolutamente a expropriação dos *gamonales* latifundiários. Mas sua tese se distingue por uma reiterada acusação dos efeitos do latifúndio, que emerge inapelavelmente condenado dessa peça,[33] que de certa forma preludia a atual crítica econômico-social da questão do índio.

Essa crítica repudia e desqualifica as diversas teses que consideram a questão como um ou outro dos seguintes critérios unilaterais e exclusivos: administrativo, jurídico, étnico, moral, educacional, eclesiástico.

A derrota mais antiga e evidente é, sem dúvida, a dos que reduzem a proteção dos indígenas a um assunto comum da administração. Desde os tempos da legislação colonial espanhola,

---

[32] Gonzáles Prada, que em um de seus primeiros discursos de agitador intelectual já havia dito que formavam o verdadeiro Peru os milhões de índios dos vales andinos, no capítulo "Nossos índios", incluído na última edição de *Horas de lucha*, apresenta julgamentos que o assinalam como precursor de uma nova consciência social: "Nada muda mais rápido nem mais radicalmente a psicologia do homem que a propriedade: ao sacudir a escravidão do ventre, cresce em cem palmos. Ao apenas adquirir algo o indivíduo ascende alguns degraus na escala social, porque as classes se reduzem ao tamanho da riqueza. Ao inverso do globo aerostático, sobe mais o que mais pesa. Ao se dizer: a escola, deve se responder: a escola e o pão. A questão do índio, mais que pedagógica, é econômica, é social".

[33] "Melhorar a condição econômica do índio – escreve Encinas – é a melhor maneira de elevar sua condição social. Sua força econômica encontra-se na terra, ali se concentra toda a sua atividade. Retirá-lo da terra é mudar, de forma profunda e perigosa, tendências ancestrais da raça. Nada como o trabalho da terra para melhorar suas condições econômicas. Em nenhum outro lugar, nem de qualquer outra forma pode encontrar fonte de riqueza maior que a terra" (*Contribuciones a una legislación tutelar indígena*, p. 39). Encinas, em outro trecho, diz: "As instituições jurídicas relativas à propriedade têm suas origens em necessidades econômicas. Nosso Código Civil não está em harmonia com os princípios econômicos porque é individualista no que diz respeito à propriedade. A não limitação do direito à propriedade criou o latifúndio em detrimento da propriedade indígena. A propriedade do solo improdutivo criou a feudalização da raça e sua miséria" (p. 13).

as ordenações sábias e prolixas, elaboradas depois de pesquisas conscienciosas, revelam-se totalmente infrutíferas. A fecundidade da república, desde as jornadas da independência, em decretos, leis e providências encaminhadas a amparar os índios contra a cobrança de impostos e outros abusos, não é das menos consideráveis. O *gamonal* de hoje, como o *encomendero* de ontem, tem, no entanto, muito pouco que temer da teoria administrativa. Sabe que a prática é diferente.

O caráter individualista da legislação da república favoreceu, inquestionavelmente, a absorção da propriedade indígena pelo latifúndio. A situação do índio, a esse respeito, estava contemplada com mais realismo na legislação espanhola. Mas a reforma jurídica não tem mais valor prático que a reforma administrativa, diante de um feudalismo intacto em sua estrutura econômica. A apropriação da maior parte da propriedade comunal e individual indígena já se completou. A experiência de todos os países que saíram de sua era feudal nos demonstra, por outro lado, que sem a dissolução do feudo não pode funcionar, em nenhum lugar, um direito liberal.

A suposição de que o problema indígena é um problema étnico se nutre do repertório mais envelhecido das ideias imperialistas. O conceito de raças inferiores serviu ao Ocidente branco para sua obra de expansão e conquista. Esperar a emancipação indígena de um cruzamento ativo da raça aborígine com imigrantes brancos é uma ingenuidade antissociológica, concebível apenas na mente rudimentar de um importador de carneiros merinos. Os povos asiáticos, aos quais o povo índio não é inferior em nenhum ponto, assimilaram admiravelmente a cultura ocidental, no que esta tem de mais dinâmico e criador, sem transfusões de sangue europeu. A degeneração do índio peruano é uma invenção vagabunda dos leguleios feudalistas.

A tendência em considerar o problema indígena como um problema moral encarna uma concepção liberal, humanitária, oitocentista, iluminista, que na ordenação política do Ocidente anima e motiva as "ligas dos Direitos do Homem". As conferências e sociedades antiescravistas, que denunciaram de forma mais ou menos infrutífera na Europa os crimes dos colonizadores, nascem dessa tendência, que confiou excessivamente nos seus apelos pelo sentido moral da civilização. Gonzáles Prada não estava isento de sua esperança quando escrevia que a condição do indígena pode melhorar de duas maneiras: ou o coração dos opressores se condói a ponto de reconhecer o direito dos oprimidos, ou o ânimo dos oprimidos adquire virilidade suficiente para castigar os opressores.[34]

A Associação Pró-Indígena (1909-1917) representou, antes de tudo, a mesma esperança, ainda que sua verdadeira eficácia estivesse nos objetivos concretos e imediatos de defesa do índio a que se dedicaram seus diretores, orientação que deve muito, certamente, ao idealismo prático, caracteristicamente saxão, de Dora Mayer.[35] A experiência está amplamente demonstrada, no Peru e no mundo. A prédica humanitária não deteve nem envergonhou o imperialismo na Europa, nem melhorou seus métodos. A luta contra o imperialismo já não confia senão na solidariedade e na força dos movimentos de emancipação das massas coloniais. Esse conceito é que preside, na Europa contemporânea, uma ação anti-imperialista, à qual aderiram espíritos liberais como Albert Einstein e Romain Rolland, e que, portanto, não pode ser considerada como de exclusivo caráter socialista.

No terreno da razão e da moral, situava-se, séculos atrás, e com maior energia, ou pelo menos com maior autoridade, a ação

---

[34] González Prada, "Nuestros índios", em *Horas de lucha*, 2ª edição.

[35] Dora Mayer de Zulen assim resume o caráter da experiência Pró-Indígena: "Numa fria concreção de dados práticos, a Associação Pró-Indígena significa para os historiadores o que Mariátegui supõe ser um movimento de resgate da atrasada e escravizada raça indígena por meio de um corpo protetor a ela estranho, que gratuitamente e por vias legais procurou servir-lhe como advogado". Mas, como aparece no mesmo balanço da Pró-Indígena, Dora Mayer pensa que essa associação trabalhou, principalmente, pela formação de um sentido de responsabilidade. "Adormecida estava" – anota – "depois de cem anos de emancipação republicana do Peru, a consciência dos governantes, a consciência dos *gamonales*, a consciência do clero, a consciência do público ilustrado e semi-ilustrado, a respeito de suas obrigações para com a população que não apenas merecia um resgate filantrópico de vexames desumanos, mas também para com a qual o patriotismo peruano devia um reconhecimento de honra nacional, porque a raça incaica havia descido ao escárnio de próprios e estranhos." O melhor resultado da Pró-Indígena resulta, entretanto, segundo o testemunho leal de Dora Mayer, na sua influência no despertar indígena. "O que era desejável que acontecesse, estava acontecendo: que os próprios indígenas, escapando da tutela das classes alheias, concebessem eles mesmos os meios de sua reivindicação."

religiosa. Essa cruzada não conseguiu, entretanto, nada mais que leis e providências sabiamente inspiradas. A sorte dos índios não se modificou substancialmente. Gonzáles Prada, que como sabemos, não considerava essas coisas com critério própria ou sectariamente socialista, procura a explicação desse fracasso na entranha econômica da questão:

> Não podia acontecer de outra maneira: oficialmente se ordenava a exploração; pretendia-se que humanamente se cometessem iniquidades ou que injustiças se consumassem equitativamente. Para extirpar os abusos, teria sido necessário abolir os *repartimientos*[36] e as *mitas*,[37] em duas palavras, mudar todo o regime colonial. Sem as fainas dos índios americanos as arcas do tesouro espanhol teriam se esvaziado.[38]

Possibilidades mais evidentes de êxito que a prédica liberal, contudo, tinha a prédica religiosa. Essa apelava ao exaltado e militante catolicismo espanhol, enquanto aquela tentava fazer-se escutar pelo exíguo e formal liberalismo *criollo*.

Mas, hoje, a esperança de uma solução eclesiástica é indiscutivelmente a mais atrasada e anti-histórica de todas. Aqueles que a representam nem sequer se preocupam, como seus mestres distantes – tão distantes! – em obter uma nova declaração dos direitos do índio, com autoridades e ordenações adequadas, e sim de encarregar ao missionário a função de mediar entre o índio e o *gamonal*.[39] O obra da Igreja não pôde ser realizada numa ordem medieval, quando suas capacidades espirituais e intelectuais podiam ser medidas por frades como o padre Bartolomeu de las

---

[36] *Repartimientos* era como se chamavam as atribuições de responsabilidades a fazendeiros sobre comunidades indígenas. Era um instrumento jurídico colonial. (N.T.)

[37] *Mitas* era o nome dado à obrigação de trabalho gratuito dos índios para com os senhores. (N.T.)

[38] *Op. cit.*

[39] "Só o missionário" – escreve o senhor José Leon y Bueno, um dos líderes da Ação Social da Juventude – "pode redimir e restaurar os direitos do índio. Sendo o intermediário incansável entre o *gamonal* e o colono, entre o latifundiário e o comuneiro, evitando as arbitrariedades do governador que obedece sobretudo ao interesse político do cacique *criollo*; explicando com simplicidade a lição objetiva da natureza e interpretando a vida em sua fatalidade e liberdade; condenando os excessos sensuais das multidões nas festas; ceifando a incontinência em suas próprias fontes e revelando à raça sua excelsa missão, pode devolver ao Peru sua dignidade e sua força" (Boletim da A. S. J., maio de 1928).

Casas, com que elementos poderia contar para prosperar agora? As missões adventistas, sob esse aspecto, conseguiram uma dianteira sobre o clero católico, cujos claustros a cada dia convocam uma quantidade menor de vocações para a evangelização.

O conceito de que o problema do índio é um problema de educação, não parece ser favorecido nem mesmo por um critério estrita e autonomamente pedagógico. Hoje, mais que nunca, a pedagogia leva em consideração os fatores sociais e econômicos. O moderno pedagogo sabe perfeitamente que a educação não é uma simples questão de escola e métodos didáticos. O meio econômico e social condiciona inexoravelmente o trabalho do mestre. O *gamonalismo* é fundamentalmente contrário à educação do índio: sua subsistência tem na manutenção da ignorância do índio o mesmo interesse que no incentivo do alcoolismo.[40] A escola moderna – na suposição de que, dentro das circunstâncias vigentes fosse possível multiplicá-la na proporção da população escolar camponesa – é incompatível como o latifúndio feudal. A mecânica da servidão anularia totalmente a ação da escola, se essa, por um milagre inconcebível dentro da realidade social, conseguisse conservar, na atmosfera do feudo, sua pura missão pedagógica. O ensino moral mais eficiente e grandioso não poderia operar esses milagres. A escola e o mestre estão irremediavelmente condenados a se desnaturalizar sob a pressão do ambiente feudal, inconciliável com a mais elementar concepção progressiva ou evolucionista das coisas. Quando essa verdade é compreendida pela metade, descobre-se a fórmula salvadora dos internatos indígenas. Mas a clamorosa insuficiência dessa fórmula mostra-se com todas as suas evidências, bastando se refletir sobre a porcentagem insignificante da população escolar indígena que seria possível alojar nessas escolas.

A solução pedagógica, por muitos propugnada com a maior boa-fé, está descartada inclusive oficialmente. Os educadores são, repito, os que menos podem pensar em torná-la independente da realidade econômico-social. Não existe, pois, na atualidade, salvo

---

[40] É bem sabido que a produção – e também o contrabando – de aguardente de cana constitui um dos negócios mais lucrativos dos fazendeiros da serra. Mesmo os da costa exploram, numa certa escala, esse filão. O alcoolismo do peão e do colono torna-se indispensável para a prosperidade de nossa grande propriedade agrícola.

como uma sugestão vaga e disforme, da qual nenhum corpo e nenhuma doutrina se torna responsável.

A nova colocação consiste em procurar o problema indígena no problema da terra.

2. Revisão histórica sumária[41]

A população do império incaico, conforme cálculos prudentes, não era inferior a 10 milhões. Há quem a faça subir para 12 e até 15 milhões. A conquista foi, antes de tudo, uma tremenda carnificina. Os conquistadores espanhóis, por conta de seu número escasso, não podiam impor seu domínio senão aterrorizando a população indígena, na qual as armas e os cavalos dos invasores produziram uma impressão supersticiosa, e esses passaram a ser vistos como seres sobrenaturais. A organização política e econômica da colônia, que se seguiu à conquista, não deu fim ao extermínio da raça indígena. O vice-reinado estabeleceu um regime de exploração brutal. A cobiça dos metais preciosos orientou a atividade econômica espanhola para a exploração das minas que, sob os incas, haviam sido trabalhadas em escala muito modesta, em função do ouro e da prata terem somente aplicações ornamentais e dos índios ignorarem o emprego do ferro, ainda que fosse um povo essencialmente agrícola. Os espanhóis estabeleceram, para a exploração das minas e para os *obrajes*,[42] um sistema esmagador de trabalhos forçados e gratuitos, que dizimou a população aborígine. Essa não ficou assim reduzida somente a um estado de servidão – como teria acontecido se os espanhóis tivessem se limitado à exploração das terras conservando o caráter agrário do país – mas sim, em grande medida, a um estado de escravidão. Não faltaram vozes humanitárias e

---

[41] Essa "Revisão histórica sumária" foi escrita por J. C. M. a pedido da Agência Tass de Nova York, traduzida e publicada na revista *The Nation* (v. 128, 16 de janeiro de 1929, com o título The New Peru"). Reproduzida em *Labor* (ano I, n. 1, 1928) com o título "Sobre el problema indígena. Sumaria revisión histórica", foi precedida por uma Nota da redação, escrita pelo autor, na qual assinala que essas anotações "complementam de certa forma o capítulo sobre o problema do índio dos *Sete ensaios de interpretação da realidade peruana*. Por esse motivo, foi agregado ao presente ensaio. (Nota dos editores peruanos).

[42] *Obraje* – instalações para manufaturas diversas com trabalho servil indígena. (N.T.)

civilizadoras que assumiram diante do rei da Espanha a defesa dos índios. O padre de Las Casas se destacou nessa defesa. As Leis das Índias se inspiraram em propósitos de proteção dos índios, reconhecendo sua organização típica em "comunidades". Mas, praticamente, os índios continuaram à mercê de um feudalismo sem piedade que destruiu a sociedade e a economia incaicas, sem substituí-las por uma ordem capaz de organizar progressivamente a produção. A tendência dos espanhóis de se estabelecerem na costa afugentou os aborígines dessa região de tal maneira que faltavam braços para o trabalho. O vice-reinado quis resolver esse problema mediante a importação de escravos negros, gente que resultou adequada ao clima e às fadigas dos vales e planícies quentes da costa e, ao contrário, inadequada para o trabalho nas minas, localizadas na serra fria. O escravo negro reforçou a dominação espanhola que, apesar do despovoamento indígena, de outra forma se teria sentido muito débil demograficamente diante do índio, ainda que submetido, hostil e inimigo. O negro foi dedicado ao serviço doméstico e aos ofícios. O branco misturou-se facilmente com o negro, produzindo, essa mestiçagem, um dos tipos da população costeira com características de maior adesão ao espanhol e maior resistência ao indígena.

A revolução da independência não constituiu, como se sabe, um movimento indígena. Foi promovida e aproveitada pelos *criollos* e também pelos espanhóis das colônias. Mas aproveitou o apoio da massa indígena. E, além disso, alguns índios ilustrados, como Pumacahua, tiveram um papel importante em sua gestação. O programa liberal da revolução compreendia logicamente a redenção do índio, consequência automática da aplicação de seus postulados igualitários. E assim, entre os primeiros atos da república, contaram-se várias leis e decretos favoráveis aos índios. Foi ordenada a repartição das terras, a abolição dos trabalhos gratuitos etc.; mas como a revolução não representou no Peru o advento de uma nova classe dirigente, todas essas disposições ficaram somente escritas, com a falta de governantes capazes de aplicá-las. A aristocracia latifundiária da colônia, dona do poder, conservou intactos seus direitos feudais sobre a terra e, por consequência, sobre o índio. Todas as disposições aparentemente dirigidas para protegê-lo nada puderam contra o feudalismo subsistente até hoje.

O vice-reinado aparece menos culpado que a república. Corresponde ao vice-reinado, originalmente, toda a responsabilidade pela miséria e o esmagamento dos índios. Mas, nesse tempo inquisitorial, uma grande voz cristã, a do frei Bartolomeu de Las Casas, defendeu de forma vibrante os índios contra os métodos brutais dos colonizadores. Não houve na república um defensor tão eficaz e determinado da raça aborígine.

Enquanto o vice-reinado era um regime medieval e estrangeiro, a república é, formalmente, um regime peruano e liberal. A república tem, por conseguinte, deveres que o vice-reinado não tinha. A república devia elevar a condição do índio. E, contrariando seu dever, a república pauperizou o índio, agravou sua opressão e exasperou sua miséria. A república significou para os índios a ascensão da nova classe dominante que se apropriou sistematicamente de suas terras. Em uma raça com costume e alma agrárias, como a raça indígena, esse despojo foi a causa de uma dissolução material e moral. A terra sempre foi toda a alegria do índio. O índio desposou a terra. Sente que "a vida vem da terra" e volta à terra. Finalmente, o índio pode ser indiferente a tudo, menos à posse da terra que suas mãos e seu alento lavraram e fecundaram religiosamente. O feudalismo *criollo* se comportou, a esse respeito, de forma mais ávida e dura que o feudalismo espanhol. No geral, o *encomendero criollo* tem todos os defeitos do plebeu e nenhuma das virtudes do fidalgo. A servidão do índio, em suma, não diminuiu sob a república. Todas as revoltas, todas as tempestades do índio, foram afogadas em sangue. Às reivindicações desesperadas do índio sempre foi dada uma resposta marcial. O silêncio da *puna*[43] logo guardou o segredo trágico dessas respostas. A república restaurou, finalmente, sob o título de conscrição viária, o regime das *mitas*.

A república, além disso, é responsável por haver provocado a letargia e debilitado as energias da raça. A causa da redenção dos índios se converteu, sob a república, numa especulação demagógica de alguns caudilhos. Os partidos *criollos* a inscreveram em seus programas. Diminuíram, assim, nos índios, a vontade de lutar por suas reivindicações.

---

[43]   *Puna* – altiplanos andinos. (N.T.)

Na serra, a região habitada principalmente pelos índios, subsiste, modificado apenas em suas linhas gerais, o feudalismo mais bárbaro e onipotente. O domínio da terra coloca nas mãos dos *gamonales* a sorte da raça indígena, jogada num grau extremo de opressão e ignorância. Além da agricultura, trabalhada de forma muito primitiva, a serra peruana apresenta outra atividade econômica: a mineração, quase totalmente nas mãos de duas grandes empresas estadunidenses. O trabalho assalariado é a norma nas minas; mas o pagamento é ínfimo, a defesa da vida do operário é quase nula, a lei de acidentes de trabalho burlada. O sistema de "gatos", que escraviza o operário por meio de antecipações mentirosas, deixa os índios à mercê dessas empresas capitalistas. É tanta a miséria a qual os condena o feudalismo agrário, que os índios ainda acham preferível, apesar de tudo, a sorte oferecida pelas minas.

A propagação no Peru das ideias socialistas teve como consequência um forte movimento de reivindicação indígena. A nova geração peruana sente, e sabe, que o progresso do Peru será fictício, ou pelo menos não será peruano, enquanto não seja a obra e não signifique o bem-estar da massa peruana, 4/5 das quais é indígena e camponesa. Esse mesmo movimento se manifesta na arte e na literatura nacionais, nas quais se nota uma crescente revalorização das formas e assuntos autóctones, antes desprezados pelo domínio de um espírito e de uma mentalidade coloniais espanholas. A literatura indigenista parece destinada a cumprir a mesma função que a literatura "mujikista" do período pré-revolucionário russo. Os próprios índios começam a dar sinais de uma nova consciência. A cada dia cresce a articulação entre os diversos núcleos indígenas, antes sem comunicação pelas distâncias enormes. Essa vinculação, a reunião periódica de congressos indígenas, foi inicialmente patrocinada pelo governo, mas como o caráter de suas reivindicações se fez revolucionário, logo foi desnaturalizada com a exclusão dos elementos avançados e a leva de representações espúrias. A corrente indigenista já pressiona a ação oficial. Pela primeira vez o governo se viu obrigado a aceitar e proclamar pontos de vista indigenistas, promulgando algumas medidas que não tocam os interesses do *gamonalismo*, e que por isso resultam ineficazes. Pela primeira vez também o problema indígena, antes escamoteado pela retórica das classes dirigentes, é colocado em seus termos sociais e econômicos, identificando-se primeiramente com o problema da terra. A cada dia se impõe, com maior evidência, a convicção de que esse problema não pode encontrar sua solução com uma fórmula humanitária. Não pode ser a consequência de um movimento filantrópico. Os patronatos de caciques e rábulas são um blefe. As ligas do tipo da extinta Associação Pró-Indígena são uma voz que clama no deserto. A Associação Pró-Indígena não chegou a se constituir como um movimento em seu momento. Gradualmente, sua ação se reduziu à ação generosa, abnegada, nobilíssima e pessoal de Pedro S. Zulen e Dora Mayer. Como experiência, a Associação Pró-Indígena serviu para contrastar, para medir a insensibilidade moral de uma geração e de uma época.

A solução do problema do índio tem que ser uma solução social. Seus realizadores devem ser os próprios índios. Essa concepção leva a ver na reunião dos congressos indígenas um feito histórico. Os congressos indígenas, desvirtuados nos últimos anos pela burocracia, não representavam ainda um programa; mas suas primeiras reuniões assinalaram um caminho, colocando em comunicação os índios de diversas regiões. Falta vinculação nacional aos índios. Seus protestos sempre foram regionais. Isso contribuiu, em grande medida, para seu esmagamento. Um povo de 4 milhões de homens, consciente de seu número, nunca desespera de seu futuro. Os mesmos 4 milhões de homens, enquanto não sejam mais que uma massa orgânica, uma multidão dispersa, são incapazes de decidir seu rumo histórico.

O PROBLEMA DA TERRA

1. O problema agrário e o problema do índio

Nós que, do ponto de vista socialista, estudamos e definimos o problema do índio, começamos por declarar absolutamente superados os pontos de vista humanitários ou filantrópicos, nos quais, como um prolongamento da batalha apostólica do padre de Las Casas, se apoiava a antiga campanha pró-indígena. Nosso primeiro esforço tende a estabelecer seu caráter de problema fundamentalmente econômico. Insurgimo-nos primeiramente contra a tendência instintiva – e defensiva – do *criollo* ou *misti*,[44] de reduzi-lo a um problema meramente administrativo, pedagógico, étnico ou moral, para escapar de qualquer maneira do plano da economia. Por isso, a censura mais absurda que nos pode ser feita é a de lirismo ou literatismo. Colocando no primeiro plano o problema econômico-social, assumimos a postura menos lírica ou literária possível. Não nos contentamos em reivindicar

---

[44] *Misti*, palavra quéchua derivada do espanhol *mestizo*, que passou a designar os latifundiários da região andina do Peru. (N.T.)

o direito do índio à educação, à cultura, ao progresso, ao amor e ao céu. Começamos por reivindicar, categoricamente, seu direito à terra. Essa reivindicação perfeitamente materialista deveria bastar para que não nos confundissem com os herdeiros ou repetidores do verbo evangélico do grande frade espanhol, a quem, no entanto, tanto materialismo não nos impede de admirar e estimar fervorosamente.

E esse problema da terra – cuja solidariedade com o problema do índio é demasiado evidente – também não concordamos em atenuá-lo ou diminuí-lo de modo oportunista. De minha parte, trato de colocá-lo em termos absolutamente inequívocos e claros.

O problema agrário se apresenta, antes de qualquer coisa, como o problema da liquidação do feudalismo no Peru. Esta liquidação já deveria ter sido feita pelo regime democrático-burguês, formalmente estabelecido pela revolução da independência. Mas no Peru não tivemos, nos cem anos de república, uma verdadeira classe capitalista. A antiga classe feudal – camuflada ou disfarçada de burguesia republicana – conservou suas posições. A política de desamortização da propriedade agrária iniciada pela revolução da independência – como uma consequência lógica de sua ideologia – não levou ao desenvolvimento da pequena propriedade. A velha classe latifundiária não havia perdido seu predomínio. A sobrevivência de um regime de latifúndio produziu, na prática, a manutenção do latifúndio. Sabe-se que a desamortização atacou principalmente os bens das comunidades. E o fato é que, em um século de república, a grande propriedade agrária foi reforçada e engrandecida, a despeito do liberalismo teórico da nossa Constituição e das necessidades práticas de desenvolvimento de nossa economia capitalista.

As expressões do feudalismo sobrevivente são duas: latifúndio e servidão. Expressões solidárias e consubstanciais, cuja análise nos conduz à conclusão de que não se pode liquidar a servidão que pesa sobre a raça indígena sem liquidar o latifúndio.

Assim colocado, o problema agrário do Peru não se presta a deformações equívocas. Aparece em toda a sua magnitude de problema econômico-social – e portanto político – do domínio dos homens que atuam nesse plano de fatos e ideias. E resulta em vão todo empenho de convertê-lo, por exemplo, em um problema técnico-agrícola de domínio dos agrônomos.

Ninguém desconhece que a solução liberal desse problema seria, conforme a ideologia individualista, o fracionamento dos latifúndios para criar a pequena propriedade. É tão desmedido o desconhecimento que a cada passo se constata, entre nós, dos princípios elementares do socialismo, que jamais será óbvio ou inútil insistir no fato de que essa fórmula – fracionamento dos latifúndios em favor da pequena propriedade – não é utópica, nem herética, nem revolucionária, nem bolchevique, nem vanguardista, mas sim ortodoxa, constitucional, democrática, capitalista e burguesa. E que tem sua origem no ideário liberal no qual se inspiram os estatutos constitucionais de todos os Estados democrático-burgueses. E que nos países da Europa central e oriental – nos quais a crise bélica derrubou as últimas muralhas do feudalismo, com o consentimento do capitalismo do Ocidente que, desde então, opõe precisamente à Rússia esse bloco de países antibolcheviques – na Checoslováquia, Romênia, Polônia, Bulgária etc. se sancionaram leis agrárias que limitam, em princípio, a propriedade da terra a, no máximo, 500 hectares.

De maneira coincidente com minha posição ideológica, penso que no Peru já passou a hora de se experimentar o método liberal, a fórmula individualista. Deixando de lado razões doutrinárias, considero fundamentalmente esse fator incontestável e concreto que dá um caráter peculiar ao nosso problema agrário: a sobrevivência da comunidade e de elementos de socialismo prático na agricultura e vida indígenas.

Mas aqueles que se mantêm dentro da doutrina democrático-liberal – se buscam de verdade uma solução para o problema do índio, que o redima, antes de tudo, da sua servidão – podem dirigir o olhar para a experiência checa ou romena, dado que a mexicana, por sua inspiração e seu processo, lhes parece um exemplo perigoso. Para eles ainda é tempo de defender a reforma liberal. Se o fizessem conseguiriam, pelo menos, que, no debate do problema agrário provocado pela nova geração, não estivesse completamente ausente o pensamento liberal que, segundo a história escrita, rege a vida do Peru desde a fundação da república.

2. Colonialismo-feudalismo

O problema da terra esclarece a atitude vanguardista ou socialista, diante das sobrevivências do vice-reinado. O perricholismo[45] literário só nos interessa como reflexo ou sinal do colonialismo econômico. A herança colonial que queremos liquidar não é, fundamentalmente, a de *tapadas*[46] e janelas com gelosias, mas sim a do regime econômico feudal, cujas expressões são o *gamonalismo*, o latifúndio e a servidão. A literatura colonialista – evocação nostálgica do vice-reinado e seus faustos – não passa, para mim, do produto medíocre de um espírito engendrado e alimentado por esse regime. O vice-reinado não sobrevive no "perricholismo" de alguns trovadores e alguns cronistas. Sobrevive no feudalismo, no qual se assenta, sem que consiga impor sua lei, um capitalismo larvar e incipiente. Não renegamos, propriamente, a herança espanhola; renegamos a herança feudal.

A Espanha nos trouxe a Idade Média: inquisição, feudalismo etc. E nos trouxe também a contrarreforma: espírito reacionário, método jesuítico, casuísmo escolástico. Fomos nos libertando penosamente da maior parte dessas coisas, por meio da assimilação da cultura ocidental, obtida às vezes por meio da própria Espanha. Mas ainda não nos libertamos de seu alicerce econômico, arraigado nos interesses de uma classe cuja hegemonia não foi liquidada pela revolução da independência. As raízes do feudalismo estão intactas. Sua subsistência é responsável, por exemplo, pelo atraso do nosso desenvolvimento capitalista.

O regime de propriedade da terra determina o regime político e administrativo de toda nação. O problema agrário – que até agora a república não pôde resolver – domina todos os problemas da nossa nação. Sobre uma economia semifeudal não podem prosperar nem funcionar instituições democráticas e liberais.

No que diz respeito ao problema indígena, a subordinação ao problema da terra resulta ainda mais absoluta, por razões especiais. A raça indígena é uma raça de agricultores. O povo incaico

---

[45] De Perricholi, mestiça amante de um vice-rei do Peru. No contexto, significa hipocrisia. (N.T.)

[46] *Tapadas* era como se denominava o modo de vestir das damas limenhas da colônia, com o rosto coberto por um véu. (N.T.)

era um povo de camponeses, dedicados geralmente à agricultura e ao pastoreio. As indústrias, as artes, tinham um caráter doméstico e rural. No Peru dos incas, era mais certo, que em qualquer outro povo, o princípio de que "a vida vem da terra". Os trabalhos públicos, as obras coletivas mais admiráveis do Tawatinsuyo,[47] tiveram um objetivo militar, religioso ou agrícola. Os canais de irrigação da serra e da costa, as plataformas e terraços de cultivo dos Andes, permanecem como dois testemunhos do grau de organização econômica alcançado pelo Peru incaico. Sua civilização se caracterizava, em todos seus traços dominantes, como uma civilização agrária.

A terra – escreve Valcárcel estudando a vida econômica do Tawatinsuyo –, na tradição reinícola, é a mãe comum: de suas entranhas saem não somente os frutos alimentícios, mas também o próprio homem. A terra apresenta todos os bens. O culto da Mama Pacha é paralelo ao da heliolatria, e como o Sol não é de ninguém em particular, tampouco o é o planeta. Irmanados os dois conceitos na ideologia aborígine, nasceu o agrarismo, que é a propriedade comunitária dos campos e religião universal do astro do dia.[48]

Ao comunismo incaico – que não pode ser negado nem diminuído por ter se desenvolvido sob o regime autocrático dos incas – se designa por isso como comunismo agrário. As características fundamentais da economia incaica – segundo César Ugarte, que define em geral os traços do nosso processo com muita ponderação – eram os seguintes:

Propriedade coletiva da terra cultivável pelo *ayllu*[49] ou conjunto de famílias aparentadas, ainda que dividida em lotes individuais intransferíveis; propriedade coletiva das águas, terras de pasto e bosques pela marca ou tribo, ou seja, uma federação de *ayllus* estabelecidos ao redor de uma mesma aldeia; cooperação em comum no trabalho; apropriação individual das colheitas e frutos.[50]

---

[47] Assim era como os incas denominavam seu império. A palavra *quéchua* significa "os quatro cantos do mundo". (N.T.)
[48] Luís E. Valcárcel, *Del ayllu al império*, p. 166.
[49] O *ayllu* é a forma incaica da "comunidade", constituída a partir de estruturas de parentesco.
[50] César Antonio Ugarte, *Bosquejo de la historia económica del Perú*, p. 9.

A destruição dessa economia – e, finalmente, da cultura que se nutria através de sua seiva – é uma das responsabilidades menos discutíveis do período colonial, não por ter se constituído na destruição das formas autóctones, mas sim por não haver trazido consigo sua substituição por formas superiores. O regime colonial desorganizou e aniquilou a economia agrária incaica, sem substituí-la por uma economia de rendimentos superiores. Sob uma aristocracia indígena, os nativos compunham uma nação de 10 milhões de homens, com um Estado eficiente e orgânico cuja ação alcançava todos os campos de sua soberania. Sob uma aristocracia estrangeiras, os nativos se viram reduzidos a uma massa dispersa e anárquica de um milhão de homens, jogados na servidão e no "felahismo".[51]

O dado demográfico é, a esse respeito, o mais convincente e decisivo. Contra todas as reprovações que – em nome de conceitos liberais, ou seja, modernos, de liberdade e justiça – se possam fazer ao regime incaico, está o fato histórico – positivo, material – de que assegurava a subsistência e o crescimento de uma população que, quando chegaram os conquistadores ao Peru, ascendia a 10 milhões e que, em três séculos de domínio espanhol, desceu a um milhão. Esse fato condena o regime colonial não a partir de pontos de vista abstratos ou teóricos ou morais – ou como se queira qualificá-los – da justiça, mas sim a partir dos pontos de vista práticos, concretos e materiais da funcionalidade.

O regime colonial, impotente para organizar no Peru pelo menos uma economia feudal, enxertou nessa os elementos de uma economia escravista.

3. A política do regime colonial: despovoamento e escravidão

Que o regime colonial se revelasse incapaz de organizar no Peru uma economia de puro tipo feudal se explica claramente. Não é possível organizar uma economia sem compreensão clara e avaliação segura, senão dos seus princípios, pelo menos de suas necessidades. Uma economia indígena, orgânica, nativa, se forma sozinha. Ela determina espontaneamente suas instituições. Mas

---

[51] "Felahismo" – neologismo referente aos "Fellahs", camponeses egípcios. (N.T.)

uma economia colonial se estabelece sobre bases em parte artificiais e estrangeiras, subordinada ao interesse do colonizador. Seu desenvolvimento regular depende da aptidão deste de se adaptar às condições ambientais ou transformá-las.

Ao colonizador espanhol faltava radicalmente essa aptidão. Tinha uma ideia, um pouco fantástica, do valor econômico dos tesouros da natureza, mas não tinha quase nenhuma ideia do valor econômico do homem.

A prática de extermínio da população indígena e de destruição de suas instituições – muitas vezes em contraste com leis e providências da metrópole – empobrecia e dessangrava o fabuloso país ganho pelos conquistadores para o rei da Espanha, numa medida tal que esses não eram capazes de perceber e avaliar. Formulando um princípio da economia de sua época, um estadista sul-americano do século 19 devia mais tarde dizer, impressionado pelo espetáculo de um continente semideserto: "Governar é povoar". O colonizador espanhol, infinitamente afastado desse critério, implantou no Peru um regime de despovoamento.

A perseguição e a escravidão dos índios desfaziam rapidamente o capital subestimado num grau inverossímil pelos conquistadores. Os espanhóis se viram a cada dia mais carentes de braços para a exploração e aproveitamento das riquezas conquistadas. Recorreram então ao sistema mais antissocial e primitivo de colonização: o da importação de escravos. O colonizador renunciava, assim, todavia, ao empreendimento para o qual, antes, o conquistador sentia-se apto: o de assimilar o índio. A raça negra por ele trazida tinha que servir, entre outras coisas, para reduzir o desequilíbrio demográfico entre branco e índio.

A cobiça de metais preciosos – absolutamente lógica num século em que terras tão distantes praticamente não podiam mandar para a Europa outros produtos – empurrou os espanhóis para se ocupar preferencialmente da mineração. Seus interesses porfiavam para converter em um povo de mineradores aquele que, sob seus incas, tinha sido fundamentalmente um povo agrário. Desse fato nasceu a necessidade de se impor ao índio a dura lei da escravidão. O trabalho agrícola, dentro de um regime naturalmente feudal, teria feito do índio um servo, vinculando-o à terra. O trabalho nas minas e nas cidades devia fazer dele um escravo.

Os espanhóis estabeleceram, com o sistema das *mitas*, o trabalho forçado, arrancando o índio da sua terra e de seus costumes.

A importação de escravos negros, que abasteceu de trabalhadores braçais e domésticos a população espanhola da costa, onde se encontrava a sede e a corte do vice-reinado, contribuiu para que a Espanha não percebesse seu erro econômico e político. O escravagismo se arraigou no regime, viciando-o e enfermando-o.

O professor Javier Prado, a partir de pontos de vista que naturalmente não são os meus, chegou, em seu estudo sobre a situação social do Peru do período colonial, a conclusões que contemplam precisamente um aspecto desse fracasso da empresa colonizadora:

> Os negros – diz ele – considerados como mercadoria comercial, e importados para a América como máquinas humanas de trabalho, deviam regar a terra com o suor de seus rostos; mas sem fecundá-la, sem deixar frutos proveitosos. É a liquidação constante, sempre igual, que a civilização faz com a história dos povos: o escravo é improdutivo no trabalho, como o foi no império romano e como tem sido no Peru; e é um câncer no organismo social, que vai corrompendo os sentimentos e os ideais nacionais. Dessa maneira, desapareceu o trabalho escravo no Peru, sem deixar os campos cultivados; e depois de ter se vingado da raça branca, misturando seu sangue com o desta e rebaixando nesse contubérnio o critério moral e intelectual dos que foram no princípio seus amos cruéis e mais tarde seus padrinhos, seus companheiros, seus irmãos.[52]

A responsabilidade da qual se pode acusar o regime colonial não é a de haver trazido uma raça inferior – essa era a acusação essencial dos sociólogos de meio século atrás –, mas sim a de haver trazido, com os escravos, a escravidão, destinada a fracassar como meio de exploração e organização econômica da colônia, ao mesmo tempo em que reforçava um regime fundado apenas na conquista e na força.

O caráter colonial da agricultura da costa, que ainda não consegue se liberar dessa tara, provém em grande medida do sistema escravista. O latifundiário da costa nunca pediu homens, para fecundar suas terras, e sim braços. Por isso, quando lhe faltaram os

---

[52] Javier Prado, "Estado social del Perú durante la dominación española", em *Anales Universitários del Perú*, tomo XXII, pp. 125-126.

escravos negros, procurou um sucedâneo nos cules chineses. Essa outra importação, típica de um regime de *encomenderos*, contrariava e entrava como a dos negros na formação regular de uma economia liberal congruente com a ordem política estabelecida pela revolução da independência. César Ugarte reconhece isso em seu estudo já citado sobre a economia peruana, afirmando resolutamente que o Peru precisava de "homens" e não de "braços".[53]

4. O colonizador espanhol

A incapacidade da sociedade colonial para organizar a economia peruana sobre suas bases naturais, agrícolas, se explica pelo tipo de colonizador que nos tocou. Enquanto na América do Norte a colonização depositou os germes de um espírito e de uma economia que se plasmavam naquela ocasião na Europa, e aos quais pertencia o futuro, na América espanhola trouxe os efeitos e os métodos de um espírito e de uma economia que já declinava e à qual só o passado pertencia. Essa tese pode parecer demasiadamente simplista para aqueles que só consideram seu aspecto de tese econômica e, sobreviventes, ainda que ignorem isso, do velho escolasticismo retórico, mostram essa falta de aptidão para entender o fato econômico que constitui o defeito capital dos nossos aficionados pela história. Por isso, me apraz encontrar no recente livro de José Vasconcelos, *Indologia*, um julgamento que tem o valor de ser proveniente de um pensador ao qual não se pode atribuir nem muito marxismo nem pouco hispanismo.

> Se não houvesse tantas outras causas de ordem moral e de ordem física – escreve Vasconcelos – que explicam perfeitamente o espetáculo aparentemente desesperado do enorme progresso dos saxões no Norte e o lento e desorientado passo dos latinos do Sul, apenas a comparação dos dois sistemas, dos dois regimes de propriedade, bastaria para explicar as razões do contraste. No Norte não houve reis que andassem dispondo de terra alheia como de coisa própria. Sem maiores graças de parte de seus monarcas, e até mesmo de certo estado de rebelião moral contra o monarca inglês, os colonizadores do Norte foram desenvolvendo um sistema de propriedade privada no qual cada um pagava o preço da sua terra e ocupava somente a extensão que pudesse cultivar.

---

[53] Ugarte, *op. cit,* p. 64.

Foi assim, que em vez de *encomendas*, houve cultivos. E em vez de uma aristocracia guerreira e agrícola, com selos de avoengos reais manchados, avoengos cortesãos de abjeção e homicídio, se desenvolveu uma aristocracia de aptidões, que é o que se chama democracia, uma democracia que nos seus começos não reconheceu mais preceitos que os do lema francês: liberdade, igualdade, fraternidade. Os homens do Norte foram conquistando a selva virgem, mas não permitiram que o general vitorioso na luta contra os índios se apoderasse, como à nossa antiga maneira, até onde alcance a vista. As terras recém-conquistadas também não ficavam à mercê do soberano para que as repartisse ao seu arbítrio e criasse nobrezas de dupla condição moral: lacaia diante do soberano e insolente e opressora do mais débil. No Norte, a república coincidiu com o grande movimento de expansão e a república separou uma grande quantidade de terras boas, criou grandes reservas subtraídas do comércio particular, mas não as usou para criar ducados, nem para premiar serviços patrióticos, mas sim as destinou ao fomento da instrução popular. E assim, à medida que uma povoação crescia, o aumento do valor das terras bastava para assegurar o serviço de ensino. E cada vez que se levantava uma nova cidade no meio do deserto, não era o regime de concessão, o regime do favor que prevalecia, mas sim o leilão público dos lotes que previamente tinham sido divididos no plano da futura urbe. E com a limitação de que uma única pessoa não pudesse adquirir muitos lotes de uma vez. Desse sábio, desse justiceiro sistema social provém o grande poderio estadunidense. Por não ter procedido da mesma maneira é que tantas vezes fomos caminhando para trás.[54]

O feudalismo é, como resulta do raciocínio de Vasconcelos, a tara que nos deixou o regime colonial. Os países que, depois da independência, conseguiram livrar-se dessa tara são os que progrediram; os que ainda não conseguiram isso são os retardatários. Já vimos como a tara do feudalismo se juntou à tara do escravagismo.

O espanhol não tinha as condições de colonização do anglo-saxão. A criação dos EUA se apresenta como a obra do *pioneer*. A Espanha, depois da epopeia da conquista, não nos mandou quase nada além de nobres, clérigos e vilãos. Os conquistadores eram

---

[54] José Vasconcelos, *Indologia*.

de uma estirpe heróica, os colonizadores, não. Sentiam-se senhores, não se sentiam *pioneers*. Os que pensaram que a riqueza do Peru eram seus metais preciosos converteram a mineração, com a prática das *mitas*, num fator de aniquilação do capital humano e de decadência da agricultura. No próprio repertório civilista encontramos testemunhas de acusação. Javier Prado escreve que "o estado que a agricultura apresenta no vice-reinado do Peru é totalmente lamentável devido ao sistema econômico absurdo mantido pelos espanhóis", e que o despovoamento do país era culpa do seu regime de exploração.[55]

O colonizador que em vez de se estabelecer nos campos se estabeleceu nas minas tinha a psicologia do buscador de ouro. Não era, por conseguinte, um criador de riqueza. Uma economia, uma sociedade, são a obra dos que colonizam e vivificam a terra; não dos que precariamente extraem os tesouros do seu subsolo. A história do florescimento e decadência de não poucas povoações coloniais da serra, determinados pela descoberta e abandono de minas logo esgotadas e relegadas, demonstra amplamente entre nós essa lei histórica.

Talvez as únicas falanges de verdadeiros colonizadores que nos foram enviados pela Espanha foram as missões de jesuítas e dominicanos. Ambas as congregações, especialmente os jesuítas, criaram no Peru interessantes núcleos de produção. Os jesuítas associaram no seu empreendimento os fatores religioso, político e econômico, não na mesma medida em que o fizeram no Paraguai, onde realizaram sua experiência mais famosa e extensa, mas sim de acordo com os mesmos princípios.

Essa função das congregações não apenas se coaduna com toda a política dos jesuítas na América espanhola, como também com a própria tradição dos monastérios medievais. Os monastérios tiveram, na sociedade medieval, entre outros, um papel econômico. Numa época guerreira e mística, se encarregaram de salvar a técnica dos ofícios e das artes, disciplinando e cultivando elementos sobre os quais mais tarde iria se constituir a indústria burguesa. Georges Sorel é um dos economistas modernos que melhor assinala e define o papel dos monastérios na economia

---

[55] Javier Prado, *op. cit.*, p. 37.

europeia, estudando a ordem beneditina como protótipo do monastério-empresa industrial.

Encontrar capitais – aponta Sorel – era nesse tempo um problema muito difícil de ser resolvido; mas para os monges era muito simples. Muito rapidamente as doações de famílias ricas lhes proporcionaram grandes quantidades de metais preciosos; isso facilitava em muito a acumulação primitiva. Por outro lado, os conventos gastavam pouco e a estrita economia que as regras impunham recorda os hábitos parcimoniosos dos primeiros capitalistas. Durante muito tempo, os monges tiveram condições excelentes de fazer operações para aumentar sua fortuna.

Sorel nos expõe como "depois de haver prestado à Europa serviços eminentes, que todo o mundo reconhece, essas instituições rapidamente declinaram" e como os beneditinos "deixaram de ser operários agrupados em uma oficina quase capitalista e se converteram em burgueses aposentados dos negócios que só pensavam em viver no doce ócio dos campos".[56]

Esse aspecto da colonização, como tantos outros de nossa economia, ainda não foi estudado. Tocou a mim, marxista convicto e confesso, sua constatação. Julgo que esse estudo é fundamental para a justificação econômica das medidas que, na futura política agrária, dirão respeito aos terrenos dos conventos e congregações, porque estabelecerá de forma conclusiva a caducidade prática de seu domínio e dos títulos reais sobre os quais repousava.

5. A "comunidade" durante o regime colonial

As Leis das Índias[57] amparavam a propriedade indígena e reconheciam sua organização comunista. A legislação relativa às "comunidades" indígenas adaptou-se à necessidade de não atacar nem as instituições nem os costumes indiferentes ao espírito religioso e ao caráter político do regime colonial. O comunismo agrário do *ayllu*, uma vez destruído o Estado inca, não era incompatível nem com um, nem com o outro. Muito ao contrário. Os jesuítas aproveitaram precisamente o comunismo indígena no Peru, no México e ainda em maior escala no Paraguai, para seus

---

[56] Georges Sorel, *Introduction a l'économie moderne*, p. 120-130.
[57] Conjunto das ordenações espanholas referentes às colônias americanas, as "Índias" ocidentais. (N.T.)

fins de catequização. O regime medieval, teórica e praticamente, conciliava a propriedade feudal com a propriedade comunitária.

O reconhecimento das comunidades e seus costumes econômicos pelas Leis das Índias não revela simplesmente a sagacidade realista da política colonial, mas se ajusta de maneira absoluta à teoria e à prática feudais. As disposições das leis coloniais sobre a comunidade, que se mantinham sem inconveniente ao seu mecanismo econômico, reformavam, em troca, e logicamente, os costumes contrários à doutrina católica (a prova matrimonial etc.) e tendiam a converter a comunidade numa roda da sua máquina administrativa e fiscal. A comunidade podia, e devia subsistir, para maior glória e proveito do rei e da Igreja.

Sabemos bem que essa legislação ficou em grande parte só no papel. A propriedade indígena não pôde ser suficientemente amparada, por razões dependentes da prática colonial. Sobre esse fato estão de acordo todos os testemunhos. Ugarte faz as seguintes constatações:

> Nem as medidas previsoras de Toledo, nem as que, em diferentes oportunidades, tentaram colocar em prática, impediram que uma grande parte da propriedade indígena passasse, legal ou ilegalmente, às mãos de espanhóis ou *criollos*. Uma das instituições que facilitou esse despojo dissimulado foi a das *encomendas*. Segundo o conceito legal da instituição, o *encomendero* era um encarregado da cobrança dos tributos e da organização e cristianização de seus tributários. Mas, na realidade das coisas, era um senhor feudal, dono de vidas e bens, pois dispunha dos índios como se fossem árvores do bosque e, mortos ou ausentes estes, se apossava de uma ou de outra maneira de suas terras. Em resumo, o regime agrário colonial determinou a substituição de uma grande parte das comunidades agrárias indígenas por latifúndios de propriedade individual, cultivados pelos índios sob uma organização feudal. Esses grandes feudos, longe de se dividirem no transcorrer do tempo, se concentraram e consolidaram em poucas mãos devido a que a propriedade imobiliária estava sujeita a inumeráveis travas e encargos perpétuos que a imobilizaram, tais como os morgadios, as capelanias, as fundações, os patronatos e outras vinculações da propriedade.[58]

---

[58] Ugarte, *op. cit.*, p. 24.

O feudalismo deixou, analogamente, que subsistissem as comunas rurais na Rússia, país com o qual é sempre interessante o paralelo porque seu processo histórico se aproxima muito mais desses países agrícolas e semifeudais que os dos países capitalistas do Ocidente. Eugéne Schkaff, estudando a evolução do MIR na Rússia, escreve:

> Como os senhores respondiam pelos impostos, quiseram que cada camponês não tivesse senão mais ou menos a mesma superfície de terra para que cada um contribuísse com seu trabalho para pagar os impostos; e para que a efetividade destes fosse assegurada, estabeleceram a responsabilidade solidária. O governo a estendeu aos demais camponeses. Os repartes aconteciam quando o número de servos variava. O feudalismo e o absolutismo transformaram pouco a pouco a organização comunal dos camponeses em um instrumento de exploração. A emancipação dos servos não trouxe, sob esse aspecto, nenhuma mudança.[59]

Sob o regime de propriedade senhorial, o MIR russo, como a comunidade peruana, experimentou uma desnaturalização completa. A superfície de terras disponíveis para os comuneiros se tornava cada vez mais insuficiente e sua repartição cada vez mais defeituosa. O MIR não garantia aos camponeses a terra necessária para seu sustento; em troca, garantia aos proprietários a provisão indispensável de braços para o trabalho de seus latifúndios. Quando em 1861 a servidão foi abolida, os proprietários encontraram um meio de substituí-la, reduzindo os lotes concedidos a seus camponeses a uma extensão que não lhes permitia subsistir de seus próprios produtos. A agricultura russa conservou, desse modo, seu caráter feudal. O latifundiário usou a reforma em seu proveito. Havia percebido que era de seu interesse outorgar uma parcela aos camponeses, desde que esta não bastasse para sua subsistência e a de sua família. Não havia meio mais seguro para vincular o camponês à terra, limitando assim, ao mesmo tempo, ao mínimo, sua emigração. O camponês se via forçado a prestar seus serviços ao proprietário, o qual contava para obrigá-lo a trabalhar em seu latifúndio – se não bastasse a miséria a que a ínfima parcela o condenava – com o domínio de prados, bosques, moinhos, águas etc.

---

[59] Eugéne Schkaff, *La question agraire en Russie*, p. 118.

A convivência de "comunidade" e latifúndio no Peru está, pois, perfeitamente explicada, não apenas pelas características do regime colonial, mas também pela experiência da Europa feudal. Mas a comunidade, sob esse regime, não podia ser verdadeiramente amparada, e sim apenas tolerada. O latifundiário impunha ao camponês a lei de sua força despótica sem controle possível do Estado. A comunidade sobrevivia, mas dentro de um regime de servidão. Antes havia sido a própria célula do Estado que lhe assegurava o dinamismo necessário para o bem-estar de seus membros. A colônia a petrificava dentro da grande propriedade, base de um novo Estado, estranho ao seu destino.

O liberalismo das leis da república, impotente para destruir o feudalismo e para criar o capitalismo, devia, mais tarde, negar-lhe o amparo formal que lhe fora sido concedido pelo absolutismo das leis da colônia.

6. A revolução da independência e a propriedade agrária

Passemos a examinar agora como se apresenta o problema da terra sob a república. Para precisar meus pontos de vista sobre esse período, no que corresponde à questão agrária, devo insistir num conceito que já expressei a respeito do caráter da revolução da independência no Peru. A revolução encontrou o Peru atrasado na formação de sua burguesia. Os elementos de uma economia capitalista eram, no nosso país, mais embrionários que em outros países da América, onde a revolução contou com uma burguesia menos larvar, menos incipiente.

Se a revolução tivesse sido um movimento das massas indígenas ou tivesse representado suas reivindicações, teria tido necessariamente uma forma agrarista. Já está bem estudado como a revolução francesa beneficiou particularmente a classe rural, na qual teve que se apoiar para evitar o retorno do antigo regime. Esse fenômeno, ademais, parece peculiar em geral tanto para a revolução burguesa quanto para a revolução socialista, a julgar pelas consequências mais bem definidas e mais estáveis da liquidação do feudalismo na Europa central e do tsarismo na Rússia. Dirigidas e tendo como atores principalmente a burguesia urbana e o proletariado urbano, uma e outra revolução tiveram os camponeses como beneficiários imediatos. Particularmente na Rússia, foi essa a classe que colheu os primeiros frutos da revolução bolchevique, pois nesse país ainda não se havia operado uma revolução burguesa que, no seu momento, tivesse liquidado o feudalismo e o absolutismo e instaurado em seu lugar um regime democrático-liberal.

Mas, para que a revolução democrático-liberal tivesse esses efeitos, duas premissas eram necessárias: a existência de uma burguesia consciente dos fins e interesses de sua ação e a existência de um estado de ânimo revolucionário na classe camponesa e, principalmente, sua reivindicação do direito à terra em termos incompatíveis com o poder da aristocracia latifundiária. No Peru, menos ainda que em outros países da América, a revolução da independência não respondeu a essas premissas. A revolução havia triunfado pela solidariedade continental devida por todos os povos que se rebelavam contra o domínio da Espanha e porque as circunstâncias políticas e econômicas do mundo trabalhavam a seu favor. O nacionalismo continental dos revolucionários hispano-americanos juntou-se a essa convivência forçada de seus destinos, para nivelar os povos mais avançados em sua marcha rumo ao capitalismo com os mais atrasados nessa mesma via.

Estudando a revolução argentina e, portanto, a americana, Echeverría classifica as classes da seguinte forma:

> A sociedade americana – diz – estava dividida em três classes de interesses opostos, sem nenhum vínculo de sociabilidade moral e política. Compreendiam a primeira os togados, o clero e os mandões; a segunda, os enriquecidos com o monopólio e o capricho da fortuna; a terceira a gente comum, chamados de *gaúchos* e *compadritos* no Rio da Prata, *cholos* no Peru, *rotos* no Chile, *leperos* no México. As castas indígenas e africanas eram escravas e tinham uma existência extrassocial. A primeira desfrutava sem produzir e tinha o poder e o privilégio do fidalgo; era a aristocracia, composta em sua maioria por espanhóis e poucos americanos. A segunda desfrutava, exercendo tranquilamente sua indústria e comércio, era a classe média que se sentava nas câmaras; a terceira, única produtora pelo trabalho manual, compunha-se de artesãos proletários de todos os gêneros. Os descendentes americanos das duas primeiras classes que recebiam

alguma educação na América ou na Península [ibérica], foram os que levantaram o estandarte da revolução.[60]

A revolução americana, em vez do conflito entre a nobreza latifundiária e a burguesia comerciante, produziu em muitos casos sua colaboração, seja pela impregnação de ideias liberais que contaminavam a aristocracia, seja porque essa em muitos casos não via nessa revolução mais que um movimento de emancipação da coroa da Espanha. A população camponesa, que no Peru era indígena, não teve presença direta, ativa, na revolução. O programa revolucionário não representava suas reivindicações.

Mas esse programa se inspirava no ideário liberal. A revolução não podia prescindir de princípios que consideravam reivindicações agrárias existentes, fundamentadas na necessidade prática e na justiça teórica de libertar o domínio da terra das travas feudais. A revolução inseriu em seus estatutos esses princípios. O Peru não tinha uma classe burguesa que os aplicassem em harmonia com seus interesses econômicos e sua doutrina política e jurídica. Mas a república – porque esse era o curso e o mandato da história – devia se constituir sobre princípios liberais e burgueses. Só que as consequências práticas da revolução, no que se relacionava com a propriedade agrária, não podiam deixar de se deter no limite que lhes fixavam os interesses dos grandes proprietários.

Por isso, a política de desvinculação da propriedade agrária, imposta pelos fundamentos políticos da república, não atacou o latifúndio. E – ainda que em compensação as novas leis ordenassem a repartição das terras aos índios – atacou ao contrário, e em nome dos postulados liberais, a "comunidade".

Inaugurou-se assim um regime que, seja lá quais fossem seus princípios, piorava em algum grau a condição dos indígenas, em vez de melhorá-la. E isso não era culpa do ideário que inspirava a nova política e que, corretamente aplicado, devia ter dado fim ao domínio feudal da terra, convertendo os indígenas em pequenos proprietários.

A nova política abolia formalmente as *mitas*, *encomendas* etc. Compreendia um conjunto de medidas que significavam a emancipação do indígena como servo. Mas como, entretanto, deixava

---

[60] Esteban Echeverría, *Antecedentes y primeros pasos de la revolución de mayo*.

intactos o poder e a força da propriedade feudal, invalidava suas próprias medidas de proteção à pequena propriedade e ao trabalhador da terra.

A aristocracia latifundiária, se não em seus privilégios de princípio, conservava suas posições de fato. Continuava sendo a classe dominante no Peru. A revolução não tinha realmente elevado ao poder uma nova classe. A burguesia profissional e comerciante era muito fraca para governar. A abolição da servidão não passava, por isso, de uma declaração teórica, porque a revolução não tinha tocado no latifúndio. E a servidão é apenas uma das caras do feudalismo, mas não o próprio feudalismo.

7. Política agrária da república

Durante o período de caudilhismo militar que se seguiu à revolução da independência, logicamente não foi possível se desenvolver, nem mesmo sequer se esboçar, uma política liberal sobre a propriedade agrária. O caudilhismo militar era o produto natural de um período revolucionário que não tinha conseguido criar uma nova classe dirigente. O poder, dentro dessa situação, tinha que ser exercido pelos militares da revolução que, de um lado, gozavam do prestígio marcial de seus lauréis de guerra e, de outro lado, estavam em condições de se manter no governo pela força das armas. É claro que o caudilho não podia se furtar à influência dos interesses de classe ou das forças históricas em contraste. Apoiava-se no liberalismo inconsistente e retórico do *demos* urbano ou no conservadorismo colonialista da casta latifundiária. Inspirava-se na clientela de tribunos e advogados da democracia citadina ou de literatos e reitores da aristocracia latifundiária. Porque, no conflito de classes entre liberais e conservadores, faltava uma reivindicação direta e ativa dos camponeses que obrigasse os primeiros a incluir em seus programas a redistribuição da propriedade agrária.

Esse problema básico poderia ser percebido e apreciado de alguma maneira por um estadista superior. Mas nenhum dos nossos caciques militares desse período o era.

O caudilhismo militar, todavia, parece ser organicamente incapaz de promover uma reforma dessa envergadura, que exige antes de tudo um critério jurídico e econômico fundamentado.

As violências do caudilhismo produzem uma atmosfera adversa à experimentação dos princípios de um direito e de uma economia novos. Vasconcelos observa o seguinte a esse respeito:

Na ordem econômica o caudilho é constantemente o principal sustentáculo do latifúndio. Ainda que às vezes se proclamem inimigos da propriedade, quase não existe caudilho que não termine como fazendeiro. O certo é que o poder militar traz fatalmente consigo o delito de apropriação exclusiva da terra; chame-se soldado, caudilho, rei ou imperador: despotismo e latifúndio são termos correlacionados. E é natural, pois os direitos econômicos, assim como os políticos, só podem ser conservados e defendidos dentro de um regime de liberdade. O absolutismo leva fatalmente à miséria de muitos e a exibição e o abuso de poucos. Só a democracia, apesar de todos seus defeitos, pode nos aproximar das melhores realizações da justiça social, pelo menos a democracia antes de sua degeneração nos imperialismos das repúblicas demasiado prósperas, que se veem rodeadas de povos em decadência. De qualquer maneira, entre nós, o caudilho e o governo dos militares cooperaram para o desenvolvimento do latifúndio. Um exame mesmo superficial dos títulos de propriedade dos nossos grandes fazendeiros bastaria para demonstrar que quase todos devem seus bens, no princípio, à mercê da Coroa espanhola, depois à concessão de favores e concessões ilegítimas concedidos pelos generais influentes em nossas falsas repúblicas. As benesses e as concessões foram dadas, a cada momento, sem levar em consideração os direitos de populações inteiras de indígenas ou de mestiços aos quais faltou força para fazer valer seu domínio.[61]

Uma nova ordem jurídica e econômica não pode ser, de qualquer forma, a obra de um caudilho, e sim de uma classe. Quando a classe existe, o caudilho funciona como seu intérprete e seu avalista. Não é tanto seu arbítrio pessoal e sim um conjunto de interesses e necessidades coletivas o que decide sua política. O Peru carecia de uma classe burguesa capaz de organizar um Estado forte e capaz. O militarismo representava uma ordem

---

[61] Vasconcelos, conferência sobre "El nacionalismo en América Latina", em *Amauta* n. 4, p. 15. Esse julgamento, exato no que diz respeito às relações entre o caudilhismo militar e propriedade agrária na América, não é igualmente válido para todas as épocas e situações históricas. Não é possível subscrevê-lo sem essa reserva específica.

elementar e provisória, que, mal deixasse de ser indispensável, teria que ser substituída por uma ordem mais avançada e orgânica. Não era possível que compreendesse nem mesmo que considerasse o problema agrário. Problemas rudimentares e momentâneos capturavam sua ação limitada. O caudilhismo militar rendeu com Castilla seu fruto máximo. Seu oportunismo sagaz, sua aguda malícia, seu espírito mal cultivado, seu empirismo absoluto, não lhe permitiram praticar até o fim uma política liberal. Castilla percebeu que os liberais do seu tempo constituíam um cenáculo, um agrupamento, mas não uma classe. Isso o induziu a evitar com cautela todo ato seriamente oposto aos interesses e princípios da classe conservadora. Mas os méritos de sua política residem no que teve de reformadora e progressista. Seus atos de maior significado histórico, a abolição da escravidão dos negros e da contribuição dos indígenas, representam sua atitude liberal.

Desde a promulgação, o Código Civil do Peru entrou em um processo gradual de organização. É quase desnecessário remarcar que isso denotava, entre outras coisas, a decadência do militarismo. O Código, inspirado nos mesmos princípios que os primeiros decretos da república sobre a terra, reforçava e continuava a política de desvinculação e mobilidade da propriedade agrária. Ugarte, registrando as consequências desse processo da legislação nacional no que concerne à terra, anota que o Código

> confirmou a abolição legal das comunidades indígenas e das vinculações de domínio; inovando sobre a legislação precedente, estabeleceu a ocupação como um dos modos de adquirir imóveis sem dono; nas regras sobre sucessões, tratou de favorecer a pequena propriedade.[62]

Francisco Garcia Calderón atribui ao Código Civil efeitos que na verdade não teve, ou que, pelo menos, não se revestiram do alcance radical que seu otimismo lhes outorga:

> A Constituição – escreve – havia destruído os privilégios e a lei civil dividia as propriedades e arruinava a igualdade de direito nas famílias. As consequências dessa disposição eram, na ordem política, a condenação de toda oligarquia, de toda aristocracia dos latifúndios; na ordem social, a ascensão da burguesia e da mestiçagem. Sob o aspecto

---

[62] Ugarte, *op. cit.*, p. 57.

econômico, a partição igualitária das sucessões favoreceu a formação da pequena propriedade antes entravada pelos grandes domínios senhoriais.[63]

Isso sem dúvida estava na intenção dos codificadores do direito no Peru. Mas o Código Civil não é mais que um dos instrumentos da política liberal e da prática capitalista. Como o reconhece Ugarte, na legislação peruana "vê-se o propósito de favorecer a democratização da propriedade rural, mas por meios puramente negativos, abolindo as travas em vez de proporcionar aos agricultores uma proteção positiva".[64] Em nenhuma parte a divisão da propriedade agrária, ou melhor, sua redistribuição, foi possível sem leis especiais de expropriação que transferisse o domínio do solo à classe que o trabalha.

Não obstante o Código, a pequena propriedade não prosperou no Peru. Ao contrário, o latifúndio se consolidou e se estendeu. E a propriedade da comunidade indígena foi a única a sofrer as consequências desse liberalismo deformado.

8. A grande propriedade e o poder político

Os dois fatores que se opuseram a que a revolução da independência propusesse e abordasse no Peru o problema agrário – extrema incipiência da burguesia urbana e situação extrassocial, como a define Echeverría, dos indígenas – impediram mais tarde que os governos da república desenvolvessem uma política de alguma forma dirigida a uma distribuição menos desigual e injusta da terra.

Durante o período do caudilhismo militar, em vez de fortalecer o *demos* urbano, a aristocracia latifundiária se robusteceu. Com o comércio e as finanças em poder de estrangeiros, não era economicamente possível o surgimento de uma burguesia urbana vigorosa. A educação espanhola, radicalmente estranha aos fins e necessidades do industrialismo e do capitalismo, não preparava comerciantes nem técnicos, e sim advogados, literatos, teólogos etc. Esses, salvo quando sentiam uma vocação especial pelo jacobinismo ou pela demagogia, tinham que constituir sua

---

[63] *Le Pérou contemporain*, pp. 98-99.
[64] Ugarte, *op. cit.*, p. 58.

clientela na casta proprietária. O capital comercial, quase exclusivamente estrangeiro, não podia, por sua vez, fazer outra coisa que não se entender e se associar com essa aristocracia que, no entanto, tácita ou explicitamente conservava seu predomínio político. Foi assim que a aristocracia latifundiária e seus *ralliés* se tornaram usufrutuários da política fiscal e de exploração do guano e do salitre. Foi assim também como essa casta, forçada por seu papel econômico, assumiu no Peru a função de classe burguesa, sem perder seus ranços e preconceitos coloniais e aristocráticos. Foi assim, finalmente, como as categorias burguesas urbanas – profissionais, comerciantes – terminaram por ser absorvidas pelo civilismo.

O poder dessa classe – civilistas ou "neogodos"[65] – provinha em grande medida da propriedade da terra. Nos primeiros anos da independência, não era precisamente uma classe de capitalistas, e sim uma classe de proprietários. Sua condição de classe proprietária – e não de classe ilustrada – havia permitido que solidarizassem seus interesses com os dos comerciantes e banqueiros estrangeiros e traficassem, com essa condição, com o Estado e a riqueza pública. A propriedade da terra, devida ao vice-reinado, lhes havia dado sob a república a posse do capital comercial. Os privilégios da colônia tinham engendrado os privilégios da república.

Era, por conseguinte, natural e instintivo nessa classe o critério mais conservador a respeito do domínio da terra. A manutenção da condição extrassocial dos indígenas, entretanto, não opunha aos interesses feudais dos latifundiários as reivindicações das massas camponesas conscientes.

Esses foram os principais fatores da manutenção e desenvolvimento da grande propriedade. O liberalismo da legislação republicana, inerte diante da propriedade feudal, sentia-se ativo somente diante da propriedade comunitária. Se não apoiava nada contra o latifúndio, podia muito contra a "comunidade". Em um povo de tradição comunista, dissolver a "comunidade" não contribuía para criar a pequena propriedade. Não se transforma artificialmente uma sociedade. Menos ainda a uma socie-

---

[65] Neogodos: Godos: nome com que se designava os espanhóis. (N.T.)

dade camponesa, profundamente ligada à sua tradição e às suas instituições jurídicas. O individualismo não teve sua origem, em nenhum país, nem na Constituição do Estado, nem no Código Civil. Sua formação sempre teve um processo ao mesmo tempo mais complicado e mais espontâneo. Destruir as comunidades não significava converter os indígenas em pequenos proprietários e nem sequer em assalariados livres, mas sim entregar suas terras aos *gamonales* e a sua clientela. O latifundiário encontrava assim, mais facilmente, o modo de vincular o indígena ao latifúndio.

Supõe-se que a mola da concentração da propriedade agrária na costa foi a necessidade de os proprietários de dispor pacificamente de suficiente quantidade de água. A agricultura de regadio, em vales formados por rios de pequeno caudal, determinou, segundo essa tese, o florescimento da grande propriedade e o sufoco da média e da pequena. Mas essa é uma tese especiosa, e exata somente em uma parte mínima. Porque a razão técnica ou material que ela superestima só influi na concentração da propriedade desde que já se tenham desenvolvido na costa vastos cultivos industriais. Antes que esses prosperassem, antes que a agricultura da costa adquirisse uma organização capitalista, o motivo da irrigação era muito débil para decidir a concentração da propriedade. É certo que a escassez de águas de rego, pelas dificuldades de sua distribuição entre múltiplos regadores, favorece a grande propriedade. Mas não é certo que essa seja a origem da não subdivisão da propriedade. As origens do latifúndio costeiro remontam ao regime colonial. O despovoamento da costa, como consequência da prática colonial, eis aí, ao mesmo tempo que uma das consequências, uma das razões do regime da grande propriedade. O problema dos braços, o único que o fazendeiro costeiro sentiu, tem todas suas raízes no latifúndio. Os fazendeiros quiseram resolvê-lo com o escravo negro nos tempos da colônia, com o cule chinês nos da república. Empenho vão. Não se povoa a terra com escravos. E, sobretudo, não se a fecunda. Devido à sua política, os grandes proprietários têm, na costa, toda a terra que se pode possuir; mas, em troca, não têm homens suficientes para vivificá-la e explorá-la. Essa é a defesa da grande propriedade. Mas é também sua miséria e sua tara.

A situação agrária da serra demonstra, no entanto, a artificialidade da tese citada. Na serra não existe o problema da água. As chuvas abundantes permitem aos latifundiários, assim como ao comuneiro, os mesmos cultivos. No entanto, também na serra se constata o fenômeno da concentração da propriedade agrária. Esse fato prova o caráter essencialmente político-social da questão.

O desenvolvimento de cultivos industriais, de uma agricultura de exportação, nas fazendas da costa, aparece subordinado de forma integral à colonização econômica dos países da América Latina pelo capitalismo ocidental. Os comerciantes e banqueiros britânicos se interessaram pela exploração dessas terras quando comprovaram a possibilidade de dedicá-las, com vantagem, à produção primeiro de açúcar e depois de algodão. As hipotecas da propriedade agrária as colocavam, em boa parte, desde épocas bem distantes, sob o controle de firmas estrangeiras. Os fazendeiros, endividados frente aos comerciantes, aos banqueiros estrangeiros, serviam de intermediários, quase como *yanaconas*[66] do capitalismo anglo-saxão, para assegurar a exploração dos campos cultivados a um custo mínimo por trabalhadores braçais escravizados e miseráveis, curvados sobre a terra sob o látego dos "negreiros" coloniais.

Mas, na costa, o latifúndio alcançou um grau mais ou menos avançado de técnica capitalista, ainda que sua exploração repouse sobre práticas e princípios feudais. Os coeficientes de produção de algodão e cana correspondem ao sistema capitalista. As empresas contam com capitais poderosos e as terras são trabalhadas por máquinas e procedimentos modernos. Para beneficiar os produtos funcionam poderosas instalações industriais. Enquanto isso, na serra as cifras de produção do latifúndio não são geralmente maiores do que as das terras das comunidades. E se a justificativa de um sistema de produção está em seus resultados, como exige um critério econômico objetivo, esse simples dado condena na serra, de maneira irremediável, o regime de propriedade agrária.

---

[66] *Yanaconas* – no império incaico, eram prisioneiros de guerra deslocados para colonização, semiescravos. (N.T.)

9. A "comunidade" sob a república

Já vimos como o liberalismo formal e a legislação republicana não se mostraram ativos senão diante da "comunidade" indígena. Pode se dizer que o conceito de propriedade individual quase teve uma função antissocial na república devido a seu conflito com a subsistência da "comunidade". Com efeito, se a dissolução e expropriação dessa tivesse sido decretada e realizada por um capitalismo em crescimento vigoroso e autônomo, teria, aparecido como uma imposição do progresso econômico. O índio teria, então, passado de um regime misto de comunismo e servidão para um regime de salário livre. Essa mudança o teria desnaturalizado um pouco; mas o teria colocado em condições de organizar-se e emancipar-se como classe, pela via dos demais proletariados do mundo. Entretanto, a expropriação e absorção graduais da "comunidade" pelo latifúndio, por um lado o enterrava mais na servidão e, por outro, destruía a instituição econômica que salvaguardava, em parte, o espírito e a matéria de sua antiga civilização.[67]

---

[67] Se a evidência histórica do comunismo incaico não aparecesse incontestável, a comunidade, órgão específico do comunismo, bastaria para eliminar qualquer dúvida. O "despotismo" dos incas feriu, entretanto, os escrúpulos liberais de alguns espíritos do nosso tempo. Quero reafirmar aqui a defesa que fiz do comunismo incaico objetando a tese de seu mais recente impugnador, Augusto Aguirre Morales, autor do romance *El pueblo del Sol*.

O comunismo moderno é coisa distinta do comunismo incaico. Isso é o que primeiro precisa aprender e entender o homem de estudo que explore o Tawantinsuyo. Um e outro comunismo são o produto de diferentes experiências humanas. Pertencem a diferentes épocas históricas. Constituem a elaboração de civilizações diferenciadas. A dos incas foi uma civilização agrária. A de Marx e Sorel é uma civilização industrial. Naquela, o homem se submetia à natureza. Nessa, às vezes a natureza se submete ao homem. É um absurdo, portanto, confrontar as formas e instituições de um e de outro comunismo. O único que se pode comparar é sua semelhança incorpórea essencial, dentro da diferença essencial e material de tempo e de espaço. E para essa comparação faz falta um pouco de relativismo histórico. De outra forma corre-se o risco certo de cair nos erros clamorosos em que caiu Victor Andrés Belaúnde numa tentativa desse gênero.

Os cronistas da conquista e da colônia observaram o panorama indígena com um olhar medieval. Seu testemunho sem dúvida não pode ser aceito, salvo no que corresponde a um inventário. Seus juízos correspondem inflexivelmente a seus pontos de vista espanhóis e católicos. Mas Aguirre Morales é, por sua vez, vítima do ponto de vista ardiloso. Sua posição no estudo do império inca não é uma posição relativista. Aguirre considera e examina o império com

apriorismos liberais e individualistas. E pensa que o povo inca foi um povo escravo e infeliz porque careceu de liberdade.
A liberdade individual é um aspecto do complexo fenômeno liberal. Uma crítica realista pode defini-la como a base jurídica da civilização capitalista. (Sem o livre arbítrio não existiria o livre comércio, nem a livre concorrência, nem a livre indústria). Uma crítica idealista pode defini-la como uma aquisição do espírito humano na idade moderna. Em nenhum caso essa liberdade cabia na vida incaica. O homem do Tawantinsuyo não sentia absolutamente nenhuma necessidade de liberdade individual. Assim como não sentia, por exemplo, nenhuma necessidade de liberdade de imprensa. A liberdade de imprensa pode servir de algo para nós, para Aguirre Morales e para mim; mas os índios podiam ser felizes sem conhecê-la e ainda sem concebê-la. A vida e o espírito do índio não estavam atormentados pelo afã da especulação e da criação intelectuais. Não estavam também subordinados à necessidade de comerciar, de contratar, de traficar. Para que podia servir, por conseguinte, ao índio, essa liberdade inventada pela nossa civilização? Se o espírito da liberdade se revelou ao quéchua, foi sem dúvida em uma fórmula ou, melhor dito, em uma emoção diferente da fórmula liberal, jacobina e individualista da liberdade. A revelação da liberdade, como a revelação de Deus, varia com as eras, os povos, os climas. Consubstanciar a ideia abstrata da liberdade com as imagens concretas de uma liberdade com barrete frígio – filha do protestantismo, do Renascimento e da Revolução Francesa – é se deixar colher por uma ilusão que depende talvez de um simples, ainda que não desinteressado, astigmatismo filosófico da burguesia e de sua democracia.
A tese de Aguirre, negando o caráter comunista da sociedade incaica, descansa integralmente em um conceito errôneo. Aguirre parte da ideia de que autocracia e comunismo são dois termos irreconciliáveis. O regime incaico – constata – foi despótico e teocrático; logo – afirma – não foi comunista. Mas o comunismo não supõe, historicamente, liberdade individual nem sufrágio popular. A autocracia e o comunismo são incompatíveis na nossa época; mas não o foram em sociedades primitivas. Hoje uma ordem nova não pode renunciar a nenhum dos progressos morais da sociedade moderna. O socialismo contemporâneo – outras épocas tiveram outros tipos de socialismo que a história designa com diversos nomes – é a antítese do liberalismo; mas nasce de suas entranhas e se nutre de sua experiência. Não desdenha nenhuma de suas conquistas intelectuais. Não escarnece nem vilipendia senão de suas limitações. Aprecia e compreende tudo o que há de positivo na ideia liberal: condena e ataca somente o que nessa ideia existe de negativo e temporal.
O regime incaico certamente foi teocrático e despótico. Mas esse é um traço comum a todos os regimes da antiguidade. Todas as monarquias da história se apoiaram no sentimento religioso de seus povos. O divórcio do poder temporal e do poder espiritual é um fato novo. E mais que divórcio, é uma separação de corpos. Até Guilherme de Hohensollern, os monarcas invocaram seu direito divino.
Não é possível falar abstratamente de tirania. Uma tirania é um fato concreto. E é real somente na medida em que oprime a vontade de um povo ou no que contraria e sufoca seu impulso vital. Muita vezes, na antiguidade, um regime absolutista e teocrático encarnou e representou, ao contrário, essa vontade e esse impulso. Esse parece ter sido o caso do império incaico. Não acredito na obra taumatúrgica dos incas. Julgo evidente sua capacida-

de política; mas julgo não menos evidente que sua obra consistiu em construir o império com os materiais humanos e os elementos morais ajuntados pelos séculos. O *ayllu* – a comunidade – foi a célula do império. Os incas fizeram a unidade, inventaram o império; mas não criaram a célula. O Estado jurídico organizado pelos incas reproduziu, sem dúvida, o Estado natural preexistente. Os incas não violentaram nada. Está certo que se exalte sua obra; não que se despreze e diminua a gesta milenar e multitudinária da qual essa obra não é mais que uma expressão e uma consequência.

Não deve apequenar, nem muito menos negar, o que nessa obra pertence à massa. Aguirre, literato, individualista, se compraz em ignorar a multidão na história. Seu olhar de romântico busca exclusivamente o herói.

Os vestígios da civilização inca declaram unanimemente contra a requisitória de Aguirre Morales. O autor de *El pueblo del Sol* invoca o testemunho dos milhares de huacos [objetos de cerâmica encontrados em escavações arqueológicas] que desfilaram diante de seus olhos. Pois bem. Esses huacos dizem que a arte incaica foi uma arte popular. E o melhor documento da civilização incaica é, certamente, sua arte. A cerâmica estilizada dos índios não pode ter sido produzida por um povo grosseiro e bárbaro.

James George Frazer – muito distante espiritual e fisicamente dos cronistas da colônia – escreve: "Remontando o curso da história, se verá que não por um simples acidente que os primeiros grandes passos para a civilização foram dados sob governos despóticos e teocráticos como os da China, Egito, da Babilônia, do México, do Peru, todos países nos quais o chefe supremo exigia e obtinha a obediência servil de seus súditos pelo seu duplo caráter de rei e de deus. Seria apenas um exagero dizer que nessa época longínqua o despotismo era o maior amigo da humanidade e, por paradoxal que pareça, da liberdade. Pois, afinal de contas, existe mais liberdade, no melhor sentido da palavra – liberdade de pensar nossos pensamentos e de modelar nossos destinos – sob o despotismo mais absoluto e a tirania mais opressora que sob a aparente liberdade da vida selvagem, na qual a sorte do indivíduo, do berço ao túmulo, é vazada no molde rígido dos costumes hereditários" (*The golden bough*, part. 1).

Aguirre Morales diz que na sociedade incaica se desconhecia o roubo por uma simples falta de imaginação para o mal. Mas não se destrói com uma frase de engenhoso humorismo literário um fato social que prova, precisamente, o que Aguirre se obstina em negar: o comunismo incaico. O economista francês Charles Gide pensa que, mais exata que a célebre frase de Proudhon, é a seguinte fórmula: "O roubo é a propriedade". Na sociedade incaica não existia o roubo porque não existia a propriedade. Ou, se preferirmos, porque existia uma organização socialista da propriedade.

Invalidemos e anulemos, se isso for preciso, o testemunho dos cronistas da colônia. Mas o caso é que a teoria de Aguirre busca amparo, justamente, na interpretação, medieval em seu espírito, desses cronistas, da forma de distribuição das terras e dos produtos.

Os frutos do solo não são entesouráveis. Não é verossímil, por conseguinte, que dois terços fossem açambarcados para o consumo dos funcionários e sacerdotes do império. Muito mais verossímil é que os frutos que se supõe serem reservados para os nobres e para o inca estivessem destinados a constituir os depósitos do Estado.

E que representassem, em suma, um ato de previdência social, peculiar e característico de uma ordem socialista.

Durante o período republicano, os escritores e legisladores nacionais mostraram uma tendência mais ou menos uniforme para condenar a "comunidade" como um resíduo de uma sociedade primitiva ou como uma sobrevivência da organização colonial. Essa atitude correspondeu em alguns casos aos interesses do *gamonalismo* latifundiário e, em outros, ao pensamento individualista e liberal que dominava automaticamente uma cultura demasiado oral e imóvel.

Um estudo do dr. M. V. Villarán, um dos intelectuais que com mais atitude crítica e maior coerência doutrinária representam esse pensamento em nosso primeiro século, assinalou o princípio de uma prudente revisão de suas concepções a respeito da "comunidade" indígena. O dr. Villarán mantinha teoricamente sua posição liberal, propugnando, em princípio, a individualização da propriedade, mas praticamente aceitava a proteção das comunidades contra o latifúndio, reconhecendo-lhes uma função à qual o Estado devia sua tutela.

Mas a primeira defesa orgânica e documentada da "comunidade" indígena tinha que se inspirar no pensamento socialista e repousar em um estudo concreto da sua natureza, efetuado conforme os métodos de pesquisa da sociologia e da economia modernas. O livro de Hildebrando Castro Pozo, *Nuestra comunidad indígena*, assim o comprova. Castro Pozo, nesse interessante estudo, se apresenta isento de preconceitos liberais. Isso lhe permite abordar o problema da "comunidade" com uma mente apta para valorizá-la e compreendê-la. Castro Pozo não apenas nos revela que a "comunidade" indígena, malgrado os ataques do formalismo liberal colocado a serviço de um regime de feudalismo, é ainda um organismo vivo, mas também que, apesar do meio hostil dentro do qual vegeta sufocada e deformada, manifesta espontaneamente evidentes possibilidades de evolução e desenvolvimento.

Castro Pozo sustenta que

o *ayllu*, ou comunidade, conservou sua idiossincrasia, seu caráter de instituição quase familiar em cujo seio continuaram subsistentes, depois da conquista, seus principais fatores constitutivos.[68]

E nisso se apresenta, portanto, de acordo com Valcárcel, cujas propostas a respeito do *ayllu* parecem, para alguns, excessivamente dominadas por seu ideal de ressurgimento indígena.

---

[68] Castro Pozo, *Nuestra comunidad indígena*.

O que são e como funcionam atualmente as "comunidades"? Castro Pozo acredita que elas podem ser distinguidas conforme a seguinte classificação:

primeiro – comunidades agrícolas; segundo – comunidades agropecuárias; terceiro – comunidades de pastos e águas;[69] e quarto – comunidades de usufruto. Deve-se levar em consideração que, em um país como o nosso, onde uma mesma instituição adquire diferentes características, segundo o meio em que se desenvolveu, nenhum tipo dos que se presumem nessa classificação se encontra na realidade tão preciso e diferente dos outros que, por si mesmo, pudesse se objetivar como um modelo. Muito ao contrário, no primeiro tipo das comunidades agrícolas se encontram caracteres correspondentes aos outros e nestes, alguns que dizem respeito àquele; mas como o conjunto de fatores externos impôs a cada um desses grupos um determinado gênero de vida nos seus costumes, usos e sistemas de trabalho, em suas propriedades e indústrias, prevalecem as características agrícolas, pecuárias, pecuárias em pastos e águas comunais ou somente os dois últimos e os de ausência absoluta ou relativa da propriedade das terras e usufruto destas pelo *ayllu* que, sem dúvida, foi seu único proprietário.[70]

Essas diferenças foram se elaborando não por evolução ou degeneração natural da antiga "comunidade", mas, sim, sob o influxo de uma legislação dirigida à individualização da propriedade e, sobretudo, pelo efeito da expropriação das terras comunais em favor do latifúndio. Demonstram, finalmente, a vitalidade do comunismo indígena que invariavelmente impulsiona os aborígines a várias formas de cooperação ou associação. O índio, apesar das leis e de cem anos de regime republicano, não se tornou individualista. E isso não se origina por ser ele refratário ao progresso, como pretende o simplismo de seus detratores interessados. Depende, isso sim, de que o individualismo, sob o regime feudal, não encontra as condições necessárias para se afirmar e se desenvolver. O comunismo, ao contrário, continuou sendo a única defesa para o índio. O individualismo

---

[69] As comunidades indígenas da serra até hoje possuem terrenos de pasto usados de modo coletivo. A água – bem escasso – é distribuída por meio de arranjos complexos definidos dentro das comunidades, até porque se exige um trabalho "comunal", coletivo, para a limpeza dos canais de irrigação

[70] *Ibidem*, pp. 16-17.

não pode prosperar, e nem mesmo existe efetivamente, se não dentro de um regime de livre concorrência. E o índio nunca se sentiu menos livre do que quando se sentiu só.

Por isso, nas aldeias indígenas, onde se agrupam famílias entre as quais se extinguiram os vínculos do patrimônio e do trabalho comunitário, subsistem ainda, robustos e tenazes, hábitos de cooperação e solidariedade que são a expressão empírica de um espírito comunista. A "comunidade" corresponde a esse espírito. É o seu órgão. Quando a expropriação e a repartição pareceram liquidar a "comunidade", o socialismo indígena sempre encontrou um meio de refazê-la, mantê-la ou sub-rogá-la. O trabalho e a propriedade comuns são substituídos pela cooperação no trabalho individual. Como escreve Castro Pozo:

> o costume ficou reduzido às *mingas* ou reuniões de todo o *ayllu* para fazer gratuitamente um trabalho na cerca, nos canais de irrigação ou na casa de algum comuneiro, tarefa essa que executam ao som de harpas e violinos, consumindo algumas arrobas de aguardente de cana, maços de cigarro e mascadas de coca.

Esses costumes levaram os indígenas à prática – é claro que incipiente e rudimentar – do contrato coletivo de trabalho, de preferência ao contrato individual. Não são os indivíduos isolados que alugam seu trabalho a um proprietário ou empreiteiro; são todos os homens úteis do "lugar", mancomunados.

10. A "comunidade" e o latifúndio

A defesa da "comunidade" indígena não repousa em princípios abstratos de justiça nem em considerações sentimentais e tradicionalistas, mas, sim, em razões concretas e práticas de ordem econômica e social. A propriedade comunal não representa no Peru uma economia primitiva substituída gradualmente por uma economia progressista fundada na propriedade individual. Não; as "comunidades" foram despojadas de suas terras em proveito do latifúndio feudal ou semifeudal, constitucionalmente incapaz de progresso técnico.[71]

---

[71] Escrito este trabalho, encontro, no livro de Haya de la Torre, *Por la emancipación de América Latina*, conceitos que coincidem absolutamente com os meus sobre a questão agrária em geral e sobre a comunidade indígena em particular. Partimos de indênticos pontos de vista, de maneira que é forçoso que nossas conclusões também sejam as mesmas.

Na costa, o latifúndio evoluiu – do ponto de vista dos cultivos – da rotina feudal para a técnica capitalista, enquanto a comunidade indígena desapareceu como exploração comunista da terra. Mas na serra, o latifúndio conservou integralmente seu caráter feudal, opondo uma resistência muito maior que a "comunidade" para o desenvolvimento da economia capitalista. A "comunidade", com efeito, quando se articulou, com a passagem de uma linha férrea, com o sistema comercial e as vias de transporte centrais, chegou a se transformar espontaneamente em uma cooperativa. Castro Pozo, que, como chefe da Seção de Assuntos Indígenas do Ministério do Fomento, reuniu dados abundantes sobre a vida das comunidades, assinala e destaca o sugestivo caso do Distrito de Muquiyauyo, do qual diz que representa as características das cooperativas de produção, consumo e crédito.

> Dona de uma magnífica instalação ou usina elétrica nas margens do Mantaro, por meio da qual proporciona luz e força motriz para pequenas indústrias dos distritos de Jauja, Concepción, Mito, Muqui, Sincos, Huaripampa e Muquiyauyo, transformou-se na instituição comunal por excelência; nela não se rebaixaram os costumes indígenas que, ao contrário, foram aproveitados para levar a cabo a obra da empresa; souberam dispor do dinheiro que possuíam empregando-o na aquisição de grandes máquinas e economizando o valor da mão de obra que o distrito usou, tal como se tratasse da construção de um edifício comunal: por *mingas* nas quais as mulheres e as crianças foram elementos úteis no transporte dos materiais da construção.[72]

A comparação da "comunidade" com o latifúndio como empresa de produção agrícola é desfavorável para o latifúndio. Dentro do regime capitalista, a grande propriedade substitui e desaloja a pequena produção agrícola por sua aptidão para intensificar a produção mediante o emprego de uma técnica avançada de cultivo. A industrialização da agricultura vem em paralelo com a concentração da propriedade agrária. A grande propriedade aparece então justificada pelo interesse da produção, identificado, pelo menos teoricamente, com o interesse da sociedade. Mas o latifúndio não tem o mesmo efeito, nem responde, por conseguinte, a uma necessidade econômica. Salvo no caso das fazendas de cana

---

[72] Castro Pozo, *op. cit.*, pp. 66 e 67.

– que se dedicam à produção de aguardente destinada à intoxicação e ao embrutecimento da população indígena – os cultivos dos latifúndios serranos são geralmente os mesmos das comunidades. E as cifras de produção não são diferentes. A falta de estatística agrícola não permite estabelecer com exatidão as diferenças parciais; mas todos os dados disponíveis autorizam a sustentar que os rendimentos dos cultivos das comunidades não são, em média, inferiores aos cultivos dos latifúndios. A única estatística de produção da serra, a do trigo, confirma essa conclusão. Castro Pozo, resumindo os dados dessa estatística em 1917-1918, escreve o seguinte:

> A colheita resultou, em termos médios, em 450 e 580 kg por cada hectare para a propriedade comunal e individual, respectivamente. Se levarmos em conta que as melhores terras de produção passaram ao poder dos fazendeiros, pois a luta por aquelas nos Departamentos do Sul chegou ao extremo de eliminar o possuidor indígena pela violência ou massacrando-o, e que a ignorância do comuneiro o leva de preferência a ocultar os dados exatos relativos ao tamanho da colheita, diminuindo-o por temer novos impostos ou exações por parte das autoridades políticas subalternas ou pelos coletores de impostos; se deduz facilmente que a diferença na produção por hectare em favor da propriedade individual não é exata e que, razoavelmente, deve ser tida como inexistente, já que os meios de produção e de cultivos, numas e noutras propriedades, são idênticos.[73]

Na Rússia feudal do século 19, o latifúndio tinha rendimentos maiores que os da pequena propriedade. As cifras em hectolitros e por hectare eram as seguintes: para o centeio: 11,5 contra 9,4; para o trigo: 11 contra 9,1; para a aveia: 15,4 contra 12,7; para a cevada: 11,5 contra 10,5; para as batatas: 92,3 contra 72.[74]

O latifúndio da serra peruana se revela, portanto, com pior resultado que o execrado latifúndio tsarista como fator de produção.

A "comunidade", ao contrário, por um lado, acusa capacidade efetiva de desenvolvimento e transformação e, por outro, se apresenta como um sistema de produção que mantém vivos no índio os estímulos morais necessários para seu rendimento máximo como

---

[73] *Ibidem*, p. 434.
[74] Schkaff, *op. cit.* p. 188.

trabalhador. Castro Pozo faz uma observação muito justa quando escreve que:

a comunidade indígena conserva os grandes princípios econômico-sociais que até o presente nem a ciência sociológica nem o empirismo dos grandes industriais puderam resolver satisfatoriamente: o contrato múltiplo de trabalho e a realização deste com menor desgaste fisiológico e em um ambiente agradável, de emulação e companheirismo.[75]

Dissolvendo ou relaxando a "comunidade", o regime do latifúndio feudal não apenas atacou uma instituição econômica, mas também, e sobretudo, uma instituição social que defende a tradição indígena, que conserva a função da família camponesa e que traduz esse sentimento jurídico popular ao qual tão alto valor atribuem Proudhon e Sorel.[76]

11. O regime de trabalho. Servidão e assalariado

O regime de trabalho está determinado principalmente, na agricultura, pelo regime de propriedade. Não é possível, portanto,

---

[75] Castro Pozo, *op. cit.*, p. 47. O autor tem observações muito interessantes sobre os elementos espirituais da economia comunitária. "A energia, perseverança e interesse" – aponta – "com que um comuneiro ceifa, enfeixa o trigo ou a cevada, *quipcha* (*quipchar*: carregar nas costas. Costume indígena estendido por toda a serra. Os carregadores, fretistas e estivadores da costa carregam no ombro) e desfilam, com passo leve, alegre, em direção da eira, fazendo brincadeiras com os companheiros ou sofrendo as de quem atrás vai puxando sua manta, constituem uma diferença tão profunda e decisiva, comparados com a desídia, frieza, lassidão de ânimo e, ao que parece, cansaço, com que prestam seus serviços os *yanaconas*, em trabalhos idênticos ou outros da mesma natureza; que a primeira vista aparece o abismo que diversifica o valor dos dois estados psicológicos, e a primeira interrogação que se insinua ao espírito é a de que influência exerce no processo do trabalho sua objetivação e finalidade concreta e imediata?"

[76] Sorel, que dedicou tanta atenção aos conceitos de Proudhon e Le Play sobre o papel da família na estrutura e no espírito da sociedade, considerou com afiada e sagaz profundidade "a parte espiritual do meio econômico". Se alguma coisa ficou faltando em Marx, foi um espírito jurídico suficiente, ainda que tenha assinalado que esse aspecto da produção não escapava ao dialético de Trier. "Sabe-se" – escreveu em sua *Introduction a L'économie moderne* – "que a observação desses costumes das famílias na planície saxônica impressionou muito a Le Play no começo de suas viagens e exerceu uma influência decisiva sobre seu pensamento. Perguntei a mim mesmo se Marx não havia pensado nesses costumes antigos quando acusou o capitalismo de fazer do proletário um homem sem família." Com relação às observações de Castro Pozo, quero lembrar outro conceito de Sorel: "O trabalho depende, numa medida muito grande, dos sentimentos que os operários têm diante de sua tarefa".

se surpreender que, na mesma medida em que o latifúndio feudal sobrevive no Peru, sobreviva também a servidão, sob diferentes formas e com diferentes nomes. A diferença entre a agricultura da costa e a agricultura da serra aparece menor no que diz respeito ao trabalho do que no referente à técnica. A agricultura da costa evoluiu com maior ou menor prontidão para uma técnica capitalista no cultivo do solo e na transformação e comércio dos produtos. Mas, em troca, manteve-se demasiado estacionária em seu critério e conduta em relação ao trabalho. Em relação ao trabalhador, o latifúndio colonial não renunciou aos seus hábitos feudais a menos que as circunstâncias o tenham obrigado peremptoriamente.

Esse fenômeno se explica não apenas por haver conservado a propriedade da terra dos antigos senhores feudais, que adotaram, como intermediários do capital estrangeiro, a prática, mas não o espírito do capitalismo. Explica-se, além disso, pela mentalidade colonial dessa casta de proprietários acostumados a considerar o trabalho com o critério de escravistas e "negreiros". Na Europa, o senhor feudal encarnava, até certo ponto, a tradição patriarcal primitiva, de sorte que se sentia naturalmente superior a respeito dos seus servos, mas não étnica nem nacionalmente diferente. Foi factível para o latifundiário aristocrata da Europa aceitar um novo conceito e uma nova prática em suas relações com o trabalhador da terra. Na América colonial, enquanto isso, opôs-se a essa evolução a orgulhosa e arraigada convicção do branco acerca da inferioridade do homem de cor.

Na costa peruana o trabalhador da terra, quando não foi o índio, foi o negro escravo, o cule chinês, olhados esses, se possível, com desprezo ainda maior. No latifundiário da costa atuaram ao mesmo tempo os sentimentos do aristocrata medieval e do colonizador branco, saturados de preconceitos de raça.

A *yanaconagem* e o *enganche*[77] não são a única expressão da subsistência de métodos mais ou menos feudais na agricultura da

---

[77] *Yanaconagem*: imposição de obrigações pessoais, além das condições terríveis de parceria;
Enganche: sistema de recrutamento e sujeição da mão de obra por meio da dívida ou da imposição de condições de trabalho extremamente desfavorável a parceiros.

costa. O ambiente da fazenda se mantém totalmente senhorial. As leis do Estado não são válidas no latifúndio, enquanto não obtêm o consenso tácito ou formal dos grandes proprietários. A autoridade dos funcionários políticos ou administrativos encontra-se, de fato, submetida à autoridade do fazendeiro no território do seu domínio. Esse considera praticamente seu latifúndio como fora do poder do Estado, sem a menor preocupação com os direitos civis da população que vive dentro dos confins de sua propriedade. Cobra impostos municipais, outorga monopólios, estabelece sanções sempre contrárias à liberdade dos braceiros e de suas famílias. Os transportes, os comércios e até os costumes estão sujeitos ao controle do proprietário dentro da fazenda. E com frequência os ranchos que alojam a população trabalhadora não são muito diferentes das senzalas que abrigavam a população escrava.

Os grandes proprietários da costa não têm legalmente essa ordem de direitos feudais ou semifeudais; mas sua condição de classe dominante e o açambarcamento ilimitado da propriedade da terra em um território sem indústrias e sem transportes, lhes permite praticamente ter um poder quase incontrolável. Por meio do *enganche* e da *yanaconagem*, os grandes proprietários resistem ao estabelecimento do regime de salário livre, funcionalmente necessário em uma economia liberal e capitalista. O *enganche*, que priva o braceiro do direito de dispor de sua perna e de seu trabalho enquanto não satisfaça as obrigações contraídas com o proprietário, descende sem equívoco do tráfico semiescravista dos cules; a *yanaconagem* é uma variedade do sistema de servidão por meio do qual o feudalismo se prolongou até nossa idade capitalista nos povos política e economicamente atrasados. O sistema peruano na *yanaconagem* se identifica, por exemplo, com o sistema russo do *polovnischestvo* dentro do qual os frutos da terra, em alguns casos, eram divididos em partes iguais entre o proprietário e o camponês e, em outros casos, esse último só recebia uma terça parte.[78]

A população escassa da costa representa para as empresas agrícolas uma ameaça constante de carência ou insuficiência de braços. A *yanaconagem* vincula à terra a pouca população local,

---

[78] Schkaff, *op. cit.*, p. 135.

que sem essa garantia mínima de usufruto da terra, tenderia a diminuir e emigrar. O *enganche* assegura à agricultura da costa o concurso dos braceiros da serra que, ainda que encontrem nas fazendas da costa um solo e um meio estranhos, pelo menos conseguem um trabalho melhor remunerado.

Isso indica que, apesar de tudo e ainda que não seja mais que aparente ou parcialmente,[79] a situação do braceiro nas fazendas da costa é melhor que nos feudos da serra, onde o feudalismo mantém sua onipotência intacta. Os fazendeiros da costa veem-se obrigados a admitir, ainda que de forma restrita e atenuada, o regime do salário e do trabalho livre. O caráter capitalista de suas empresas obriga-os à concorrência. O braceiro conserva, ainda que seja apenas de forma relativa, sua liberdade de emigrar, assim como de recusar sua força de trabalho ao patrão que o oprima em demasia. A vizinhança de portos e cidades e a conexão com as vias modernas de tráfego e comércio oferecem, entretanto, ao braceiro, a possibilidade de escapar ao seu destino rural e de experimentar outra maneira de ganhar sua subsistência.

Se a agricultura da costa tivesse outro caráter, mais progressista, mais capitalista, tenderia a resolver de maneira lógica o problema dos braços sobre o qual tanto tem reclamado. Proprietários mais esclarecidos teriam se dado conta de que, assim como funciona até agora, o latifúndio é um agente de despovoamento e de que, por conseguinte, o problema dos braços constitui uma de suas consequências mais claras e lógicas.[80]

Na mesma medida em que progride na agricultura da costa a técnica capitalista, o assalariado substitui a *yanaconagem*. O cultivo científico – emprego de máquinas, fertilizantes etc. – não

---

[79] Não se pode esquecer, no que diz respeito aos braceiros serranos, do efeito extenuante da costa quente e insalubre sobre o organismo do índio da serra, presa segura do impaludismo, que o ameaça e predispõe à tuberculose. Muito menos pode se esquecer do apego do índio aos seus deuses locais e à natureza. Na costa ele se sente um exilado, um *mitimae*.

[80] Uma das constatações mais importantes a que se chega nesse tópico é a da solidariedade íntima do nosso problema agrário com nosso problema demográfico. A concentração das terras nas mãos dos *gamonales* constitui um freio, um câncer da demografia nacional. Apenas quando tenha quebrado essa trava do progresso peruano, se terá adotado realmente o princípio sul-americano: "Governar é povoar".

combina com um regime de trabalho peculiar de uma agricultura rotineira e primitiva. Mas o fator demográfico – o "problema dos braços" – opõe uma séria resistência a esse processo de desenvolvimento capitalista. A *yanaconagem* e suas variedades servem para manter nos vales uma base que garante às fazendas o mínimo de braços necessários para os trabalhos permanentes. O jornaleiro imigrante não oferece as mesmas garantias de continuidade no trabalho que o colono nativo ou o *yanacona* local. Esse último representa, além de tudo, o enraizamento de uma família camponesa, cujos filhos mais velhos se verão mais ou menos forçados a alugar seus braços ao fazendeiro.

A constatação desse fato leva agora a que os próprios grandes proprietários considerem a conveniência de estabelecer, de forma muito gradual e prudente, colônias ou núcleos de pequenos proprietários. Uma parte das terras irrigadas no projeto de irrigação imperial foi reservada assim para a pequena propriedade. Existe o propósito de aplicar o mesmo princípio nas outras zonas onde se fazem trabalhos de irrigação. Um rico proprietário inteligente e experiente, que recentemente conversava comigo, me dizia que a existência da pequena propriedade, ao lado da grande propriedade, era indispensável para a formação de uma população rural, sem a qual a exploração da terra estará sempre à mercê das possibilidades de imigração ou do *enganche*. O programa da Companhia de Subdivisão Agrária é outras das expressões de uma política agrária tendente ao estabelecimento paulatino da pequena propriedade.[81]

---

[81] O projeto concebido pelo governo com o objetivo de criar a pequena propriedade inspira-se no critério econômico liberal e capitalista. Sua aplicação na costa, subordinada à expropriação de glebas e à irrigação de terras agrestes, pode corresponder ainda a possibilidades mais ou menos amplas de colonização. Na serra seus efeitos seriam muito mais restritos e duvidosos. Como todas as tentativas de dotação de terras que registra nossa história republicana caracterizam-se por prescindir do valor social da "comunidade" e por sua timidez diante do latifundiário, cujos interesses resguarda com zelo expressivo. Estabelecendo o pagamento da indenização à vista ou em 20 anualidades, torna-se inaplicável nas regiões da serra onde ainda não existe uma economia comercial monetária. O pagamento, nesses casos, deveria ser estipulado não em dinheiro e sim em produtos. O sistema do Estado de adquirir glebas para reparti-la entre os índios manifesta um zelo extremado pelos latifundiários, aos quais oferece a oportunidade de vender glebas pouco produtivas ou mal exploradas, em condições vantajosas.

Mas, como essa política evita sistematicamente a expropriação, ou, mais precisamente, a expropriação em grande escala pelo Estado, em razão da utilidade pública ou justiça distributiva, e suas possibilidades restritas de desenvolvimento estão por enquanto restritas a poucos vales, não é provável que a pequena propriedade substitua oportuna e amplamente a *yanaconagem* em sua função demográfica. Nos vales, nos quais o *enganche* de braceiros da serra não seja capaz de abastecer de braços, em condições vantajosas para os fazendeiros, a *yanaconagem* subsistirá, por algum tempo, portanto, em suas diferentes variedades, junto com o assalariado.

As formas de *yanaconagem*, parceria ou arrendamento, variam na costa e na serra segundo as regiões, os usos ou os cultivos. Têm também vários nomes. Mas em sua própria variedade se identificam em geral com os métodos pré-capitalistas de exploração da terra observados em outros países de agricultura semifeudal. Por exemplo, na Rússia tsarista, o sistema russo *otrabotki* apresentava todas as variedades do arrendamento por trabalho, dinheiro ou produtos existentes no Peru. Para comprovar isso só é necessário ler o que escreve Schkaff sobre esse sistema no seu documentado livro sobre a questão agrária na Rússia.

> Entre o antigo trabalho servil, no qual a violência e a coação jogam um papel tão grande, e o trabalho livre, no qual a única coação que subsiste é uma coação puramente econômica, aparece todo um sistema transitório de formas extremamente variadas que unem os traços da *barchtchina* e do assalariado. É o sistema *otrabototschnaía*. O salário é pago seja em dinheiro, no caso de locação de serviços, seja em produtos, seja em terra; neste último caso (*otrabotki* no sentido estrito da palavra), o proprietário empresta sua terra ao camponês à guisa de salário pelo trabalho efetuado por este nos campos senhoriais.
>
> O pagamento do trabalho, no sistema *otrabotki*, é sempre inferior ao salário livre do aluguel capitalista. A retribuição em produtos faz os proprietários mais independentes das variações de preço observadas nos mercados de trigo e de trabalho. Encontram nos camponeses de sua vizinhança uma mão de obra mais barata e assim gozam de um verdadeiro monopólio local.
>
> O arrendamento pago pelo camponês assume diversas formas: às vezes, além de seu trabalho, o camponês deve entregar dinheiro e

produtos. Por uma deciatina[82] que receberá, se comprometerá a trabalhar uma deciatina e meia de terra senhorial, a dar dez ovos e uma galinha. Entregará também o esterco do seu gado, pois tudo, até o esterco, se transforma em objeto de pagamento. Frequentemente ainda se obriga o camponês 'a fazer tudo que é exigido pelo proprietário', a transportar as colheitas, a cortar a lenha, a carregar os fardos.[83]

Na agricultura da serra esses traços da propriedade e do trabalho feudais se encontram particular e exatamente iguais. O regime do salário livre não se desenvolveu ali. O fazendeiro não se preocupa com a produtividade das terras. Só se preocupa com sua rentabilidade. Os fatores de produção se reduzem para ele quase que unicamente a dois: a terra e o índio. A propriedade da terra permite que explore de maneira ilimitada a força de trabalho do índio. A usura praticada sobre essa força de trabalho – que se traduz na miséria do índio – soma-se à renda da terra, calculada ao tipo usual de arrendamento. O fazendeiro se reserva as melhores terras e reparte as menos produtivas entre seus braceiros índios, os quais se obrigam a trabalhar de preferência e gratuitamente as primeiras e contentar-se com as segundas para obter os frutos com que se sustenta. O arrendamento do solo é pago pelo índio em trabalho ou frutos, muito raramente em dinheiro (por ser a força do índio o que de mais valor existe para o proprietário), mais comumente em formas combinadas ou mistas. Um estudo do dr. Ponce de Leon, da Universidad de Cuzco, que tenho à vista juntamente com outros informes, e que revisa com documentação de primeira mão todas as variedades de arrendamento e *yanaconagem* nesse vasto Departamento, apresenta um quadro bastante objetivo – apesar das conclusões do autor, respeitosas dos privilégios dos proprietários – da exploração feudal. Eis aqui algumas de suas constatações:

> Na província de Paucartambo, o proprietário concede o uso de seus terrenos a um grupo de indígenas com a condição de que façam todo o trabalho que requer o cultivo dos terrenos da fazenda, que foram reservados pelo dono ou patrão. Geralmente trabalham três dias alternativos por semana durante todo o ano. Além disso, os arrendatários

---

[82] Medida de terra (N. T.).
[83] Schkaff, *op. cit.*, pp. 133-135.

ou yanaconas – como se chamam nessa província – têm a obrigação de carregar a colheita do fazendeiro em suas próprias bestas, sem remuneração; e a de servir de pongos[84] na própria fazenda ou mais comumente em Cuzco, onde residem preferencialmente os fazendeiros. Coisa igual acontece em Chumbivilcas. Os arrendatários cultivam a extensão que podem, devendo em troca trabalhar para o patrão quantas vezes este exija. Essa forma de arrendamento pode ser assim simplificada: o proprietário propõe ao arrendatário: utiliza a extensão de terreno que "possas, com a condição de trabalhar em meu proveito sempre que eu necessite".

Na província de Anta o proprietário cede o uso de seus terrenos nas seguintes condições: o arrendatário põe por sua conta o capital (semente, adubos) e o trabalho necessário para que o cultivo seja feito até seus momentos finais (colheita). Uma vez concluído, o arrendatário e o proprietário dividem os produtos entre si em partes iguais. Isto é, cada um deles recolhe 50% da produção sem que o proprietário tenha feito outra coisa que ceder o uso de seus terrenos sem nem mesmo adubá-los. Mas isso não é tudo. O parceiro está obrigado a comparecer pessoalmente aos trabalhos do proprietário, se bem que com a remuneração costumeira de 25 centavos diários.[85]

A confrontação entre esses dados e os de Schkaff basta para persuadir de que não falta na serra feudal nenhuma das sombrias etapas da propriedade e do trabalho pré-capitalistas.

12. "Colonialismo" de nossa agricultura da costa

O grau de desenvolvimento alcançado pela industrialização da agricultura, sob um regime e uma técnica capitalistas, nos vales da costa, tem o seu principal fator no interesse do capital britânico e estadunidense na produção peruana de açúcar e algodão. A aptidão industrial e a capacidade dos latifundiários não é um agente primário da extensão desses cultivos. Esses dedicam suas terras à produção de algodão e cana financiados ou habilitados por fortes firmas exportadoras.

---

[84] Trabalho doméstico de natureza servil que os camponeses se viam obrigados a prestar aos latifundiários. (N.T.)

[85] Francisco Ponce de Leon, *Sistemas de arrendamiento de terrenos del cultivo en el Departamento del Cuzco y el problema de la tierra.*

As melhores terras dos vales da costa estão semeadas de algodão e cana, não precisamente porque sejam adequadas a esses cultivos, mas sim porque apenas eles importam, atualmente, aos comerciantes ingleses e ianques. O crédito agrícola – subordinado inteiramente aos interesses dessas empresas, enquanto não se estabeleça o Banco Agrícola Nacional – não impulsiona nenhum outro cultivo. Os de gêneros alimentícios, destinados ao mercado interno, estão geralmente em mãos de pequenos proprietários e arrendatários. Apenas nos vales de Lima, pela vizinhança de mercados urbanos de importância, existem glebas extensas dedicadas por seus proprietários à produção de gêneros alimentícios. Nas fazendas algodoeiras ou açucareiras, não se cultivam esses gêneros, em muitos casos, nem na medida necessária para o abastecimento da própria população rural.

O pequeno proprietário, ou pequeno arrendatário, vê-se empurrado para o cultivo do algodão por essa prática que pouco leva em conta as necessidades particulares da economia nacional. A substituição dos cultivos de gêneros alimentícios tradicionais pelo algodão nas campinas da costa, nas quais subsiste a pequena propriedade, constitui-se numa das causas mais visíveis do encarecimento da subsistência nas povoações da costa.

Quase unicamente para o cultivo do algodão é que o agricultor encontra facilidades comerciais. As facilidades estão reservadas, de cima a baixo, quase exclusivamente ao algodoeiro. A produção de algodão não está regida por nenhum critério de economia nacional. Produz-se para o mercado mundial, sem um controle que preveja o interesse dessa economia, as possíveis quedas nos preços decorrentes de períodos de crise industrial ou de superprodução algodoeira.

Um pecuarista observou recentemente que, enquanto para uma colheita de algodão o crédito que se pode conseguir está limitado apenas pelas flutuações nos preços, para um rebanho ou pastos o crédito é completamente convencional ou inseguro. Os pecuaristas da costa não podem contar com financiamentos bancários consideráveis para o desenvolvimento do seu negócio. Na mesma condição estão todos os agricultores que não podem oferecer colheitas de algodão ou cana-de-açúcar como garantia de seus empréstimos.

Se as necessidades do consumo nacional estivessem satisfeitas pela produção agrícola do país, certamente esse fenômeno não seria tão artificial. Mas não é assim. O capítulo mais alto de nossas importações é o de "víveres e especiarias": £p 3.620.235, no ano de 1924. Esse dado, dentro de uma importação total de 18 milhões de libras, denuncia um dos problemas da nossa economia. Não é possível a supressão de todas as nossas importações de víveres e especiarias, mas sim dos seus itens mais significativos. O maior de todos é a importação de trigo e farinha, que, em 1924, ascendeu a mais de 12 milhões de soles.

Um interesse claro e urgente da economia peruana exige, já há muito tempo, que o país produza o trigo necessário para o pão de sua população. Se esse objetivo tivesse sido alcançado, o Peru não teria que continuar pagando ao estrangeiro 12 ou mais milhões de soles por ano pelo trigo que as cidades da costa consomem.

Por que não se resolveu esse problema de nossa economia? Não apenas porque o Estado ainda não se preocupou em desenvolver uma política de gêneros alimentícios. Tampouco é, repito, porque os cultivos da cana e do algodão são os mais adequados ao solo e ao clima da costa. Apenas um dos vales, ou uma só das planícies interandinas – que alguns quilômetros de ferrovia abririam ao comércio – pode abastecer superabundantemente de trigo, cevada etc. toda população do Peru. Na própria costa, os espanhóis cultivaram trigo nos primeiros tempos da colônia, até o cataclismo que mudou as condições climáticas do litoral. Não se estudou depois, de forma científica e orgânica, a possibilidade de estabelecer esse cultivo. E a experiência praticada ao Norte, nas terras de "Salamanca", demonstra que existem variedades de trigo resistentes às pragas que atacam esse cereal na costa e que a preguiça *criolla*, até essa experiência, parecia ter renunciado a vencer.[86]

O obstáculo, a resistência a uma solução, encontra-se na própria estrutura da economia peruana. A economia do Peru é uma

---

[86]   As experiências recentemente praticadas, em diferentes pontos da costa, pela Comisión Impulsora del Cultivo del Trigo, tiveram, segundo se anuncia, êxito satisfatório. Foram obtidos rendimentos apreciáveis com a variedade "Kappli Emmer" – imune a pragas.

economia colonial. Seu movimento e seu desenvolvimento estão subordinados aos interesses e às necessidades dos mercados de Londres e Nova York. Esses mercados veem no Peru um depósito de matérias-primas e um mercado para suas manufaturas. A agricultura peruana consegue, por isso, créditos e transporte apenas para os produtos que possam proporcionar uma vantagem nos grandes mercados. A banca estrangeira se interessa um dia pela borracha, outro dia pelo algodão, outro dia pelo açúcar. O dia em que Londres pode receber um produto por melhor preço, e em suficiente quantidade da Índia ou do Egito, abandona instantaneamente à sua própria sorte seus provedores do Peru. Nossos latifundiários, nossos fazendeiros, quaisquer que sejam as ilusões que tenham sobre sua independência, atuam na verdade como intermediários ou agentes do capitalismo estrangeiro.

13. Propostas finais

Às propostas fundamentais, já expostas neste estudo, sobre os aspectos atuais da questão agrária no Peru, devo agregar as seguintes:

1ª – O caráter da propriedade agrária no Peru apresenta-se como uma das maiores travas do próprio desenvolvimento do capitalismo nacional. É muito elevado o percentual de terras exploradas por arrendatários grandes ou médios, que pertencem a latifundiários que jamais administraram suas fazendas. Esses latifundiários, ao serem totalmente estranhos e ausentes da agricultura e de seus problemas, vivem da renda territorial sem dar nenhuma contribuição de trabalho nem de inteligência para a atividade econômica do país. Correspondem à categoria do aristocrata ou do rentista, consumidor improdutivo. Por seus direitos hereditários de propriedade recebem um arrendamento que se pode considerar como um tributo feudal. O agricultor arrendatário corresponde, ao contrário, com mais ou menos adequação, ao tipo de chefe de empresa capitalista. Dentro de um verdadeiro sistema capitalista, a mais-valia obtida por sua empresa deveria beneficiar esse industrial e o capital que financiasse seus trabalhos. O domínio da terra por uma classe de rentistas impõe à produção a carga pesada de sustentar uma renda que não está sujeita às quedas eventuais dos produtos agrícolas. O arrendamento geralmente não encontra, nesse sistema, todos os estímulos indispensáveis para efetivar os trabalhos de perfeita valorização das terras, de seus cultivos e instalações. O temor a um aumento da locação, ao vencimento de sua escritura, o induz a uma grande parcimônia nos investimentos. A ambição do agricultor arrendatário é, claro, converter-se em proprietário; mas seu próprio empenho contribui para o encarecimento da propriedade agrária em proveito dos latifundiários. As condições incipientes do crédito agrícola no Peru impedem uma expropriação capitalista mais intensa da terra para essa classe de industriais. A exploração capitalista e industrialista da terra, que exige para seu desenvolvimento livre e pleno, a eliminação de todos os tributos feudais, por essa razão, avança muito lentamente em nosso país. Existe aqui um problema, evidente não apenas por um critério socialista, mas também por um critério capitalista. Formulando um princípio que integra o programa agrário da burguesia liberal francesa, Edouard Herriot afirma que "a terra exige a presença efetiva".[87] Não é demais assinalar que a esse respeito o Ocidente não apresenta vantagens em relação ao Oriente, já que a lei muçulmana estabelece, como observa Charles Gide, que "a terra pertence a quem a fecunda e vitaliza".

2º – O sistema latifundiário subsistente no Peru é acusado, no entanto, de ser a barreira mais grave para a imigração branca. A imigração que podemos esperar é, por razões óbvias, de camponeses provenientes da Itália, da Europa Central e dos Balcãs. A população urbana ocidental migra em escala muito menor e os operários industriais sabem, além disso, que têm muito pouco que fazer na América Latina. O camponês europeu não vem para a América para trabalhar como braçal, a não ser nos casos em que o salário lhe permita economizar bastante, o que não é o caso do Peru. Nem o mais miserável lavrador da Polônia ou da Romênia aceitaria o nível de vida dos nossos diaristas das fazendas de cana ou algodão. Sua aspiração é se transformar em pequeno proprietário. Para que nossos campos sejam capazes de atrair essa imigração é indispensável que se possa proporcionar-lhe terras dotadas de habitações, animais e ferramentas, e ligadas a merca-

---

[87] Herriot, *Creer*.

dos por estradas de ferro. Um funcionário ou propagandista do fascismo, que visitou o Peru há cerca de três anos, declarou nos jornais locais que nosso regime de grande propriedade é incompatível com um programa de colonização e emigração capaz de atrair o camponês italiano.

3º – O enfeudamento da agricultura da costa aos interesses dos capitais e dos mercados britânicos e americanos opõe-se não apenas a que se organize e se desenvolva segundo as necessidades específicas da economia nacional, isto é, assegurando primeiramente o abastecimento da população, mas também que se experimente e se adotem novos cultivos. O maior empreendimento desse tipo tentado nos últimos anos – o das plantações de tabaco em Tumbes – só foi possível graças à intervenção do Estado. Esse fato demonstra melhor que nenhum outro a tese de que a política liberal do *laisser faire*, que tão pobres frutos deu ao Peru, deve ser definitivamente substituída por uma política social de nacionalização das grandes fontes de riqueza.

4º – A propriedade agrária da costa, não obstante os tempos prósperos que tem desfrutado, mostra-se, agora, incapaz de atender aos problemas do saneamento rural, na medida em que são exigidos pelo Estado, é claro que de forma bem modesta. As exigências da Direção de Saneamento Público aos fazendeiros não conseguem ainda o cumprimento das disposições contra o impaludismo. Não se conseguiu sequer uma melhora geral dos alojamentos. Está provado que a população rural da costa apresenta os mais altos índices de mortalidade e morbidade do país. (Com exceção, naturalmente, das regiões mais excessivamente mórbidas da selva.) A estatística demográfica do distrito rural de Pativilca acusava, há três anos, uma mortalidade superior à natalidade. As obras de irrigação, como observa o engenheiro Sutton a respeito da de Olmos, possivelmente representam a solução mais radical do problema dos alagados e pântanos. Mas, sem as obras de aproveitamento das águas excedentes do rio Chancay, realizadas em Huacho pelo sr. Antonio Graña, a quem se deve também um interessante plano de colonização, e sem o aproveitamento das águas do subsolo praticadas em Chiclín e em algumas outras fazendas do Norte, a ação do capital privado na irrigação da costa peruana seria verdadeiramente insignificante nos últimos anos.

5º – Na serra, o feudalismo agrário sobrevivente mostra-se completamente incapaz como criador de riqueza e de progresso. Com exceção das fazendas de gado que exportam lã e uma ou outra nos vales e planícies serranos, o latifúndio tem uma produção miserável. Os rendimentos do solo são ínfimos; os métodos de trabalho, primitivos. Um órgão da imprensa local uma vez dizia que na serra peruana um *gamonal* parece relativamente tão pobre quanto um índio. Esse argumento – que de fato é totalmente nulo dentro de um critério de relatividade – longe de justificar o *gamonal*, condena-o inapelavelmente. Porque para a economia moderna – entendida como ciência objetiva e concreta – a única justificativa do capitalismo e de seus capitães da indústria e das finanças está na sua função de criadores de riqueza. No plano econômico, o senhor feudal ou *gamonal* é o primeiro responsável pelo pouco valor de seus domínios. Já vimos como esse latifundiário não se preocupa com a produtividade, mas sim com a rentabilidade da terra. Já vimos também como, apesar de suas terras serem as melhores, seus dados de produção não são maiores que os obtidos pelo índio, com seu equipamento primitivo, em suas magras terras comunitárias. O *gamonal*, como fator econômico, está, pois, completamente desqualificado.

6º – Como explicação desse fenômeno diz-se que a situação econômica da agricultura da serra depende absolutamente das vias de comunicação e transporte. Os que assim raciocinam não entendem, sem dúvida, a diferença orgânica, fundamental, que existe entre uma economia feudal ou semifeudal e uma economia capitalista. Não compreendem que o tipo patriarcal de fazendeiro feudal é substancialmente diferente do tipo do moderno chefe de empresa. Por outro lado, o *gamonalismo* e o latifúndio aparecem também como um obstáculo até para a execução do programa viário que o Estado atualmente empreende. Os abusos e interesses dos *gamonales* se opõem totalmente a uma aplicação correta da lei de conscrição viária.[88] O índio a vê instintivamente como uma arma do *gamonalismo*. Dentro do regime incaico, o serviço viário

---

[88] Legislação que existia no Peru permitindo a convocação obrigatória (circunscrição) de elementos da população para executar trabalhos de construção ou manutenção de estradas. (N.T.)

devidamente estabelecido seria um serviço público obrigatório, completamente compatível com os princípios do socialismo moderno; dentro do regime colonial do latifúndio e servidão, o mesmo serviço adquire o caráter odioso de uma *mita*.

O PROCESSO DA EDUCAÇÃO PÚBLICA

1. A herança colonial e as influências francesa e estadunidense

Três influências se sucedem no processo da educação na república: a influência, ou melhor dito, a herança espanhola, a influência francesa e a influência estadunidense. Mas só a espanhola alcança, no seu tempo, um domínio completo. As outras duas se inserem de maneira medíocre no quadro espanhol, sem alterar demasiado suas linhas fundamentais.

A história da educação pública no Peru divide-se assim nos três períodos que assinalam essas três influências.[89] Os limites de cada período não são muito precisos. Mas no Peru esse é um defeito comum a quase todos os fenômenos e a quase todas as coisas. Até nos homens é raro se observar um contorno claro, um perfil categórico. Tudo sempre aparece um pouco apagado, um pouco confuso.

---

[89] A participação de educadores belgas, alemães, italianos, ingleses etc. no desenvolvimento da nossa educação pública é episódica e contingente e não implica uma orientação de nossa política educacional.

No processo da educação pública, como em outros aspectos de nossa vida, constata-se a superposição de elementos estrangeiros combinados, insuficientemente aclimatados. O problema está nas próprias raízes deste Peru filho da conquista. Não somos um povo que assimila as ideias e os homens de outras nacionalidades, impregnando-as de seu sentimento e seu ambiente, o que desse modo enriquece, sem deformar, seu espírito nacional. Somos um povo no qual convivem, no entanto sem se fundir ainda, sem se entender, indígenas e conquistadores. A república se sente e até se confessa solidária com o vice-reinado. Como o vice-reinado, a república é o Peru dos colonizadores, mais que dos nativos. O sentimento e o interesse de quatro quintos da população quase não jogam nenhum papel na formação da nacionalidade e de suas instituições.

A educação nacional, por conseguinte, não tem um espírito nacional: em vez disso tem um espírito colonial e colonizador. Quando, em seus programas de educação pública, o Estado refere-se aos índios, não se refere a eles como peruanos iguais aos demais. Considera-os como uma raça inferior. Nesse terreno, a república não se diferencia do vice-reinado.

A Espanha nos legou, entretanto, um sentido aristocrático e um conceito eclesiástico e literário do ensino. Dentro desse conceito, que fechava as portas da universidade aos mestiços, a cultura era um privilégio de casta. O povo não tinha direito à instrução. O ensino tinha como objetivo formar clérigos e doutores.

A revolução da independência, alimentada de ideologia jacobina, produziu temporariamente a adoção dos princípios igualitários. Mas esse igualitarismo verbal não tinha em vista, realmente, senão o *criollo*. Ignorava o índio. A república, além do mais, nascia na miséria. Não podia se permitir o luxo de uma ampla política educacional.

A generosa concepção de Condorcet não se incluiu entre os pensamentos emprestados da Grande Revolução pelos nossos liberais. Praticamente subsistiu, nessa como em quase todas as coisas, a mentalidade colonial. Diminuídos a efervescência da retórica e o sentimento liberal, reapareceu claramente o princípio do privilégio. O governo de 1831, que decretou a gratuidade do ensino, fundamentava essa medida, que não chegou a ser aplicada, na notória decadência das fortunas particulares que tinha reduzido inúmeros pais de família à amarga situação de não lhes ser possível dar a seus filhos a educação ilustrada, frustrando-se muitos jovens de talento.[90]

O que preocupava esse governo não era a necessidade de colocar esse grau de instrução ao alcance do povo. Era, segundo suas próprias palavras, a urgência de resolver um problema das famílias que haviam sofrido uma diminuição em sua fortuna.

A persistência da orientação literária e retórica manifesta-se com a mesma acentuação. Felipe Barreda y Laos assinala como fundações típicas dos primeiros lustros da república as seguintes instituições: o Colégio da Trindade de Huancayo, a Escola de Filosofia e Latinidade de Huamachuco e as cátedras de Filosofia, de Teologia Dogmática e de Jurisprudência do Colégio de Moquegua.[91]

No culto das humanidades misturavam-se os liberais, a velha aristocracia latifundiária e a jovem burguesia urbana. Uns e outros se comprazíam em conceber as universidades e os colégios como fábricas de gente de letras e de leis. Os liberais gostavam tanto da retórica quanto os conservadores. Não havia quem reclamasse uma orientação prática dirigida a estimular o trabalho, a empurrar os jovens para o comércio e para a indústria. (Menos ainda havia quem reclamasse uma orientação democrática, destinada a abrir o acesso à cultura para todos os indivíduos.)

A herança espanhola não era exclusivamente uma herança psicológica e intelectual. Era, antes de tudo, uma herança econômica e social. O privilégio da educação persistia pela simples razão de que persistia o privilégio da riqueza e da casta. O conceito aristocrático e literário da educação correspondia integralmente a um regime e a uma economia feudais. A revolução da independência não tinha liquidado esse regime e essa economia no Peru.[92] Não podia, portanto, ter cancelado suas ideias peculiares sobre o ensino.

---

[90] Circular do ministro d. Matias Leon, datada de 19 de abril de 1831.
[91] "As reformas da instrução pública", discurso pronunciado na abertura do ano universitário de 1919, na *Revista Universitária* de 1919.
[92] Veja-se neste volume os estudos sobre a economia nacional e sobre o problema da terra.

O dr. Manuel Vicente Villarán, que representa no processo e debate da educação pública peruana o pensamento democrático-burguês, deplorando essa herança, disse em seu discurso sobre as promessas liberais, há um quarto de século:

> O Peru deveria ser, por mil razões econômicas e sociais, como foram os Estados Unidos da América, terra de lavradores, de colonos, de mineiros, de comerciantes, de homens de trabalho; mas as fatalidades da nossa história e a vontade dos homens resolveram outra coisa, convertendo o país em centro literário, pátria de intelectuais e viveiro de burocratas. Passemos os olhos em volta da sociedade e fixemos a atenção em qualquer família: será muita sorte se conseguirmos encontrar entre seus membros algum agricultor, comerciante, industrial ou marinheiro; mas sem dúvida nelas encontraremos algum advogado ou médico, militar ou funcionário público, magistrado ou político, professor ou literato, jornalista ou poeta. Somos um povo em que entrou a mania das nações velhas e decadentes, a enfermidade de falar e escrever e não de fazer, de "agitar palavras e não coisas", dolência lamentável que constitui um signo de lassidão e fraqueza. Quase todos olhamos com horror as profissões ativas que exigem vontade enérgica e espírito de luta, porque não queremos combater, sofrer, arriscar e abrir caminho por nossa própria conta na direção do bem-estar e da independência. Quão poucos decidem se enterrar na selva, viver nos altiplanos, percorrer nossos mares, explorar nossos rios, irrigar nossos campos, aproveitar os tesouros de nossas minas! Até as manufaturas e o comércio, com seus riscos e preocupações, nos atemorizam, e em troca pensamos em engrossar, a cada ano, a multidão dos que desejam a qualquer preço a tranquilidade, a segurança, o semirrepouso dos empregos públicos e das profissões literárias. Nisso somos estimulados, empurrados pela sociedade inteira. Todas as preferências dos pais de família são para os advogados, os doutores, os empregados de escritório, os literatos e os professores. Assim é que o saber se vê triunfante, a palavra e a pena estão em sua idade de ouro e, se o mal não for logo corrigido, o Peru vai ser como a China, a terra prometida dos funcionários e dos letrados.[93]

O estudo da história da civilização capitalista esclarece amplamente as causas da situação social peruana, considerada pelo dr. Villarán no parágrafo copiado.

---

[93] M. V. Villarán, *Estúdios sobre educación nacional*, pp. 8 e 9.

A Espanha é uma nação retardada no progresso capitalista. Até agora, a Espanha não conseguiu se emancipar da Idade Média. Enquanto na Europa central e oriental, os últimos bastiões do feudalismo foram abatidos como consequência da última guerra,[94] na Espanha eles ainda se mantêm de pé, defendidos pela monarquia. Os que se aprofundam hoje na história da Espanha descobrem que faltou a esse país uma revolução liberal e burguesa completa. Na Espanha, o terceiro Estado[95] nunca conseguiu uma vitória definitiva. O capitalismo aparece cada vez mais claramente como um fenômeno consubstancial e solidário com o liberalismo e com o protestantismo. Esse não é, propriamente, um princípio nem uma teoria, mas sim uma observação experimental, empírica. Constata-se que os povos nos quais o capitalismo – industrialismo e maquinismo – alcançou todo seu desenvolvimento são os povos anglo-saxões, liberais e protestantes.[96] Apenas nesses países a civilização capitalista se desenvolveu plenamente. A Espanha é, entre as nações latinas, a que menos soube se adaptar ao capitalismo e ao liberalismo. A famosa decadência espanhola, à qual os exegetas românticos atribuem as origens mais estranhas e diversas, consiste simplesmente nessa incapacidade. O clamor pela europeização da Espanha tem sido um clamor por sua assimilação à Europa democrático-burguesa e capitalista. Logicamente, as colônias formadas pela Espanha na América tinham que se ressentir da mesma debilidade. Explica-se perfeitamente que as colônias da Inglaterra, nação destinada à hegemonia na idade capitalista, recebessem os fermentos e as energias espirituais e materiais de um apogeu, enquanto as colônias da Espanha, nação encadeada à tradição da idade aristocrática, recebiam os germes e as taras da decadência.

O espanhol trouxe seu espírito medieval para a empresa de colonização da América. Foi apenas um conquistador; não foi realmente um colonizador. Quando a Espanha terminou de nos mandar conquistadores, começou a nos mandar apenas vice-reis, clérigos e doutores.

---

[94] Primeira Guerra Mundial. (N.T.)

[95] Designação da burguesia e do povo em geral na luta contra o feudalismo, em contraposição à aristocracia (primeiro Estado) e os clérigos (segundo Estado). (N.T.)

[96] É interessante e expressivo que os reacionários franceses proclamem a França como uma nação burguesa, mais que capitalista.

Pensa-se agora que a Espanha experimentou sua revolução burguesa na América. Sua classe liberal e burguesa, sufocada na metrópole, organizou-se nas colônias. A revolução espanhola, por essa razão, aconteceu nas colônias e não na metrópole. No processo histórico aberto por essa revolução, a melhor parte ficou com os países nos quais os elementos dessa classe liberal e burguesa e de uma economia congruente eram mais vitais e sólidos. No Peru eram demasiado incipientes. Aqui, sobre os resíduos dispersos, sobre os materiais dissolvidos da economia e da sociedade incaicas, o vice-reinado tinha edificado um regime aristocrático e feudal que reproduzia, com seus vícios e sem suas raízes, o da metrópole decaída.

A responsabilidade pela situação social, denunciada pelo dr. Villarán em seu discurso acadêmico de 1900, corresponde, portanto, fundamentalmente, à herança espanhola. O dr. Villarán admitiu isso em sua tese, apesar de que sua afiliação civilista não lhe permitisse uma grande independência mental diante de uma classe, como a representada pelo seu partido, que descende de maneira tão inequívoca do vice-reinado e se sente herdeira de seus privilégios.

A América – escrevia o dr. Villarán – não era colônia de trabalho e povoamento e sim de exploração. Os colonos espanhóis vinham procurar a riqueza fácil, já formada, descoberta, que se obtém sem a dupla pena do trabalho e da economia, essa riqueza que é a desejada pelo aventureiro, pelo nobre, pelo soldado, pelo soberano. E, enfim, para que trabalhar se isso não era necessário? Para isso não estavam ali os índios? Não eram estes numerosos, mansos, diligentes, sóbrios, acostumados à terra e ao clima? Muito bem, o índio servo produziu o rico ocioso e dilapidador. Mas o pior de tudo foi que se estabeleceu uma forte associação de ideias entre o trabalho e a servidão, porque de fato não havia trabalhador que não fosse servo. Um instinto, uma repugnância natural manchou todo o trabalho pacífico e se chegou a pensar que trabalhar era algo mau e desonroso. Esse instinto nos foi legado por nossos avós como herança orgânica. Temos, pois, por raça e nascimento, o desdém ao trabalho, o amor à aquisição do dinheiro sem esforço próprio, a predileção pela ociosidade agradável, o gosto pelas festas e a tendência ao desperdício.[97]

---

[97] *Ibidem*, p. 27.

Os Estados Unidos são obra do *pioneer*, o puritano e o judeu, espíritos possuídos por uma vontade poderosa de potência e orientados, além disso, para fins utilitários e práticos. No Peru se estabeleceu, ao contrário, uma raça que no seu próprio solo não conseguiu ser mais que uma raça indolente e sonhadora, pessimamente dotada para as empresas do industrialismo e do capitalismo. Os descendentes dessa raça, por sua vez, herdaram mais seus defeitos que suas virtudes.

Esta tese da deficiência da raça espanhola para se libertar da Idade Média e adaptar-se a um século liberal é cada vez mais corroborada pela interpretação científica da história.[98] Entre nós, sempre demasiadamente inclinados a um idealismo vulgar na historiografia, se afirma agora um critério realista a esse respeito. César A. Ugarte – no seu *Bosquejo de la historia económica del Perú* – escreve o que segue:

> Qual foi o contingente de energias que a nova raça deu ao Peru? A psicologia do povo espanhol do século 16 não era a mais apropriada para o desenvolvimento econômico de uma terra abrupta e inexplorada. Povo guerreiro e cavalheiresco, que acabava de sair de oito séculos de luta pela reconquista de seu território e que se encontrava em pleno processo de unificação política, carecia, no século 16, das virtudes econômicas, especialmente da constância para o trabalho e do espírito de economia. Seus preconceitos nobiliários e suas tendências burocráticas o afastavam dos campos e das indústrias por julgá-las ocupações de escravos e vilões. A maioria dos conquistadores e descobridores do século 16 era gente pobre; mas não estavam inspirados pelo motivo de encontrar uma terra livre e rica para nela prosperar com seu esforço paciente; o que os guiava era tão somente a ganância de riquezas fáceis e fabulosas e o espírito de aventura para alcançar glória e poderio. E se, ao lado dessa massa ignorante, vinham alguns homens de melhor cultura e valia, estes estavam impulsionados pela fé religiosa e o propósito de catequizar os naturais.[99]

Em minha opinião, o espírito religioso não foi um obstáculo para a organização econômica das colônias. Os puritanos da Nova

---

[98] A Espanha é o país da Contrarreforma e, consequentemente, o Estado antiliberal e antimoderno por excelência.

[99] C. A. Ugarte, *Bosquejo de la historia económica del Perú*.

Inglaterra tinham ainda mais espírito religioso. Dele foi precisamente de onde a América do Norte tirou a seiva espiritual de seu engrandecimento econômico. Quanto à religiosidade, a colonização espanhola não pecou por excesso.[100]

* * *

A república, que herdou do vice-reinado, isto é, de um regime feudal e aristocrático, suas instituições e métodos de instrução pública, procurou na França os modelos de reforma do ensino tão logo – esboçada a organização de uma economia e de uma classe capitalista – a gestão do Estado adquiriu algum impulso progressista e alguma aptidão ordenadora.

Dessa maneira, aos vícios originais da herança espanhola se acrescentaram os defeitos da influência francesa que, em vez de atenuar e corrigir a conceituação literária e retórica do ensino transmitido à república pelo vice-reinado, veio acentuá-lo e complicá-lo.

A civilização capitalista não conseguiu na França, como na Inglaterra, Alemanha e Estados Unidos, um desenvolvimento completo, entre outras razões, pela inadequação do sistema educacional francês. Ainda não se resolveu nessa nação – da qual copiamos anacronicamente tantas coisas – problemas fundamentais como o da escola primária única e o do ensino técnico.

Estudando essa questão com atenção em sua obra *Creer*, Herriot faz as seguintes constatações:

> Na verdade, de modo consciente ou não, permanecemos fiéis a esse gosto pela cultura universal que parecia aos nossos pais ser o melhor meio de alcançar a distinção do espírito. O francês ama a ideia geral sem nem sempre saber o que entende com esse termo. Nossa imprensa, nossa eloquência, se nutrem de lugares comuns.[101]

Em pleno século 20 não temos ainda um plano nacional de educação. As experiências políticas às quais fomos condenados reagiram sobre o ensino cada qual de uma maneira. Se observa-

---

[100] Veja-se o ensaio sobre o fator religioso.
[101] Edouard Herriot, *Creer*, p. 95.

mos, desde um pouco acima, a mediocridade do esforço tentado aparece lamentável.[102]

E, mais adiante, depois de lembrar que Renan atribuía em parte a responsabilidade das desventuras de 1870 a uma instrução pública fechada a todo progresso, convencida de haver deixado que o espírito da França naufragasse na nulidade, Herriot acrescenta:

> Os homens de 1848 tinham concebido para nosso país um programa de instrução que jamais foi executado e nem mesmo compreendido. Nosso mestre Constantino Pecqueur lamentava que a instrução pública não fosse ainda socialmente organizada, que o privilégio de nascimento se prolongasse na educação das crianças.[103]

Herriot, cuja ponderação democrática não pode ser contestada, subscreve a esse respeito os raciocínios sustentados pelos Compagnons de l'Université Nouvelle e outros defensores de uma reforma radical do ensino. Conforme seu esquema da História da Instrução Pública da França, a revolução teve um ideário educacional amplo e novo.

> Com um vigor e uma decisão de espírito notáveis, Condorcet reclamava para todos os cidadãos todas as possibilidades de instrução, a gratuidade de todos os níveis, o cultivo tríplice das faculdades físicas, intelectuais e morais.

Mas depois de Condorcet veio Napoleão.

A obra de 1808 – escreve Herriot – é a antítese do esforço de 1792. Daí em diante, dois princípios antagônicos não deixarão de lutar. Nós os encontraremos, tanto um quanto outro, na base de nossas instituições ainda tão mal coordenadas. Napoleão se preocupou, sobretudo, com o ensino secundário que devia proporcionar a seus funcionários e oficiais. Nós estimamos que ele seja em grande medida responsável pela enorme ignorância do nosso povo no decorrer do século 19. Os homens de 1793 tinham outras esperanças. Até nos colégios e nos liceus, nada que possa despertar a liberdade da inteligência; até no ensino superior, nenhum lugar para o cultivo desinteressado da ciência ou das letras. A Terceira República pode libertar as universidades dessa tutela e voltar à tradição dos pretensos sectários que criaram a Escola Normal, o Conservatório

---

[102] *Idem*, p. 125.
[103] *Idem*, p. 27.

de Artes e Ofícios ou o Instituto. Mas não pode romper completamente com a concepção estreita que tendia a isolar a cooperação universitária do resto da nação. Conservou do império um exagerado respeito aos títulos, um respeito excessivo pelos procedimentos que tinham constituído a força, mas também o perigo da educação dos jesuítas.[104]

Essa é, segundo um estadista democrático-liberal da burguesia francesa, a situação do ensino na nação da qual, com deplorável desorientação, importamos textos e métodos durante muitos anos. Devemos esse equívoco à aristocracia do vice-reinado que, disfarçada de burguesia republicana, manteve na república os foros e os princípios da ordem colonial. Essa classe desejou para seus filhos, já que não a educação amargamente dogmática dos colégios reais da metrópole, a educação elegantemente conservadora dos colégios jesuítas da França da restauração.

O dr. M. V. Villarán, defensor da orientação estadunidense, denunciou em 1908, em sua tese sobre a influência estrangeira na educação, o erro de se inspirar na França.

Com toda sua admirável intelectualidade – dizia – esse país ainda não pôde modernizar, democratizar e unificar suficientemente seu sistema e seus métodos de educação. Os mais notáveis escritores franceses são os primeiros a reconhecê-lo.[105]

O dr. Villarán apoia-se na opinião de Taine, de autoridade incontestável para os intelectuais civilistas aos quais queria se dirigir.

A influência francesa ainda não está liquidada. Sobram dela ainda muitos resíduos nos programas e, sobretudo, no espírito do ensino secundário e superior. Mas seu ciclo se concluiu com a adoção de modelos estadunidenses que caracterizam as últimas reformas. Seu balanço, pois, pode ser feito. Já sabemos com antecipação que apresenta um enorme passivo. Deve-se colocar na sua conta a responsabilidade pelo predomínio das profissões liberais. Impotente para preparar uma classe dirigente apta e sã, o ensino teve, no Peru, para um critério rigorosamente histórico, o vício fundamental de sua incongruência com as necessidades de evolução da economia nacional e de seu esquecimento da existência

---

[104] Idem, pp. 120, 123 e 124.
[105] M. V. Villarán, op. cit., p. 74.

do fator indígena. Ou seja, o mesmo vício que encontramos em quase todo o processo político da república.

* * *

O período de reorganização econômica do país sobre bases civilistas, inaugurado em 1895 pelo governo de Piérola, trouxe um período de revisão do regime e dos métodos de ensino. Recomeçava o trabalho de formação de uma economia capitalista interrompido pela guerra de 1879[106] e suas consequências e, portanto, se colocava o problema de adaptar gradualmente a instrução pública às necessidades dessa economia em desenvolvimento.

O Estado, que em seus tempos de miséria ou falência costumeiramente transferiu o ensino primário para os municípios, reassumiu esse serviço. Com a fundação da Escola Normal de Preceptores, se preparou o alicerce da escola primária pública ou, melhor dito, popular, que até então não era mais que a rotina e o diletantismo *criollos*. Com o estabelecimento da Escola de Artes e Ofícios se desenhou uma rota em direção ao ensino técnico.

Esse período caracteriza-se na história da educação pública pela progressiva adoção do modelo anglo-saxão. A reforma do ensino secundário em 1902 foi o primeiro passo nesse sentido. Mas, limitada a um único patamar de ensino, constituiu-se num passo em falso. O regime civilista estabelecido por Piérola não soube nem pôde dar uma direção segura à sua política educacional. Seus intelectuais, educados num verbalismo charlatão e inchado, ou numa erudição linfática e acadêmica, não tinham mais que a habilidade medíocre dos rábulas. Seus caciques ou capatazes, quando ultrapassavam o nível mental de um mero traficante de cules e cana-de-açúcar, permaneciam firmemente aderidos aos preconceitos aristocráticos mais caducos.

O dr. M. V. Villarán aparece, desde 1900, como o preconizador de uma reforma coerente com o desenvolvimento capitalista embrionário do país. Seu discurso, nesse ano, sobre as profissões liberais, foi a primeira acusação eficaz contra a conceituação lite-

---

[106] Guerra entre o Peru e Bolívia, de um lado, e o Chile, de outro. Conhecida como Guerra do Pacífico. (N.T.)

rária e aristocrática do ensino transmitido à república pelo vice-reinado. Esse discurso condenava o verboso e arcaico idealismo estrangeiro que até então havia prevalecido no ensino público – reduzido à educação dos jovens "decentes"–, em nome de uma concepção francamente materialista, ou seja, capitalista, do progresso. E concluía com a afirmativa de que era

> urgente refazer o sistema de nossa educação de tal maneira que produza poucos diplomados e literatos e em troca eduque homens úteis, criadores de riqueza.
>
> Os grandes povos europeus – acrescenta – reformam hoje seu planos de educação adotando geralmente o tipo de educação ianque, porque compreendem que as necessidades da época exigem homens de empresa antes de mais nada, e não literatos ou eruditos, e porque todos esses povos se acham empenhados mais ou menos na grande obra humana de estender seu comércio a todas as partes, junto com sua civilização e sua raça. Assim também nós, seguindo o exemplo das grandes nações da Europa, devemos corrigir o rumo equivocado que demos à educação nacional, a fim de produzir homens práticos, industriosos e enérgicos, pois é deles que a Pátria necessita para fazer-se rica e por isso mesmo forte.[107]

A reforma de 1920 assinala a vitória da orientação preconizada pelo dr. Villarán e, portanto, o predomínio da influência estadunidense. De um lado, a lei orgânica de ensino, convencionalmente vigente a partir daquele ano, tem sua origem em um projeto elaborado primeiro por uma comissão presidida por Villarán e assessorada por um técnico ianque, o dr. Bard, destilado e refinado depois por outra comissão também encabeçada pelo dr. Villarán e retificado finalmente pelo dr. Bard, na qualidade de chefe da missão estadunidense trazida pelo governo para reorganizar a instrução pública. De outro lado, a aplicação dos princípios da mesma lei foi, por algum tempo, confiada a essa equipe de técnicos ianques.

A importação do método estadunidense não se explica, fundamentalmente, pelo cansaço do verbalismo latinista, mas sim pelo impulso espiritual determinado pela afirmação e pelo crescimento de uma economia capitalista. Esse processo histórico – que no

---
[107] *Idem*. p. 33.

plano político produziu a queda da oligarquia representativa da casta feudal por conta de sua inépcia em se transformar em classe capitalista – no plano educacional impôs a adoção definitiva de uma reforma pedagógica inspirada no exemplo da nação com o mais próspero desenvolvimento industrial.

Dessa maneira propicia, com a reforma de 1920, uma iniciativa congruente com o rumo da evolução histórica do país. Mas, como o movimento político que cancelou o domínio do velho civilismo aristocrático, o movimento educacional – paralelo e solidário àquele – estava destinado a se deter. A execução de um programa democrático e liberal na prática estava travado e sabotado pela subsistência de um regime de feudalismo na maior parte do país. Não é possível democratizar o ensino de um país sem democratizar sua economia e sem democratizar, finalmente, sua superestrutura política.

Num povo que cumpra conscientemente seu processo histórico, a reorganização do ensino deve ser dirigida por seus próprios homens. A intervenção de especialistas estrangeiros não pode ultrapassar os limites de uma colaboração.

Por essas razões fracassou a experiência da missão estadunidense. Por essas razões, sobretudo, a nova lei orgânica permaneceu mais como um programa teórico que como uma pauta de ação.

Nem a organização nem a existência do ensino se conformam à lei orgânica. O contraste, a distância entre a lei e a prática não podem ser atenuados em seus pontos capitais. O dr. Bouroncle, num estudo que ninguém suporá inspirado em propósitos negativos nem polêmicos, aponta várias das falhas e remendos que se sucederam na acidentada história dessa reforma.

> Uma análise rápida – escreve – dos atuais dispositivos legais e regulamentos em matéria de instrução nos faz ver o grande número dos que não tiveram nem podiam ter aplicação na prática. Em primeiro lugar, a organização da Direção Geral e do Conselho Nacional de ensino foi reformada a partir de uma autorização legislativa, suprimindo-se as direções regionais que eram as entidades executivas com maiores atribuições técnicas e administrativas do setor. As direções e seções foram modificadas e os programas de estudo do ensino primário e secundário tiveram que ser revisados. Os diferentes tipos de escolas consideradas

na lei não foram levadas em conta e os exames e títulos de professores necessitaram de uma reforma total. As categorias de escolas não foram consideradas, nem tampouco a complicada classificação dos colégios que preconizava o regulamento do ensino secundário. A Junta Examinadora Nacional foi substituída em suas funções pela Direção de Exames e Estudos e o sistema total foi modificado. E, por último, o ensino superior, que é organizado com mais detalhes pela lei, só teve parcialmente cumpridas suas exigências. A Universidade de Escolas Técnicas fracassou nas primeiras tentativas de organização e as Escolas Superiores de Agricultura, Ciências Pedagógicas, Artes Industriais e Comércio não foram fundadas. O programa de estudos para a Universidade de San Marcos não foi totalmente aplicado e o Centro Estudantil Universitário, para cuja direção se contratou pessoal especial, nem mesmo conseguiu ser criado. E se examinarmos os atuais regulamentos do ensino primário e secundário veremos da mesma maneira inúmeras disposições reformadas ou sem aplicação. Poucas leis e regulamentos aprovados no Peru tiveram uma modificação tão rápida e diversificada, ao extremo de que os preceitos reformistas e aqueles que não se aplicam, são hoje em número maior na prática escolar do que os que se conservam vigentes na lei e seus regulamentos.[108]

Essa é a crítica ponderada e prudente de um funcionário motivado naturalmente pelo espírito de colaboração, mas não fazem falta outras contestações, nem mesmo a de que ainda não se consegue dedicar ao ensino primário os 10% das receitas fiscais que a lei manda, para declarar a falência da reforma de 1920.[109] No entanto, essa declaração foi implicitamente pronunciada pelo Conselho Nacional de Ensino ao empreender a revisão da Lei Orgânica.

Toca àqueles que, nesse debate, ocupam uma posição ideológica revolucionária, constatar, antes de mais nada, que a falência da reforma de 1920 não depende da excessiva ambição nem do idealismo ultramoderno dos seus postulados. Sob muitos aspectos, essa reforma apresenta-se restrita em sua aspiração e conservado-

---

[108] Estudo do dr. Bouroncle sobre "Cien años de política educacional", publicado em *La Prensa* no dia 9 de dezembro de 1924.

[109] Em 1926, os dispêndios fiscais do orçamento somaram £p 10.518.960, tocando à instrução a parcela de £p 1.000.184, mas apenas £p 859.807 para a educação primária.

ra em seu alcance. Mantém no ensino, sem a menor atenuação substancial, todos os privilégios de classe e fortuna. Não abre os graus superiores do ensino às crianças selecionadas na escola primária, pois absolutamente não se ocupa dessa seleção. Confina as crianças da classe proletária na instrução primária dividida, sem nenhum objetivo seletivo, em comum e profissional, e conserva a escola primária privada que separa, desde a infância, com uma barreira rígida, as classes sociais e até suas categorias. Estabelece apenas a gratuidade do ensino primário sem afirmar pelo menos o princípio de que o acesso à instrução secundária, que o Estado oferece a uma pequena porcentagem, com seu antigo sistema de bolsas de estudo, está expressamente reservado aos melhores. A Lei Orgânica, no que diz respeito às bolsas de estudo, expressa-se em termos excessivamente vagos, além de só reconhecer o direito de serem sustentados pelo Estado aos estudantes que já tenham ingressado nos colégios de ensino secundário. Diz, efetivamente, no artigo 254:

> Por disposição regulamentar, poderá se dispensar do pagamento do ensino e da pensão nos internatos dos colégios nacionais, como prêmio, os jovens pobres que se distingam por sua capacidade, moralidade e dedicação ao estudo. Essas bolsas de estudo serão outorgadas pelo diretor regional por proposta do Conselho de Professores do Colégio respectivo.[110]

Tantas limitações impedem que se considere a reforma de 1920 como a reforma democrática propugnada pelo dr. Villarán em nome dos princípios democráticos burgueses.

2. A reforma universitária – Ideologia e reivindicações

O movimento estudantil, que se iniciou com a luta dos estudantes de Córdoba pela reforma da universidade, assinala o nascimento da nova geração latino-americana. A inteligente compilação de documentos da reforma universitária na América Latina feita por Gabriel del Mazo, obedecendo a uma encomenda da Federación Universitaria de Buenos Aires, oferece uma série de testemunhos genuínos da unidade espiritual desse movimento.[111] O processo de

---

[110] Lei Orgânica do Ensino de 1920. Edição Oficial, p. 84.
[111] Publicações do Círculo Médico Argentino e Centro de Estudantes de Medicina. *La Reforma Universitaria*, 6 tomos, 1926-1927.

agitação universitária na Argentina, Uruguai, Chile, Peru etc. remete à mesma origem e ao mesmo impulso. A faísca da agitação é quase sempre um incidente secundário; mas a força com que o propaga e o dirige vem desse estado de ânimo, dessa corrente de ideias que se designa – não sem risco de equívocos – com o nome de "novo espírito". Por isso, a ânsia da reforma apresenta-se, com características idênticas, em todas as universidades latino-americanas. Os estudantes de toda a América Latina, ainda que levados à luta por protestos peculiares de sua própria vida, parecem falar a mesma linguagem.

Da mesma maneira, esse movimento apresenta-se intimamente conectado com a vigorosa agitação do pós-guerra.[112] As esperanças messiânicas, os sentimentos revolucionários, as paixões místicas próprias do pós-guerra, repercutiam particularmente na juventude universitária da América Latina. O conceito difuso e urgente de que o mundo entrava em um novo ciclo despertava nos jovens a ambição de cumprir uma função heroica e realizar uma obra histórica. E, como é natural, na constatação de todos os vícios e falhas do regime econômico social vigente, a vontade e o desejo de renovação encontravam estímulos poderosos. A crise mundial convidava os povos latino-americanos, com uma urgência insólita, a revisar e resolver seus problemas de organização e crescimento. Logicamente, a nova geração sentia esses problemas com uma intensidade e uma paixão que as gerações anteriores não tinham conhecido. E enquanto a atitude das gerações passadas, como correspondia ao ritmo de sua época, tinha sido evolucionista – às vezes um evolucionismo completamente passivo – a atitude da nova geração era espontaneamente revolucionária.

A ideologia do movimento estudantil careceu, no começo, de homogeneidade e autonomia. Refletia em demasia a influência da corrente wilsoniana.[113] As ilusões democrático-liberais e pacifistas, que a prédica de Wilson pôs em moda em 1918-1919, circulavam entre a juventude latino-americana como se fosse uma boa moe-

---

[112] Primeira Guerra Mundial. (N.T.)
[113] Refere-se ao presidente Wilson, dos EUA, que lançou a ideia da Liga das Nações como meio de resolver conflitos e promover a paz e a "felicidade dos povos". (N.T.)

da revolucionária. Esse fenômeno se explica perfeitamente. Também na Europa, não apenas as esquerdas burguesas mas também os velhos partidos socialistas reformistas aceitaram como novas as ideias democrático-liberais eloquente e apostolicamente remoçadas pelo presidente estadunidense.

Apenas com a colaboração, cada dia mais estreita, com os sindicatos operários, com a experiência de combate contra as forças conservadoras e a crítica concreta dos interesses e princípios em que se apoia a ordem estabelecida, é que as vanguardas universitárias podiam alcançar uma orientação ideológica definida.

Essa é a opinião dos mais autorizados porta-vozes da nova geração estudantil, a julgar pelas origens e pelas consequências da luta pela reforma. Todos concordam que esse movimento, que mal acabou de formular seus programas, estava muito longe de se propor objetivos exclusivamente universitários e que, por sua relação estreita e crescente com o avanço das classes trabalhadoras e a diminuição dos velhos privilégios econômicos, não pode ser entendido se não como um dos aspectos de uma profunda renovação latino-americana. Dessa maneira, Palcos, aceitando integralmente as consequências últimas da luta travada, sustenta que,

> enquanto o atual sistema social subsistir, a reforma não poderá tocar nas raízes recônditas do problema educacional. Terá alcançado seu objetivo – agrega – se eliminar os maus professores das universidades, que usam seu posto como um emprego burocrático; se permitir – como acontece em outros países – que tenham acesso ao professorado todos aqueles que sejam capazes de sê-lo, sem excluí-los por suas convicções sociais, políticas ou filosóficas; se neutralizar em parte, no mínimo, o chauvinismo e fomentar nos educandos o hábito das pesquisas e o sentimento da própria responsabilidade. No melhor dos casos, a reforma realmente entendida e aplicada pode contribuir para evitar que a universidade seja, como é fato, em todos os países, como o foi na própria Rússia – país onde havia, entretanto, como em nenhuma outra parte, uma intelectualidade avançada que na hora da ação sabotou escandalosamente a revolução – uma Bastilha da reação, esforçando-se para ganhar as alturas do século.[114]

Não são rigorosamente coincidentes – e isso é lógico – as diferentes interpretações do significado do movimento. Mas, com

---
[114] *La reforma universitaria*, tomo I, p. 55.

exceção das provenientes do setor reacionário, interessado em limitar o alcance da reforma, circunscrevendo-a à universidade e ao ensino, todas as que se inspiram sinceramente em seus verdadeiros ideais a definem como afirmação do "espírito novo", entendido como espírito revolucionário.

Desde seus pontos de vista filosóficos, Ripa Alberdi se inclinava a considerar essa afirmação como uma vitória do idealismo novecentista sobre o positivismo do século 19. "O renascimento do espírito argentino" – dizia – "foi feito por virtude das gerações mais jovens, que, ao cruzar pelos campos da filosofia contemporânea, sentiram diante de si o esvoaçar das asas da liberdade". Mas o próprio Ripa Alberdi percebia que o objeto da reforma era capacitar a universidade para o cumprimento "dessa função social que é a própria razão de sua existência".[115]

Júlio V. Gonzáles, que reuniu em dois volumes seus escritos da campanha universitária, chega a conclusões mais precisas:

> A reforma universitária – escreve – registra o aparecimento de uma nova geração que chega desvinculada da anterior, que traz sensibilidades diferentes e ideais próprios e uma diferente missão a cumprir. Não é aquela um fato simples ou isolado, se tal fora; está vinculada na razão de causa e efeito com os últimos acontecimentos do qual nosso país foi o teatro, como consequência dos produzidos no mundo. Significaria incorrer em uma apreciação errônea até o absurdo considerar a reforma universitária como um problema das salas de aula e, ainda assim, radicar toda sua importância nos efeitos que pudesse ter exclusivamente nos círculos de cultura. Erro semelhante levaria, sem remédio, a uma solução do problema que não corresponderia à realidade do que está colocado. Digamos então claramente: a reforma universitária é parte de uma questão que o desenvolvimento material e moral de nossa sociedade impôs à raiz da crise produzida pela guerra.[116]

Gonzáles assinala em seguida a guerra europeia, a Revolução Russa e a chegada ao poder do radicalismo como os fatores decisivos da reforma na Argentina.

José Luis Lanuza indica outro fator: a evolução da classe média. A maioria dos estudantes pertence a todas as graduações des-

---

[115] *Idem*, p. 44.
[116] *Idem*, pp. 38 e 86.

sa classe. Muito bem. Uma das consequências sociais e econômicas da guerra é a proletarização da classe média. Lanuza defende a seguinte tese:

> Um movimento estudantil coletivo de projeções sociais tão vastas como a reforma universitária não poderia ter irrompido antes da guerra europeia. A necessidade de renovar os métodos de estudo era sentida, e ficava claro o atraso da universidade diante das correntes contemporâneas do pensamento universal desde a época de Alberdi, na qual começa a se desenvolver nossa embrionária indústria. Mas então a classe média universitária mantinha-se tranquila com seus títulos de privilégio. Infelizmente para ela, essa folga diminui na medida em que cresce a grande indústria, se acelera a diferenciação das classes e acontece a proletarização dos intelectuais. Os professores, os jornalistas e empregados do comércio se organizam sindicalmente. Os estudantes não podiam escapar desse movimento geral.[117]

Mariano Hurtado de Mendoza concorda substancialmente com as observações de Lanuza.

> A reforma universitária – escreve – é antes de mais nada e sobretudo um fenômeno social que é o resultado de outro mais geral e extenso, produzido como consequência do grau de desenvolvimento econômico da nossa sociedade. Seria então um erro estudá-la unicamente por sua cara universitária, como problema de renovação da direção da universidade, ou por sua cara pedagógica, como ensaio de aplicação de novos métodos de pesquisa para aquisição da cultura. Também incorreríamos em erro se a considerássemos como o resultado exclusivo de uma corrente de ideias novas provocadas pela grande guerra e pela Revolução Russa, ou como a obra da nova geração que "chega desvinculada da anterior, que traz sensibilidade nova e ideais próprios e uma diferente missão a cumprir".

E, precisando seu conceito, agrega mais adiante:

> A reforma universitária não é mais que uma consequência do fenômeno geral de proletarização da classe média que obrigatoriamente acontece quando uma sociedade capitalista chega a determinadas condições de seu desenvolvimento econômico. Isto significa que se produz na nossa sociedade o fenômeno da proletarização da classe média e que a universidade, quase totalmente povoada por esta, foi a

---
[117] *Idem*, p. 125.

primeira a sofrer seus efeitos, porque era o tipo ideal de instituição capitalista.[118]

Um fato uniformemente observado no calor da reforma foi o da formação de núcleos de estudantes que, em estreita solidariedade com o proletariado, se entregaram à difusão de ideias sociais avançadas e ao estudo das teorias marxistas. O surgimento das universidades populares, concebidas com um conceito muito diferente do que inspirava em outras épocas as tímidas tentativas de extensão universitária, aconteceu em toda a América Latina numa coincidência visível com o movimento estudantil. Saíram da universidade, em todos os países latino-americanos, grupos de estudiosos de economia e sociologia que colocaram seus conhecimentos a serviço do proletariado, dotando esse, em alguns países, de uma direção intelectual da qual geralmente careciam antes. Finalmente, os propagandistas e agentes mais entusiasmados da unidade política da América Latina são, em grande medida, os antigos líderes da reforma universitária que conservam, dessa maneira, sua vinculação continental, outro dos sinais da realidade da "nova geração".

Quando se confronta esse fenômeno com o das universidades da China e do Japão, comprova-se sua rigorosa justificação histórica. No Japão, a universidade foi a primeira cátedra do socialismo. Na China, por razões óbvias, teve uma função ainda mais ativa na formação de uma nova consciência nacional. Os estudantes chineses compõem a vanguarda do movimento nacionalista revolucionário que, dando nova alma e nova organização à imensa nação asiática, lhe assegura uma influência considerável nos destinos do mundo. Sobre esse ponto concordam os observadores ocidentais com autoridade intelectual mais reconhecida.

Mas não proponho, aqui, estudar todas as consequências e relações da reforma universitária com os grandes problemas da evolução política da América Latina. Constatada a solidariedade do movimento estudantil com o movimento histórico geral desses povos, tratemos de examinar e definir seus traços próprios e específicos.

Quais são as propostas ou postulados fundamentais da reforma?

O Congresso Internacional de Estudantes do México, de 1921, propugnou: 1º – a participação dos estudantes no governo

---
[118] *Idem*, p. 130.

das universidades; 2º – a implantação da docência livre e assistência livre. Os estudantes do Chile declararam sua adesão aos seguintes princípios: 1º – autonomia da universidade, entendida como instituição dos alunos, professores e diplomados; 2º – reforma do sistema docente, mediante o estabelecimento da docência livre e, como consequência, da livre assistência dos alunos às cátedras, de maneira que, no caso de dois professores ensinarem a mesma matéria, a preferência do alunado consagre o melhor; 3º – revisão dos métodos e do conteúdo dos estudos; 4º – extensão universitária, vista como meio de vinculação efetiva da universidade com a vida social. Os estudantes de Cuba formularam, em 1923, da seguinte forma suas reivindicações: a) uma verdadeira democracia universitária; b) uma verdadeira renovação pedagógica e científica; c) uma verdadeira popularização do ensino. Os estudantes da Colômbia exigiram, em seu programa de 1924, a organização da universidade sobre bases de independência, de participação dos estudantes em seu governo e de novos métodos de trabalho.

> Que ao lado da cátedra – diz esse programa – funcione o seminário, sejam abertos cursos especiais e se criem revistas. Que ao lado do professor titular existam professores agregados e que a carreira do magistério exista sobre bases que assegurem seu futuro e deem acesso a quantos sejam capazes de ter uma cadeira na universidade.

Os estudantes de vanguarda da Universidade de Lima, leais aos princípios proclamados em 1919 e 1923, sustentaram em 1926 as seguintes plataformas: defesa da autonomia das universidades; participação dos estudantes na direção e orientação de suas respectivas universidades ou escolas especiais; direito de voto dos estudantes na eleição dos reitores das universidades; voto de honra dos estudantes no provisionamento das cátedras; incorporação à universidade dos valores extrauniversitários; socialização da cultura: universidades populares etc. Os princípios sustentados pelos estudantes argentinos são, provavelmente, mais conhecidos, por sua extensa influência no movimento estudantil da América desde seu primeiro enunciado na Universidade de Córdoba. Praticamente, além disso, são, em grandes traços, os mesmos que proclamam os estudantes das demais universidades latino-americanas.

O resultado dessa rápida revisão é que devem ser colocados como postulados centrais da reforma universitária: 1º – a intervenção dos alunos na direção das universidades e 2º – o funcionamento de cátedras livres, ao lado das oficiais, com direitos idênticos, ocupadas por professores de capacidade reconhecida na matéria. O sentido e a origem dessas duas reivindicações nos ajudam a esclarecer o significado da reforma.

3. Política e ensino universitário na América Latina

O regime econômico e político determinado pelo predomínio das aristocracias coloniais – que ainda subsiste em alguns países hispano-americanos, ainda que em dissolução progressiva e irreparável – colocou por muito tempo as universidades da América Latina sob a tutela dessas oligarquias e de sua clientela. Convertido o ensino universitário em um privilégio do dinheiro, quando não da casta, ou pelo menos de uma categoria social absolutamente ligada aos interesses de uma ou de outra, as universidades tiveram inevitavelmente uma tendência para a burocratização acadêmica. Esse era um destino do qual não podiam escapar nem mesmo sob a influência episódica de alguma personalidade de exceção.

O objetivo das universidades parecia ser, principalmente, o de prover doutores e rábulas para a classe dominante. O desenvolvimento incipiente e o mísero alcance da educação pública fechavam os graus superiores do ensino para as classes pobres (O próprio ensino elementar não chegava – como ainda não chega agora – senão a uma parte do povo.) As universidades, açambarcadas intelectual e materialmente por uma casta geralmente desprovida do impulso criador, não podiam nem mesmo aspirar a uma função mais alta de formação e seleção de capacidades. Sua burocratização as conduzia, de modo fatal, ao empobrecimento espiritual e científico.

Esse não era um fenômeno exclusivo nem peculiar do Peru. Entre nós prolongou-se mais, pela sobrevivência obstinada de uma estrutura econômica semifeudal. Mas, mesmo nos países que se industrializaram e se democratizaram mais rapidamente, como a república Argentina, foi na universidade onde chegou mais tarde essa corrente de progresso e transformação. O dr. Florentino V. Sanguinetti assim resumiu a história da Universidade de Buenos Aires antes da reforma:

Durante a primeira parte da vida argentina, moveu modestas iniciativas de cultura e formou núcleos urbanos que proporcionou à sua elite o pensamento da unidade política e da ordem institucional. Sua provisão científica era muito escassa, mas bastava para as necessidades do meio e para impor as conquistas lentas e surdas do gênio civil. Afirmada mais tarde nossa organização nacional, a universidade aristocrática e conservadora criou um novo tipo social: o doutor. Os doutores constituíram o patriciado da segunda república, substituindo pouco a pouco as dragonas e os caciques rurais no manejo dos negócios, mas saíam das classes sem a hierarquia intelectual necessária para agir de modo orgânico no ensino ou para dirigir o improvisado despertar das riquezas proporcionadas pelos pampas e pelo trópico. No decorrer dos últimos 50 anos, nossa nobreza agropecuária foi deslocada, primeiro, do campo econômico pela concorrência progressista do imigrante, tecnicamente mais capaz; e, depois, do campo político pelo surgimento dos partidos de classe média. Necessitando então de um cenário para manter sua influência, apoderou-se da universidade que logo virou um órgão de casta, cujos diretores vitalícios se revezavam nos cargos de maior destaque e cujos docentes, escolhidos por recrutamento hereditário, impuseram uma verdadeira servidão educacional de marca estreita e sem infiltrações renovadoras.[119]

O movimento da reforma tinha logicamente que atacar, antes de mais nada, essa estratificação conservadora das universidades. O preenchimento arbitrário das cátedras, a manutenção de professores ineptos, da exclusão do ensino dos intelectuais independentes e renovadores, apresentavam-se claramente como simples consequências da docência oligárquica. Esses vícios não podiam ser combatidos a não ser por meio da intervenção dos estudantes na direção das universidades e pelo estabelecimento da cátedra e da assistência livres, destinadas a assegurar a eliminação dos maus professores através de uma concorrência leal com os homens mais aptos para exercer seu magistério.

Toda a história da reforma invariavelmente registra essas duas reações das oligarquias conservadoras: 1º sua solidariedade recalcitrante para com os professores incompetentes, rejeitados pelos alunos, quando havia um interesse familiar oligárquico; e 2º sua resis-

---

[119] *Idem*, pp. 140-141.

tência, não menos tenaz, à incorporação à docência de valores não universitários ou simplesmente independentes. As duas reivindicações substantivas da reforma resultaram assim inconfundivelmente dialéticas, pois não partem de concepções doutrinárias puras, mas simplesmente das lições reais e concretas da ação estudantil.

A maioria dos docentes adotou uma atitude de intransigência rígida e impermeável contra os grandes princípios da reforma universitária, o primeiro dos quais tinha sido proclamado teoricamente desde o Congresso Estudantil de Montevidéu e, tanto na Argentina quanto no Peru, conseguiram o reconhecimento oficial devido a circunstâncias políticas favoráveis; quando essas se modificaram, levaram ao início, por parte dos elementos conservadores da docência, um movimento de reação, que, no Peru, já anulou praticamente todos os triunfos da reforma, enquanto na Argentina encontra a oposição vigilante do alunado, como se demonstra com as agitações recentes contra as tentativas reacionárias.

Mas a realização dos ideais da reforma não é possível sem a total e leal aceitação dos dois princípios aqui esclarecidos. O voto dos alunos – ainda que não esteja destinado senão a servir de contraponto moral da política dos professores – é o único impulso de vida, o elementos de progresso isolado da universidade, sem o qual, todavia, prevaleceriam sem remédio as forças da estagnação e da regressão. Sem essa premissa, o segundo postulado da reforma – as cátedras livres – não pode absolutamente ser alcançado. Mais ainda, o "recrutamento hereditário", de que nos fala com exatidão tão evidente o dr. Sanguinetti, volta a ser o sistema de recrutamento dos novos catedráticos. E o próprio progresso científico perde seu estímulo principal, já que nada empobrece tanto o nível de ensino e da ciência como a burocratização oligárquica.

4. A Universidade de Lima

No Peru, por várias razões, o espírito da colônia encontrou seu lar na universidade. A primeira razão é o prolongamento, sob a república, do domínio da velha aristocracia colonial.

Mas esse fato não foi desentranhado senão depois que a ruptura com o critério colonialista – isto é, com a historiografia "civilista" – permitiu que a nova geração julgasse livremente a realidade peruana. Foi necessário, para sua compreensão completa, a falência da antiga casta, denunciada pelo caráter de "secessão" que a mudança de governo de 1919 quis assumir.

Quando o dr. V. A. Belaúnde qualificou a universidade como "laço de união entre a república e a colônia" – com o objetivo de enaltecê-la como único e essencial órgão de continuidade histórica – quase tinha o ar de fazer uma valiosa descoberta. A classe dirigente soube, desde então, manter a ilusão da república diferente e independente da colônia, não obstante uma instintiva inclinação ao culto nostálgico do que vinha do vice-reinado, que traía com demasiada evidência seu verdadeiro sentimento. A universidade, que segundo um conceito de clichê, era a *alma mater* nacional, tinha sido sempre oficialmente definida como a mais alta cátedra dos princípios e ideais da república.

Enquanto isso, talvez com a única exceção do momento em que Gálvez e Lorente tingiram-na de liberalismo, restabelecendo e continuando a orientação ideológica de Rodríguez de Mendoza, a universidade continuou fiel à sua tradição escolástica, conservadora e espanhola.

O divórcio, entre a obra universitária e a realidade nacional, constatado melancolicamente por Belaúnde – mas que não o havia impedido de gratificar a universidade com o título de encarnação única e sagrada da continuidade histórica da pátria – dependeu exclusivamente do divórcio, não menos certo ainda que menos reconhecido, entre a velha classe dirigente e o povo peruano. Belaúnde escrevia o seguinte:

> Um triste destino se abateu sobre nossa universidade e determinou que esta preenchesse principalmente um fim profissional e talvez de esnobismo científico; mas não um objetivo educacional e muito menos um objetivo de afirmação da consciência nacional. Ao examinar rapidamente a história da universidade, de sua origem até a data, destaca-se esse traço desagradável e funesto: sua falta de vinculação com a realidade nacional, com a vida do nosso meio, com as necessidades e aspirações do país.[120]

A pesquisa de Belaúnde não podia ir além. Vinculado por sua educação e seu temperamento à casta feudal, afiliado ao partido que era acaudilhado por um de seus representantes mais genuí-

---

[120] V. A. Belaúnde, *La vida universitaria*, p. 3.

nos, Belaúnde tinha que se deter na constatação do desacordo, sem procurar suas razões profundas. Mais ainda: tinha que se contentar com explicá-lo como consequência de "um triste destino".

A verdade era que a colônia sobrevivia na universidade porque sobrevivia também – apesar da revolução da independência e da república democrático-liberal – na estrutura econômico-social do país, retardando sua evolução histórica e amortecendo seu impulso biológico. E que, por isso, a universidade não cumpria uma função progressista e criadora na vida peruana, a cujas necessidades profundas e a cujas correntes vitais era não apenas estranha, mas também contrária. A casta de latifundiários coloniais que, através de um agitado período de caudilhismo militar, assumiu o poder na república, é menos nacional, o menos peruano dos fatores que intervém na história do Peru independente. O "triste destino" da universidade não dependeu senão disso.

Depois do período de influência de Gálvez e Lorente, a universidade permaneceu, até o período de agitação estudantil de 1919, pesadamente dominada pelo espírito da colônia. Em 1894, o discurso acadêmico do dr. Javier Prado sobre "O estado social do Peru durante a dominação espanhola", que, dentro de sua prudência e equilíbrio, tentava uma revisão do critério colonialista, podia ser o ponto de partida para uma ação que aproximasse mais o trabalho universitário da nossa história e do nosso povo. Mas o dr. Prado, estreitamente mancomunado com os interesses e sentimentos que esse movimento necessariamente teria contestado, preferiu encabeçar uma corrente de positivismo medíocre que, sob o signo de Taine, pretendeu justificar doutrinariamente a função do civilismo, dotando-o de um pensamento político aparentemente moderno, e que não conseguiu sequer imprimir à universidade, entregue ao diletantismo verbalista e dogmático, a orientação científica que até agora se sente falta nela. Mais tarde, em 1900, outro discurso acadêmico – o do dr. M. V. Villarán sobre as profissões liberais no Peru – teve também o significado íntimo de um requisitório ponderado contra o colonialismo da universidade, responsável pelos preconceitos aristocráticos que alimentava e mantinha, de uma superprodução de doutores e letrados. Mas igualmente esse discurso, como todas as reações episódicas do civilismo, estava destinado a agitar apenas muito superficialmente as águas desse quieto pântano intelectual.

A geração arbitrariamente chamada de "futurista" deveria ser, cronologicamente, a que iniciou a renovação dos métodos e do espírito da universidade. A ela pertenciam os estudantes – logo catedráticos – que representaram o Peru no Congresso Estudantil de Montevidéu e que organizaram o Centro Universitário, deitando as bases de uma solidariedade que a luta pela reforma deveria concretizar em suas formas e objetivos. Mas a direção de Riva Agüero – pela boca de quem falou explicitamente o espírito colonialista em sua tese sobre a literatura peruana – orientava, num sentido conservador e tradicionalista, essa geração universitária que, no entanto, por suas origens e vínculos, aparecia com a missão de marcar uma reação contra o movimento literário gonzálezpradista e de restabelecer a hegemonia intelectual do civilismo, atacada, particularmente nas províncias, pela popularidade espontânea da literatura radical.

5. Reforma e reação

O movimento estudantil peruano de 1919 recebeu seus estímulos ideológicos da vitoriosa insurreição dos estudantes de Córdoba e da eloquente advertência do professor Alfredo L. Palácios. Mas, em sua origem, constituiu principalmente um amotinamento dos estudantes contra alguns catedráticos de incapacidade qualificada e ostensiva. Os que estendiam e elevavam os objetivos dessa agitação – transformando em repúdio ao velho espírito da universidade o que, a princípio, havia sido apenas repúdio aos maus professores e à disciplina arcaica – estavam em minoria entre os estudantes. O movimento contava com o apoio de estudantes de espírito ortodoxamente civilista, os quais seguiam os propugnadores da reforma tanto porque concordavam com a inépcia dos mestres repudiados quanto porque acreditavam participar de uma algazarra escolar mais ou menos inócua.

Isso revela que se a oligarquia docente, mostrando-se cuidadosa quanto ao seu prestígio intelectual, tivesse feito a tempo na universidade um mínimo de melhoria e modernização do ensino, necessário para não incorrer no risco de uma falência escandalosa, teria facilmente conseguido manter a intangibilidade de sua posição por mais alguns anos.

A crise, que tão desairosamente veio à tona em 1919, foi precipitada pelo prolongamento irritante de um estado de desequilíbrio visível entre o nível da cátedra e o avanço geral de nossa cultura, em mais de um aspecto. Esse desequilíbrio se fazia particularmente explosivo no plano literário e artístico. A geração "futurista", que, reagindo contra a geração "radical" romântica e extrauniversitária, trabalhava por reforçar o poder espiritual da universidade, concentrando em suas classes todas as forças de direção da cultura, não soube, não quis ou não pôde substituir oportunamente na docência da Faculdade de Letras, a mais vulnerável, os velhos catedráticos atrasados e incompetentes. O contraste entre o ensino de Letras nessa faculdade e o progresso da sensibilidade e da produção literária no país tornou-se clamoroso quando o surgimento de uma nova geração, em ruptura aberta com o academicismo e o conservadorismo dos nossos paradoxais "futuristas", assinalou um momento de florescimento e renovação da literatura nacional. A juventude que frequentava os cursos de Letras da universidade havia adquirido fora, espontaneamente, um gosto e uma educação estéticas suficientes para perceber o atraso e a inépcia de seus vários catedráticos. Enquanto essa juventude, como vulgo, como público, havia superado em suas leituras a estação do "modernismo",[121] a cátedra universitária estava ainda prisioneira do critério e dos preceitos da primeira metade do oitocentismo espanhol. A orientação historicista e literária do grupo que presidiu o movimento de 1919 em San Marcos estimulava um processo mais severo e uma condenação mais indignada e inapelável dos catedráticos acusados de atrasados e anacrônicos.

Da Faculdade de Letras, a revisão se propagou a outras faculdades, nas quais também o interesse e a rotina oligárquicas mantinham professores sem autoridade. Mas a primeira brecha foi aberta na Faculdade de Letras; e, até algum tempo depois, a luta esteve dirigida contra os "maus professores" e não tanto contra os "maus métodos".

---

[121] O "modernismo" na periodização literária da América hispânica está mais próximo daquilo que, no Brasil, se conhece como "simbolismo". (N.T.)

A ofensiva do estudantado começou com um "quadro de rejeições", no qual se omitiram cuidadosamente todas as que pudessem parecer suspeitas de partidarismo ou paixões. O critério que o movimento de reforma utilizou nessa época, foi o de valorização da capacidade de magistério, isento de motivações ideológicas.

A solidariedade do reitor e do conselho com os professores rejeitados constituiu uma das resistências que aprofundaram o movimento. O estudantado insurgente começou a compreender que o caráter oligárquico da docência e a burocratização e paralisação do ensino eram dois aspectos do mesmo problema. As reivindicações estudantis foram ampliadas e precisadas.

O Primeiro Congresso Nacional de Estudantes, reunido em Cuzco, em março de 1920, indicou, entretanto, que o movimento pró-reforma ainda carecia de um programa bem orientado e definido. O voto de maior importância desse congresso é o que deu vida às universidades populares, destinadas a vincular os estudantes revolucionários com o proletariado e dar um alcance vasto à agitação estudantil.

E, mais tarde, em 1921, a atitude dos estudantes diante do conflito entre a universidade e o governo demonstrou que ainda reinava na juventude universitária uma desorientação profunda. Mais ainda: o entusiasmo com que uma parte dela se constituía em claque dos catedráticos reacionários, cativada por uma retórica oportunista e democrática – por baixo da qual se tratava de fazer passar o contrabando ideológico das superstições e nostalgias do espírito colonial – acusava uma reverência recalcitrante da maioria diante dos velhos preceptores.

Era evidente, contudo, que a derrota sofrida pelo civilismo tradicional tinha colaborado com o triunfo alcançado em 1919 pelas reivindicações estudantis, com o decreto de 20 de setembro que estabelecia as cátedras livres e a representação dos alunos no conselho universitário e com as leis 4.002 e 4.004, em virtude das quais o governo declarou vagas as cátedras ocupadas pelos professores rejeitados.

Reaberta a universidade – depois de um período de recesso que fortaleceu os vínculos existentes entre a docência e uma parte dos estudantes – as conquistas da reforma foram escamoteadas, em grande medida, pela nova organização. Mas, em troca, o "novo espírito" já tinha maior adesão na massa estudantil. E nas novas jornadas da juventude se notaria menos confusão ideológica que nas anteriores ao recesso.

* * *

A retomada dos trabalhos universitários em 1922, sob o reitorado do dr. M. V. Villarán, significou, em primeiro lugar, o compromisso entre o governo e os professores que terminava o conflito que levara ao recesso da universidade no ano anterior. A lei orgânica do ensino, promulgada em 1920 pelo Executivo, usando a autorização recebida do Congresso em outubro de 1919 – quando esse votou a Lei 4.004 sancionando o princípio da participação dos alunos na direção da universidade – serviu de base ao evento. Essa lei reconhecia à universidade uma autonomia que deixava a docência satisfeita, mais inclinada que antes a um comportamento negociador, por razões óbvias, e o governo, igualmente induzido a aceitar uma fórmula de normalização, dispunha-se a ratificá-la em todas as suas partes.

Como é natural, o compromisso colocava em perigo as conquistas do estudantado, vitoriosas em boa medida ao amparo da situação que esse compromisso resolvia, ainda que não fosse senão de maneira temporária. E, com efeito, logo se percebeu uma tentativa dissimulada de anular pouco a pouco as reformas de 1919. Alguns catedráticos restabeleceram o abolido sistema das listas. Mas essa tentativa encontrou os estudantes alertas, e houve uma ressonância profunda em seu ânimo, primeiro, no Congresso Estudantil do México e, logo em seguida, na mensagem fervorosa das juventudes do Sul, da qual Haya de la Torre foi o portador.

O novo reitor, que ao assumir suas funções tinha feito com a moderação própria de seu espírito, sempre em um equilíbrio cuidadoso, uma profissão de fé reformista e até uma crítica das disposições da lei de ensino que substituía a livre associação dos alunos por um "centro estudantil universitário" de organização estranhamente autoritária e burocrática, coerente com essas declarações, compreendeu em seguida a conveniência de empregar, também com o estudantado, a política do compromisso, evitando toda destemperada veleidade reacionária que pudesse excitar imprudentemente a beligerância estudantil. O reitorado do dr. Villarán, sobrepondo-se aos conflitos locais provocados por catedráticos conservadores, assinalou assim um período de colaboração entre a docência e os alunos. O apoio dispensado à inteligente e renovadora ação de Zulen na biblioteca e a atenção dedicada à opinião e ao sentimento do estudantado, consultados frequentemente sem exageradas apreensões ideológicas, granjearam extensas simpatias à política do reitor. O decano da Faculdade de Medicina, dr. Gastañeta, que adotou a mesma linha de conduta, inspirando seus atos num sagaz espírito de cooperação com os estudantes, obteve um consenso ainda mais entusiasmado. E o trabalho de alguns catedráticos jovens contribuiu para melhorar as relações entre professores e estudantes.

Essa política impediu a renovação da luta pela reforma. Por um lado, os professores mostraram-se dispostos à atuação solícita de um programa progressista, renunciando, de qualquer forma, a propósitos reacionários. Por outro, os estudantes se mostraram prontos para uma experiência colaboracionista que a muitos lhes parecia indispensável para a defesa da autonomia e da subsistência da universidade.

O dia 23 de maio revelou o alcance social e ideológico da aproximação das vanguardas estudantis com as classes trabalhadoras. Nessa data aconteceu o batismo histórico da nova geração que, com a colaboração de circunstâncias excepcionalmente favoráveis, passou a desempenhar um papel no próprio desenvolvimento da nossa história, elevando sua ação do plano das inquietações estudantis para o das reivindicações coletivas ou sociais. Esse fato reanimou e impulsionou nas classes as correntes de revolução universitária, acarretando o predomínio da tendência esquerdista na Federação dos Estudantes, reorganizada pouco tempo depois e, principalmente, nas assembleias estudantis, que alcançaram, então, seu tom maior de animação e vivacidade.

Mas as conquistas da reforma, fora a supressão das listas, se reduziam na verdade a uma inspeção não formalizada do estudantado na orientação, ou, melhor dito, na administração do ensino. Estava formalmente admitido o princípio da representação dos estudantes no conselho universitário; mas o alunado que então dispunha do recurso das assembleias para manifestar sua opinião diante de cada problema, descuidou da designação de delegados permanentes, preferindo uma influência plebiscitária e espontânea das massas estudantis nas deliberações do conselho. E ainda que essa massa fosse encabeçada por uma vanguarda singularmente aguerrida e dinâmica, seja porque as contingências da luta contra a reação interna e externa absorviam demasiado sua atenção, seja porque sua própria consciência pedagógica não estava ainda bem formada, o certo é que não empregou a ação das assembleias, de ambiente mais tumultuado que doutrinário, para reclamar e conseguir métodos melhores. Contentou-se, a esse respeito, com ensaios modestos e promessas vagas destinadas a se dissiparem logo que adormecesse ou relaxasse nas classes o espírito vanguardista.

A reforma universitária – como a reforma do ensino – apesar da nova lei orgânica e da melhor disposição de uma parte da docência, havia consequentemente caminhado muito pouco. O que escreve Alfredo Palácios sobre uma etapa parecida da reforma argentina pode aplicar-se a nossa universidade.

> O movimento geral que determina a reforma universitária, em sua primeira etapa – diz Palácios – se concretizou apenas com a ingerência estudantil na direção da universidade e a assistência livre. Faltava o mais importante: a renovação dos métodos de ensino e a intensificação dos estudos, e isso era de realização muito difícil nas faculdades de jurisprudência, que tinham ficado petrificadas nos antigos critérios. Seu ensino tinha levado a extremos insuspeitos. Puras teorias, puras abstrações; nada de ciências da observação e de experiência. Sempre se acreditou que desses institutos devia sair a elite social destinada a ser "classe governante"; que dali haveria de surgir o financista, o diplomata, o literato, o político... Saíram, em vez disso, com uma ignorância enciclopédica, utilitários precoces, capazes de todas as artimanhas para embaralhar processos, e que por toda a vida foram o sustentáculo de injustiças. Os estudantes se resignavam a escutar lições orais sem nenhuma curiosidade, sem ânimo de pesquisa, sem paixão pela procura tenaz, sem laboratórios que despertassem as energias latentes, que fortalecessem o caráter, que disciplinassem a vontade e que exercitassem a inteligência.[122]

---

[122] Alfredo L. Palácios, *La nueva universidad*.

Por ter a nossa universidade carecido de diretores como o dr. Palácios, capazes de compreender a renovação exigida nos estudos pelo movimento de reforma e que se consagrassem a realizá-la com paixão e otimismo, esse movimento ficou detido no Peru, na etapa em que poderiam levá-lo o impulso e o esforço estudantis.

***

Os anos entre 1924 e 1927 foram desfavoráveis para o movimento de reforma universitária no Peru. A expulsão de 26 universitários da Universidade de Trujillo, em novembro de 1923, foi o prelúdio de uma ofensiva reacionária que, pouco tempo depois, mobilizou na Universidade de Lima todas as forças conservadoras contra os postulados de 1919 e 1923. As medidas de repressão adotadas pelo governo contra os estudantes de vanguarda de San Marcos tiraram de cima dos docentes a presença vigilante da maior parte daqueles que mantinham o alunado alerta e desperto para o espírito da reforma. A morte de dois jovens professores, Zulen e Borja y Garcia, reduziu a um número exíguo os professores com aptidão renovadora. O afastamento do dr. Villarán provocou o abandono de sua tendência de cooperação com os alunos. A reitoria ficou numa situação de interinidade, com todas as consequências de inibição e esterilidade próprias de um regime provisório.

Essa situação de contingências adversas tinha inevitavelmente que produzir a ressurreição do velho espírito conservador e oligárquico. Abafados os estímulos de progresso e reforma, o ensino voltou à sua antiga rotina. Os representantes típicos da mentalidade civilista restauraram sua hegemonia passada. O expediente da interinidade, aplicada a cada dia com maior extensão, serviu para dissimular temporariamente o restabelecimento do conservadorismo nas posições das quais fora desalojado parcialmente pela onda reformista.

Nas eleições de delegados de 1920 se esboçou uma concentração das esquerdas estudantis. As plataformas eleitorais sustentadas pelo grupo, que prevaleceu na nova federação, reafirmavam todos os postulados essenciais da reforma.[123] Mas, novamente, a repressão veio em auxílio dos interesses conservadores.

---

[123] Veja-se o número 3 do *Amauta,* novembro de 1926.

O fenômeno característico desse período reacionário parece ser o apoio que a ele vieram prestar os elementos conservadores da universidade, as mesmas forças que, obedecendo ao impulso histórico que determinou sua vitória sobre o "civilismo" tradicional, decidiram em 1919 o triunfo da reforma.

Não são esses, entretanto, os únicos fatores de crise do movimento universitário. A juventude não está totalmente isenta de responsabilidade. Suas próprias insurreições nos ensinam que é, em sua maioria, uma juventude que age a partir de frágeis contágios de entusiasmo. Esse, na verdade, é um defeito de que sempre se acusou o hispano-americano. Vasconcelos, num artigo recente, escreve:

> O principal defeito de nossa raça é a inconstância. Incapazes de persistir no esforço, não podemos por isso mesmo desenvolver um plano nem levar adiante um propósito.

E, mais adiante, agrega:

> No geral é preciso desconfiar dos entusiastas. Entusiasta é um adjetivo ao qual devemos mais danos que a todo o resto do vocabulário dos qualificativos. Com o nobre vocábulo entusiasmo acostumaram a encobrir nosso defeito nacional: bons para começar e para prometer; péssimos para terminar e cumprir.[124]

Porém, mais que a versatilidade e a inconstância dos alunos, trabalham contra o avanço da reforma a vagueza e a imprecisão do programa e o caráter desse movimento na maioria deles. Os fins da reforma não estão suficientemente esclarecidos, não estão entendidos de maneira cabal. Seu debate e seu estudo avançam lentamente. A reação carece de forças para subjugar intelectual e espiritualmente a juventude. A suas vitórias não se pode atribuir mais que um valor contingente. Os fatores históricos da reforma, ao contrário, continuam agindo sobre o espírito estudantil, no qual se mantém intacto, por conseguinte, apesar de seus obscurecimentos momentâneos, o desejo que animou a juventude nas jornadas de 1919 a 1923.

Se o movimento renovador se mostra precariamente detido nas universidades de Lima, prospera, em troca, na Universidade de Cuzco, na qual a elite do professorado aceita e sanciona os princípios sustentados pelos alunos. Testemunho disso é o ante-

---

[124] Em *Repertorio americano*, tomo XV, p. 145, 1927.

projeto de reorganização da Universidade de Cuzco, formulado pela comissão nomeada pelo governo para isso, quando se declarou o recesso desse instituto.

Esse projeto, subscrito pelos professores Fortunato L. Herrera, José Gabriel Cosio, Luis E. Valcárcel, J. Uriel García, Leandro Pareja, Alberto Araníbar P. e J. S. García Rodríguez, constitui incontestavelmente o mais importante documento oficial até agora produzido sobre a reforma universitária no Peru. Em nome da docência universitária, ainda não se tinha falado, entre nós, com tanta grandeza. A comissão da universidade cuzquenha rompeu a tradição de rotina e mediocridade a que se atêm tão mediocremente, em geral, as comissões oficiais. Seu plano objetiva a completa transformação da Universidade de Cuzco em um grande centro de cultura com aptidão para presidir e impulsionar eficientemente o desenvolvimento social e econômico da região andina. E, ao mesmo tempo, incorpora em seu estatuto os postulados centrais da reforma universitária na América hispânica.

Entre as "propostas básicas" da comissão, estão as seguintes: criação da docência livre como cooperadora do professorado titular; adoção do sistema de seminários e conservatórios; supressão do exame de fim de ano como prova definitiva; consagração absoluta do catedrático universitário em sua missão educativa; participação dos alunos e ex-alunos na eleição das autoridades universitárias; representação dos estudantes no conselho universitário e no de cada faculdade; democratização do ensino.[125]

O relatório concede, entretanto, atenção especial para a necessidade de organizar a universidade de modo que tenha, em todos seus aspectos, uma ampla aplicação prática e uma completa orientação científica. A Universidade de Cuzco aspira ser um verdadeiro centro de pesquisas científicas, colocado integralmente a serviço da melhoria social.

* * *

Para comprovar o conflito crescente entre os postulados cardeais da reforma universitária – tais como foram formulados e aprovados

---

[125] Na *Revista Universitária del Cuzco*, n. 56, 1927.

nas assembleias estudantis dos diversos países hispano-americanos – e a situação da Universidade de Lima, basta o confronto desses postulados com os respectivos aspectos do ensino e do funcionamento da universidade. Esbocemos esquematicamente esse confronto.

Intervenção dos estudantes na direção da universidade. A reação pugna por restabelecer o velho e rígido conceito da disciplina, entendida como acatamento absoluto do critério e da autoridade dos docentes. O conselho de decanos – ou o reitor em seu nome – recusa frequentemente permissão para as assembleias destinadas a expressar a opinião dos estudantes. O direito de reunião dos estudantes para deliberar dentro do recinto da universidade está, pela primeira vez, suspenso. As designações de delegados estudantis que não agradem aos docentes não são reconhecidas. O último comitê da Federação de Estudantes viu-se impossibilitado de funcionar, e inclusive de se constituir plenamente, por falta de aprovação do conselho. A crise da federação depende assim de um fator estranho à situação estudantil. O sentimento dos estudantes perdeu não apenas sua influência nas deliberações do conselho, mas também os meios de se manifestar de modo livre e disciplinado. A representação estudantil na direção da universidade, dentro dessa situação, seria uma farsa.

Renovação dos métodos pedagógicos. Com exceção das inovações introduzidas no ensino por um ou outro catedrático, a substância dos velhos métodos revela-se absoluta. Há pouco, um alto funcionário da Educação Pública, o dr. Luis E. Galván, perguntava-se num artigo: O que faz nossa universidade pela pesquisa científica?[126] Apesar de seus sentimentos de simpatia para com San Marcos, o dr. Galván viu-se obrigado a dar uma resposta totalmente desfavorável. Os métodos e os estudos não se modificaram senão na proporção mínima devida à iniciativa espontânea de uns poucos professores com o austero sentido de sua responsabilidade. Em pouquíssimos cursos se abandonou a rotina da lição oral. O espírito dogmático mantém suas posições quase intactas. Algumas reformas iniciadas no período 1922-1924 foram detidas ou derrubadas. Foi isso o que aconteceu, por exemplo, com o trabalho de Zulen na biblioteca.

---

[126] Em *Amauta*, n. 7, março de 1927.

Reforma do sistema docente. A docência livre, que ainda não foi absolutamente experimentada, não encontra um ambiente adequado para sua experimentação. Os interesses oligárquicos que dominam o ensino opõem-se ao funcionamento da cátedra livre. Na provisão das cátedras continua se aplicando o velho critério do "recrutamento hereditário" denunciado pelo dr. Sanguinetti na antiga Universidade de Buenos Aires.

Todas as conquistas formais de 1919 se encontram, dessa maneira, frustradas. A porcentagem de professores ineptos certamente não é menor agora, apesar da depuração, elementar e moderada, que os estudantes então conseguiram. A Faculdade de Letras, da qual partiu em 1919 o grito da reforma, se apresenta praticamente como a que menos ganhou em termos de métodos e docência.

A própria pauta de reforma estabelecida pela Lei Orgânica de 1920 está ainda, em sua maior parte, por ser aplicada. Não se nota por parte do Conselho Universitário nenhum propósito efetivo de avançar na execução do programa traçado por essa lei.[127]

---

[127] Quando esta obra estava sendo impressa, o governo editou, usando uma autorização legislativa expressa, um novo Estatuto do Ensino Universitário, que entra em vigor no ano letivo de 1928, aberto, por essa razão, com atraso. Essa reforma concerne quase exclusivamente à organização do ensino universitário, colocado sob a autoridade de um conselho superior presidido pelo ministro da Instrução. O caráter, o conceito desse ensino não foi tocado: não poderia sê-lo, salvo dentro de uma reforma integral da educação que fizesse do ensino universitário o grau superior da instrução profissional, reservando-a aos capazes, selecionados com independência de qualquer privilégio econômico. A reforma, que é sobretudo administrativa, inspira-se, em tendência, nos mesmos princípios da lei de 1920, ainda que adote, em determinados pontos, outra técnica. O discurso do presidente da República, ao inaugurar o ano universitário, designa à reforma a missão de adequar o ensino universitário às necessidades práticas da nação, neste século de industrialismo, e acentuando essa observação, condena explicitamente a orientação dos que propugnam uma cultura abstrata, clássica, isenta de preocupações utilitárias. Mas o reitorado da nova era da universidade – que se parece à velha em seus aspectos essenciais – foi entregue ao dr. Deustua que, se é entre nós um tipo de estudioso e universitário consciencioso, é também o mais conspícuo dos patrocinadores da tendência da qual o discurso presidencial faz justiça sumária. Essa contradição não se explicaria facilmente em nenhum daqueles países em que se tem o hábito da coerência ideológica e doutrinal. O Peru, já sabemos, não é um desses países. O estatuto – cuja apreciação geral não cabe nesta breve nota – estabelece os meios de criar a carreira universitária, a docência especializada. Nesse sentido, é um instrumento legal de transformação técnica do ensino. A eficácia desse instrumento depende de sua aplicação.

Na formação do tipo de professor dedicado exclusivamente ao ensino também não se avançou nada. O professor universitário continua sendo entre nós um diletante que concede um lugar muito subsidiário em seu espírito e em sua atividade à sua missão de educador. Esse é, em grande medida, certamente um problema econômico. O ensino universitário continuará entregue ao diletantismo enquanto não se assegure aos professores capazes de se dedicar completamente à pesquisa e ao estudo uma renda mínima indispensável para uma vida média. Mas, mesmo dentro de seus atuais meios econômicos, a universidade já deveria começar a procurar uma solução para esse problema, que não será resolvido automaticamente por uma verba no orçamento, se faltam, como até agora, os estímulos morais para a pesquisa científica e para a especialização docente.

A crise das universidades menores reproduz, em cenários reduzidos, a crise de San Marcos. Pertence à mais deficiente e anêmica de todas, a Universidade de Trujillo, a iniciativa reacionária, como vimos. A expulsão de 26 alunos revela no espírito dessa universidade o reacionarismo mais recalcitrante, por ser precisamente a falta de estudantes uma de suas preocupações específicas. Para que a universidade não apresente salas desertas, segundo soube, os professores de Trujillo têm que se dedicar, a cada ano, a um curioso trabalho de recrutamento, no qual se invocam razões de localismo com o objetivo de induzir os pais de família a não enviar seus filhos para as universidades de Lima. Se, não obstante a exiguidade do seu alunado, a docência de Trujillo decidiu perder 26 estudantes, é fácil supor até que extremos de intransigência pode chegar seu conservadorismo fechado. A Universidade de Arequipa tem sido tradicionalmente uma das mais impermeáveis a qualquer tendência de modernização. A atmosfera conservadora da cidade a preserva de inquietações alheias ao seu repouso. O elemento renovador, que nos últimos anos deu simpáticos sinais de crescimento e agitação, ainda se encontra em minoria. Apenas a Universidade de Cuzco se esforça vigorosamente para se transformar. Já me referi ao projeto de reorganização apresentado ao governo pelos seus principais catedráticos e que, evidentemente, constitui o esboço mais avançado da reforma universitária no Peru.

O conceito da reforma, entretanto, ganha a cada dia mais precisão e firmeza nas vanguardas estudantis hispano-americanas. A definição do problema da educação pública a que chegou a vanguarda de La Plata assim o demonstra. Eis aqui os termos da declaração: 1. O problema educacional não é senão uma das etapas do problema social; e por isso não pode ser solucionado isoladamente. 2. A cultura de toda a sociedade é a expressão ideológica dos interesses da classe dominante. A cultura da sociedade atual é, portanto, a expressão ideológica dos interesses da classe capitalista. 3. A última guerra imperialista, quebrando o equilíbrio da economia burguesa, colocou em crise sua cultura correspondente. 4. Essa crise só pode ser superada com o advento de uma cultura socialista.[128]

Enquanto a mensagem das novas gerações, confusamente anunciada a partir de 1918 pela insurreição de Córdoba, alcança na Argentina uma nítida e significativa expressão revolucionária, em nosso panorama universitário se multiplicam – como acredito haver pontuado nesse estudo – os signos da reação. A reforma universitária continua ameaçada pelo empenho da velha casta docente em restaurar totalmente seu domínio.

6. Ideologias em contraste

Na etapa de experiências práticas e escarcéus teóricos que provocou lentamente a importação de sistemas e técnicos estadunidenses, o dr. Deustua representou a reação do velho espírito aristocrático, mais ou menos ornamentada de idealismo moderno. O dr. Villarán formulava numa linguagem positivista o programa do civilismo burguês que era, no final das contas, democrático-liberal; o dr. Deustua encarnava, sob o indumento universitário e filosófico de corte moderno, a mentalidade do civilismo feudal, dos *encomenderos* vice-reinais (por alguma razão se designava com o nome de civilismo histórico a uma fração do partido civil).

O verdadeiro sentido do diálogo Deustua-Villarán escapou aos comentadores e ao auditório da época. Os autointitulados e ineptos partidos populares da época não souberam tomar nenhuma posição doutrinária diante desse debate. O pierolismo não era capaz de outra coisa a mais do que uma declamação monótona

---

[128] Revista *Sagitário de La Plata*, n. 2, 1925.

contra os impostos e empréstimos – que estavam longe de constituir toda a política econômica do civilismo – além da discurseira e das proclamações periódicas do seu califa sobre os conceitos de liberdade, ordem, pátria, cidadania etc. O pretenso liberalismo só se diferenciava do pierolismo, ao qual na verdade andava ligado, em um esporádico anticlericalismo maçom e uma vaga e romântica reivindicação federalista. (A pobreza ideológica, a vulgaridade intelectual dessa oposição sem outro objetivo que não a glória tresnoitada de seu caudilho, permitiu ao civilismo açambarcar o debate de um dos problemas nacionais mais substantivos.)

Só agora, portanto, é historicamente possível esclarecer o sentido dessa polêmica universitária, diante da qual Francisco García Calderón quis assumir uma dessas posições ecléticas e conciliadoras até o infinito, nas quais é mestre seu prudentíssimo e um tanto cético criticismo.

A posição ideológica do dr. Deustua no debate da instrução pública ostentava todos os atributos ornamentais necessários para impressionar o temperamento ocamente retórico e declamatório de nossos intelectuais. O dr. Deustua apresentava-se em suas dissertações metafísicas sobre a educação como o afirmador do idealismo diante do positivismo de seus contraditores medidos e complacentes. E esses, em lugar de despir de seus parâmetros filosóficos o espírito antidemocrático e antissocial da concepção do dr. Deustua, preferiam declarar seu respeitoso acatamento dos altos ideais que moviam esse catedrático.

No entanto, teria sido fácil demonstrar que as ideias essenciais do dr. Deustua não representavam, no fundo, uma corrente do idealismo contemporâneo, mas, sim, a velha mentalidade aristocrática da casta latifundiária. Mas ninguém se encarregou de esclarecer o verdadeiro sentido da resistência do dr. Deustua a uma reforma mais ou menos democrática do ensino. O verbalismo universitário perdia-se nos caminhos complicados da abstrusa doutrina do reacionário professor civilista. O debate, no entanto, se desenvolvia exclusivamente dentro do partido civil, no qual se contrastavam dois espíritos, o do feudalismo e o do capitalismo, com o segundo deformado e debilitado pelo primeiro.

Para identificar o pensamento do dr. Deustua e perceber seu fundo medieval e aristocrático, basta estudar os preconceitos e superstições de que se nutre. O dr. Deustua sustenta ideias antagônicas não somente aos princípios da nova educação, mas ao espírito mesmo da civilização capitalista. Sua concepção do trabalho, por exemplo, está em luta aberta com a que desde muito tempo rege o progresso humano. Em um de seus estudos de filosofia da educação, o dr. Deustua expressava sobre o trabalho o conceito desdenhoso dos que em outras épocas não consideravam como carreiras nobres e dignas profissões que não fossem as armas e as letras.

> Valor e trabalho, moralidade e egoísmo – escrevia – são inseparáveis no processo integral da vontade, mas seu papel, muito diferente em tal processo, o é também diante do processo da educação. O valor liberdade educa; a educação consiste na realização de valores; mas o trabalho não educa; o trabalho enriquece, ilustra, dá destreza com o hábito; mas está encadeado a móveis egoístas que constituem a escravidão da alma; o mesmo móvel da vocação pelo trabalho, que introduz nele a felicidade e a alegria, é egoísta como os demais; a liberdade não nasce dele; a liberdade é comunicada pelo valor moral e estético. A própria ciência, que de certo modo educa disciplinando a atividade cognoscitiva, ordenando-a com o método dedutivo ou favorecendo sua função intuitiva com suas induções, o chamado vigor lógico não leva ao trabalho esse elemento de liberdade que constitui a essência da personalidade humana. O trabalho pode contribuir para a expansão do espírito mediante a riqueza material que produz: mas essa expansão pode ser muitas vezes signo do impulso cego do egoísmo; poder-se-ia dizer que geralmente é assim; e então não significa verdadeira liberdade; liberdade interior, liberdade moral ou estética; a liberdade que constitui o fim e o conteúdo da educação.[129]

Essa concepção do trabalho, ainda que defendida pelo dr. Deustua há poucos anos, é absolutamente medieval, claramente aristocrática. A civilização ocidental repousa totalmente sobre o trabalho. A sociedade luta por se organizar como uma sociedade de trabalhadores, de produtores. Não pode, portanto, considerar o trabalho como uma servidão. Tem que exaltá-lo e enobrecê-lo.

---

[129] "A propósito de un cuestionario sobre la reforma de la ley de instrucción". Coleção de artigos, 1914. Imp. M. A. Dávila, p. 56. Veja-se também *La cultura superior en Itália*, Lima, 1912, E. Rosay, impressor, pp. 145 e seguintes.

E nisso não é possível ver um sentimento interessado e exclusivo da civilização do Ocidente. Tanto as pesquisas da ciência quanto as instituições do espírito, nos iluminam plenamente. O destino do homem é a criação. E o trabalho é criação, o que quer dizer libertação. O homem se realiza no seu trabalho.

Devemos à escravização do homem pela máquina e à destruição dos ofícios pelo industrialismo, a deformação do trabalho em seus fins e em sua essência. A acusação dos reformadores, desde John Ruskin até Rabindranath Tagore, censura veementemente o capitalismo, o emprego embrutecedor da máquina. O maquinismo, e sobretudo o taylorismo, tornaram o trabalho odioso. Mas apenas porque o degradaram e o rebaixaram, despojando-o de sua virtude de criação.

Pierre Hamp, que escreveu a epopeia do trabalho em livros admiráveis – *La peine des hommes* – disse, a respeito, palavras de rigorosa verdade:

> A grandeza do homem se reduz a fazer bem seu ofício. O velho amor ao ofício, apesar da sociedade, é a salvação social. A habilidade das mãos do homem não carece de orgulho, nem mesmo nos labores mais baixos. Se o desdém ao trabalho existisse em cada um, como é sentido pelas pessoas de mãos brancas, e se os operários não continuassem em seu ofício senão por coação, sem encontrar em sua obra nenhum prazer do espírito, a malandragem e a corrupção aniquilariam o povo desesperado.[130]

Esse tem que ser também o princípio adotado por uma sociedade herdeira do espírito e da tradição da sociedade incaica na qual o ócio era um crime e o trabalho, amorosamente desempenhado, a virtude mais alta. O pensamento arcaico do dr. Deustua, descartado de sua ideologia até por nossa burguesia assustada e desorientada, descende, em troca, e em linha reta, dessa sociedade vice-reinal que um civilista "prudente" como o dr. Javier Prado nos descreveu como uma sociedade de moleza sensual.

Não apenas sua concepção de trabalho denuncia o sentimento aristocrático e reacionário do dr. Deustua e precisa sua posição ideológica no debate da instrução pública. São, antes de mais nada, seus conceitos fundamentais sobre o ensino que definem sua tese como uma tese de inspiração feudal.

---

[130] F. Levebre, *Une heure avec*, Deuxième série, p. 172.

O dr. Deustua, em seus estudos, praticamente só se preocupava com a educação das classes elevadas ou dirigentes. Todo o problema da educação nacional consistia, para ele, na educação da elite. E, é claro, essa elite não era outra se não a do privilégio hereditário. Por conseguinte, todas as suas preocupações, todas as suas urgências, estavam dedicadas ao ensino universitário.

Nenhuma atitude pode ser mais contrária e adversa que essa ao pensamento educacional moderno. O dr. Villarán, a partir de pontos de vista ortodoxamente burgueses, opunha com razão à tese do dr. Deustua o exemplo dos Estados Unidos, recordando que "a escola primária foi ali a premissa e o antecedente histórico da secundária; e o *college* o precursor da universidade".[131] Poderíamos hoje apresentar, a partir de pontos de vista mais nossos, o exemplo do México, país que, como diz Pedro Henríquez Ureña, não entende hoje a cultura da mesma maneira como no século 19.

> Não se pensa na cultura reinante – escreve Henríquez Ureña – na época do capital disfarçado de liberalismo, cultura de diletantes exclusivistas, quintal cercado, onde se cultivam flores artificiais, torre de marfim, onde se guardava a ciência morta nos museus. Pensa-se na cultura social, oferecida e dada realmente a todos e fundada no trabalho: aprender é não apenas aprender a conhecer como também aprender a fazer. Não deve haver alta cultura, porque será falsa e efêmera, onde não exista a cultura popular.[132]

Nem preciso dizer que subscrevo totalmente esse conceito em conflito aberto com o pensamento do dr. Deustua.

O problema da educação era colocado pelo dr. Deustua num terreno puramente filosófico. A experiência ensina que, nesse terreno, com um desdenhoso abandono dos fatores da realidade e da história, é impossível não somente resolvê-lo, mas também conhecê-lo. O dr. Deustua se manifesta indiferente às relações do ensino e da economia. Mais ainda, a respeito da economia mostra uma incompreensão idealista absoluta.

Seu receituário, por isso, além de antidemocrático e antissocial, termina sendo a-histórico. O problema do ensino não pode ser bem compreendido em nosso tempo se não for considerado como

---

[131] M. V. Villarán, *op. cit.*, p. 52.
[132] P. Henríquez Ureña, *Utopia de América*.

um problema econômico e como um problema social. O erro de muitos reformadores consistiu em seu método abstratamente idealista, em sua doutrina exclusivamente pedagógica. Seus projetos ignoraram a engrenagem íntima que existe entre a economia e o ensino e pretenderam modificar esse, sem conhecer as leis daquela. Finalmente, não acertaram reformar nada a não ser na medida em que as desprezadas, ou simplesmente ignoradas leis econômico-sociais lhes permitiram. O debate entre clássicos e modernos no ensino não foi menos condicionado pelo ritmo de desenvolvimento capitalista que o debate entre conservadores e liberais na política. Os programas e os sistemas de educação pública, na idade que agora declina, dependeram dos interesses da economia burguesa. A orientação realista ou moderna foi imposta, antes de mais nada, pelas necessidades do industrialismo. Não é à toa que o industrialismo é o fenômeno peculiar e substantivo dessa civilização que, dominada por suas consequências, exige da escola mais técnicos que ideólogos e mais engenheiros que reitores.

A orientação anticientífica e antieconômica no debate sobre o ensino pretende representar um idealismo superior; mas se trata de uma metafísica de reacionários, oposta e estranha à direção da história e que, por conseguinte, carece de qualquer valor concreto como força de renovação e elevação humana. Os advogados e literatos procedentes das classes de humanidades, preparados por um ensino retórico, pseudoidealista, foram sempre muito mais imorais que os técnicos provenientes das faculdades e institutos de ciência. E a atividade prática e teórica ou estética desses últimos seguiu o rumo da economia e da civilização, enquanto a atividade prática, teórica e estética dos primeiros se condicionou frequentemente pela influência dos interesses mais vulgares ou sentimentos conservadores. Isso além de que o valor da ciência como estímulo da especulação filosófica não pode ser desconhecido nem subestimado. A atmosfera das ideias dessa civilização deve à ciência certamente muito mais que às humanidades.

A solidariedade entre a economia e a educação se revela de forma concreta nas ideias dos educadores que verdadeiramente se propuseram a renovar a escola. Pestalozzi, Froebel etc., que realmente trabalharam por uma renovação, levaram em conta que a sociedade moderna tende a ser, fundamentalmente, uma sociedade de produtores. A Escola do Trabalho representa um novo sentido do ensino, um princípio peculiar de uma civilização de trabalhadores. O Estado capitalista evitou adotá-lo e aplicá-lo plenamente. Limitou-se a incorporar no ensino primário (ensino de classe) o "trabalho manual educativo". Foi na Rússia onde a Escola do Trabalho foi elevada ao primeiro plano da política educacional. Na Alemanha a tendência para experimentá-la se apoiou principalmente no predomínio socialdemocrata da época da revolução.

E a reforma mais substancial brotou assim no campo do ensino primário, enquanto, dominados pelo espírito conservador de seus reitores, o ensino secundário e universitário constituem ainda um terreno pouco propício a qualquer tentativa de renovação radical e pouco sensível à nova realidade econômica.

Um conceito moderno da escola coloca na mesma categoria o trabalho manual e o trabalho intelectual. A vaidade dos ranços humanistas, alimentada de romantismo e aristocracia, não pode lidar com essa nivelação. Em oposição ao ideário desses homens de letras, a Escola do Trabalho é um produto genuíno, uma concepção fundamental de uma civilização criada pelo trabalho e para o trabalho.

* * *

No decurso deste estudo só me propus a esclarecer as linhas fundamentais ideológicas e políticas do processo da instrução pública no Peru. Prescindi de seu aspecto técnico que, além de não ser da minha competência, está subordinado a princípios teóricos e a necessidades políticas e econômicas.

Constatei, por exemplo, que a herança espanhola ou colonial não consistia em um método pedagógico e sim em um regime econômico-social. A influência francesa se inseriu, mais tarde, nesse quadro, com a complacência tanto daqueles que viam na França a pátria da liberdade jacobina e republicana quanto dos que se inspiravam no pensamento e na prática da restauração. A influência estadunidense finalmente se impôs, como uma consequência do nosso desenvolvimento capitalista ao mesmo tempo que da importação de capitais, técnicos e ideias ianques.

Por baixo do conflito de ideologia e de influência, percebe-se claramente, no último período, o contraste entre uma afirmação capitalista crescente e a obstinada reação feudal e aristocrática, a primeira defensora de um ensino de orientação prática, o segundo de uma orientação pseudoidealista.

Com o nascimento de uma corrente socialista e o aparecimento de uma consciência de classe no proletariado urbano, passa a intervir no debate um novo fator que modifica substancialmente seus termos. A fundação das universidades populares "Gonzáles Prada", a adesão da juventude universitária ao princípio da socialização da cultura, a ascensão de um novo ideário educacional entre os professores etc. interrompem definitivamente o diálogo erudito e acadêmico entre o espírito democrático e liberal burguês e o espírito latifundiário e aristocrático.[133]

O balanço do primeiro século da república se fecha, no que diz respeito à educação pública, com um enorme passivo. O problema do analfabetismo indígena está quase intacto. O Estado até hoje não consegue difundir a escola em todo o território da república. A desproporção entre seus meios e o tamanho da tarefa é enorme. Para a efetivação do modesto programa de educação popular, autorizado pelo orçamento, não existe quantidade suficiente de professores. A porcentagem de normalistas entre o pessoal do ensino primário alcança menos de 20%. Os rendimentos atuais das Escolas Normais não permitem muitas ilusões sobre as possibilidades de resolver esse problema em um prazo mais ou menos curto. A carreira de professor de ensino primário, ainda sujeita no Peru aos vexames e contaminações do *gamonalismo* e do caciquismo mais estúpidos e prepotentes, é uma carreira de miséria. Ainda não é assegurada aos professores uma estabilidade nem mesmo relativa. A queixa de um representante no congresso, acostumado a encontrar os professores integrados em seu séquito submisso, pesa no critério oficial mais que a folha de serviços de um professor correto e digno.

---

[133] Expressão da orientação renovadora dos normalistas são as publicações aparecidas em Lima e nas províncias nos últimos anos: *La Revista Peruana de Educación*, Lima, 1926; *Revista del Maestro e Revista de Educação*, Tarma; *Ideário Pedagógico*, Arequipa; *El Educador Andino*, Puno.

O problema do analfabetismo do índio termina sendo, finalmente, um problema muito maior, que ultrapassa o marco restrito de um plano simplesmente pedagógico. A cada dia mais se comprova que alfabetizar não é educar. A escola elementar não redime o índio moral e socialmente. O primeiro passo para sua redenção tem que ser o de abolir sua servidão.[134]

Essa é a tese sustentada no Peru pelos autores de uma renovação entre os quais se encontram, na primeira fila, muitos educadores jovens, cujos pontos de vista aparecem já distantes dos que, numa medida, ainda que categórica, oposição à ideologia colonial, sustentou há 25 anos o dr. M. V. Villarán, com os resultados medíocres que vimos ao examinar a gênese e o desenvolvimento da reforma de 1920.

---

[134] O ministro da Instrução, dr. Oliveira, em um discurso pronunciado no Congresso na legislatura de 1927, reconheceu a vinculação do problema da educação indígena e o problema da terra, aceitando uma realidade invariavelmente eludida por seus predecessores nesse cargo.

O FATOR RELIGIOSO

1. A religião do *Tawatinsuyo*
Já foram definitivamente ultrapassados os tempos do apriorismo anticlerical, no qual a crítica "livre pensadora" se contentava com uma execução sumária e estéril de todos os dogmas e igrejas, a favor do dogma e da igreja de um "livre pensamento" ortodoxamente ateu, leigo e racionalista. O conceito de religião cresceu em extensão e profundidade. Já não se reduz a religião a uma igreja e a um ritual. E reconhece nas instituições e sentimentos religiosos um significado muito diferente do que ingenuamente lhe atribuíam, com um incandescente radicalismo, pessoas que identificavam religiosidade com obscurantismo.

A crítica revolucionária já não regateia nem contesta os serviços à humanidade das religiões, e inclusive das igrejas, nem seu lugar na história. Waldo Frank, pensador e artista de espírito tão penetrante e moderno, por isso não nos assustou quando explicou o fenômeno estadunidense decifrando, com atenção, sua origem e fatores religiosos. O *pioneer*, o puritano e o judeu foram, segundo a luminosa versão de Frank, os criadores dos Estados Unidos.

O *pioneer* descende do puritano: mais ainda, o efetiva. Porque na raiz do protesto puritano, Frank distingue principalmente a vontade de poder.

O puritano – escreve – tinha começado por desejar o poder na Inglaterra: esse desejo o tinha impulsionado à austeridade, da qual logo tinha descoberto os prazeres. Foi assim que descobriu um poder sobre si mesmo, sobre os outros, sobre o mundo tangível. Uma terra virgem e hostil exigia todas as forças que podiam ser reunidas; e, melhor que qualquer outra, a vida frugal, a vida de renúncia, lhe permitia dispor dessas forças.[135]

O colonizador anglo-saxão não encontrou no território estadunidense nem uma cultura avançada nem uma população poderosa. O cristianismo e sua disciplina não tiveram, portanto, na América do Norte, uma missão evangelizadora. O destino do colonizador ibérico foi diferente, além de ser o próprio conquistador algo diferente. O missionário devia catequizar no México, no Peru, na Colômbia, na América Central, uma população numerosa, com instituições e práticas religiosas arraigadas e próprias.

Em consequência disso, o fator religioso oferece, nesses povos, aspectos mais complexos. O culto católico se superpôs aos ritos indígenas, sem absorvê-los completamente. O estudo do sentimento religioso na América espanhola tem, por conseguinte, que partir dos cultos encontrados pelos conquistadores.

Não é tarefa fácil. Os cronistas da colônia não podiam considerar essas concepções e práticas religiosas senão como um conjunto de superstições bárbaras. Suas versões deformam e empanam a imagem do culto aborígine. Um dos rituais mexicanos mais singulares – e que revela que no México se conhecia e se aplicava a ideia da transubstanciação – para os espanhóis era uma simples farsa do demônio.

Porém, por mais que a crítica moderna ainda não tenha chegado a um acordo a respeito da mitologia peruana, já se dispõe de elementos suficientes para saber seu lugar na evolução religiosa da humanidade.

A religião incaica carecia do poder espiritual para resistir ao evangelho. Alguns historiadores deduzem de algumas constata-

---

[135] Waldo Frank, *Our America*.

ções filológicas e arqueológicas o parentesco da mitologia incaica com a hindustânica. Mas essa tese repousa em similitudes mitológicas, ou seja, formais. Os traços fundamentais da religião incaica são seu coletivismo teocrático e seu materialismo. Esses traços a diferenciam, substancialmente, da religião hindustânica, tão espiritualista em sua essência. Sem chegar à conclusão de Valcárcel de que o homem do *Tawatinsuyo* virtualmente carecia da ideia do "além", ou se comportava como se assim fosse, não é possível desconhecer quão exígua e sumária era sua metafísica. A religião do quéchua era mais um código moral do que uma concepção metafísica, fato que nos aproxima da China muito mais que da Índia. O Estado e a Igreja se identificavam absolutamente; a religião e a política reconheciam os mesmos princípios e a mesma autoridade. O religioso se resolvia no social. A partir dessa perspectiva, é evidente, entre a religião do incanato e as do Oriente, igual oposição que James Georges Frazer constata entre estas e a civilização greco-romana.

> A sociedade, na Grécia e em Roma – escreve Frazer – se fundava sobre a concepção da subordinação do indivíduo à sociedade, do cidadão ao Estado; colocava a segurança da república como finalidade dominante da conduta, acima da segurança do indivíduo, seja neste mundo, seja no mundo futuro. Os cidadãos, educados desde a infância nesse ideal altruísta, consagravam suas vidas ao serviço do Estado e estavam prontos para sacrificá-la pelo bem público. Retrocedendo diante do sacrifício supremo, sabiam muito bem que agiam de modo baixo, preferindo sua existência pessoal aos interesses nacionais. A propagação das religiões orientais mudou isso tudo: inculcou a ideia de que a comunhão da alma com Deus e sua salvação eterna eram os dois únicos objetivos pelos quais valia a pena viver, objetivos na comparação dos quais a prosperidade e até mesmo a existência do Estado resultavam insignificantes.[136]

Identificada com o regime social e político, a religião incaica não pôde sobreviver ao Estado incaico. Tinha mais fins temporais que espirituais. Preocupava-se primeiro com o reino da terra e não com o reino dos céus. Constituía uma disciplina social mais que uma disciplina individual. O mesmo golpe feriu mortalmente

---
[136] James George Frazer, *The golden bough*.

a teologia e a teogonia. O que tinha que subsistir dessa religião, na alma indígena, tinha que ser, não uma concepção metafísica, e sim os ritos agrários, as práticas mágicas e o sentimento panteísta.[137]

De todas as versões que temos sobre os mitos e cerimônias incas, depreende-se que a religião quéchua era no império muito mais que a religião do Estado (no sentido que essa confissão possui em nossa era). A igreja tinha o caráter de uma instituição social e política. A igreja era o próprio Estado. O culto estava subordinado aos interesses sociais e políticos do império. Esse lado da religião inca se delineia claramente na visão com que os incas tratavam os símbolos religiosos dos povos submetidos ou conquistados. A igreja incaica preocupava-se em tornar seus deuses [dos povos submetidos ou conquistados] vassalos dos seus, e não persegui-los ou condená-los. O Templo do Sol se converteu assim no templo de uma religião ou uma mitologia um tanto federalista. O quéchua, nas questões religiosas, não se mostrou muito catequista nem inquisidor. Seu esforço, naturalmente dirigido à melhor unificação do império, tendia, nesse interesse, à extirpação dos ritos cruéis e das práticas bárbaras; não à propagação de uma nova e única verdade metafísica. Para os incas, tratava-se não tanto de substituir e sim de elevar a religiosidade dos povos anexados ao seu império.

A religião do *Tawatinsuyo*, no entanto, não violentava nenhum dos sentimentos nem os hábitos dos índios. Não estava feita de abstrações complicadas, e sim de alegorias simples. Todas as suas raízes se alimentavam dos instintos e costumes espontâneos de uma nação constituída por tribos agrárias, sãs e ruralmente panteístas, mais propensas à cooperação que à guerra. Os mitos incaicos repousavam sobre a primitiva e rudimentar religiosida-

---

[137] Antero Peralta sugere, num artigo publicado no n. 15 de *Amauta*, contra a ideia admitida correntemente, que o índio é panteísta. Peralta parte da constatação de que o panteísmo do índio não é assimilável a nenhum dos sistemas panteístas conhecidos pela história da filosofia. Seria necessário observar em Peralta, cuja contribuição à pesquisa dos elementos e características da religiosidade do índio confirma sua aptidão e vocação de estudioso, que sua limitação prévia do emprego da palavra "panteísta" peca por arbitrária. De minha parte, acredito que está claramente expressado que atribuo ao índio do Tawantinsuyo um sentimento panteísta e não uma filosofia panteísta.

de dos aborígines, sem a contrariar a não ser na medida em que a sentiam ostensivamente inferior à cultura incaica ou perigosa para o regime social e político do *Tawatinsuyo*. Mais do que na divindade de uma religião ou dogma, as tribos do império acreditavam na divindade do Inca.

Os aspectos da religião dos antigos peruanos que mais nos interessa esclarecer – em vez dos mistérios ou símbolos de sua metafísica ou de sua simbologia muito embrionárias – são, por isso, seus elementos naturais: animismo, magia, totens e tabus. É essa a pesquisa que deve nos conduzir a conclusões seguras sobre a evolução moral e religiosa dos índios.

A especulação abstrata sobre os deuses incaicos frequentemente empurrou a crítica a deduzir, da correspondência ou afinidade de determinados símbolos ou nomes, o parentesco provável da raça quéchua com raças que, espiritual e mentalmente, são diferentes e diversas. Ao contrário, o estudo dos fatores primários de sua religião serve para constatar a universalidade ou semiuniversalidade de inumeráveis ritos e crenças mágicas e, por conseguinte, o aventuroso que é procurar nesse terreno as provas de uma hipotética comunidade de origens. O estudo comparado das religiões fez progressos enormes nos últimos tempos, que impedem que se sirva dos antigos pontos de partida para decidir a respeito da particularidade ou do significado de um culto. James George Frazer, a quem se deve em grande medida esses progressos, sustenta que, em todos os povos, a idade da magia precedeu a idade da religião; e demonstra a análoga ou idêntica aplicação dos princípios de "similitude", "simpatia" e "contato" entre povos totalmente estranhos entre si.[138]

Os deuses incaicos reinaram sobre uma multidão de divindades menores que, anteriores a seu império e arraigadas no solo e na alma dos índios, como elementos instintivos de uma religiosidade primitiva, estavam destinadas a lhes sobreviver. O "animismo" indígena povoava o território do *Tawatinsuyo* de gênios ou deuses locais, cujo culto oferecia uma resistência muito maior à evangelização que o culto incaico do Sol ou do deus Kon. O "totemismo", consubstancial com o *ayllu* e a tribo, mais perduráveis

---
[138] Frazer, *op. cit.*

que o império, refugiava-se não apenas na tradição, mas também no próprio sangue do índio. A magia, identificada como a arte primitiva de curar os enfermos, com necessidades e impulsos vitais, contava com o enraizamento suficiente para subsistir por muito tempo sob qualquer crença religiosa.

Esses elementos naturais ou primitivos de religiosidade compunham-se perfeitamente com o caráter da monarquia e do Estado incaicos. Mais ainda: esses elementos exigiam a divindade dos incas e de seu governo. A teocracia incaica se explica em todos seus detalhes pelo Estado social indígena: não é necessária a fácil explicação da sabedoria taumatúrgica dos incas (propor-se esse ponto de vista é adotar o da plebe vassala que se deseja, precisamente, desdenhar e rebaixar). Frazer, que estudou tão magistralmente a origem mágica da realeza, analisa e classifica vários tipos de reis sacerdotes, deuses humanos etc., mais ou menos próximos dos nossos incas.

> Entre os índios da América – escreve referindo-se particularmente a esse caso – os progressos mais consideráveis rumo à civilização foram efetuados sob os governos monárquicos e teocráticos do México e do Peru, mas sabemos muito pouco da história primitiva desses países para dizer se os predecessores de seus reis divinizados foram ou não homens-medicina. É possível encontrar o rastro de tal sucessão no juramento que pronunciavam os reis mexicanos ao ascender ao trono: juravam fazer o Sol brilhar, a chuva cair das nuvens, correr os rios e produzir a terra frutos em abundância. O certo é que, na América aborígine, o feiticeiro e o curandeiro, aureolado de mistério, de respeito e de temor, era um personagem considerável e que pode muito bem ter se convertido em chefe ou rei em muitas tribos, ainda que nos faltem provas positivas para afirmar este último ponto.

O autor de *O ramo dourado* extrema sua prudência, por insuficiência de material histórico; mas chega sempre a essa conclusão: "Na América do Sul, a magia parece ser a rota que conduz ao trono". E, em outro capítulo, precisa ainda mais seu conceito:

> A pretensão de poderes divinos e sobrenaturais que nutriu os monarcas dos grandes impérios históricos como o Egito, México e Peru, não provinha simplesmente de uma vaidade complacente nem era expressão de uma lisonja vil; não era senão a sobrevivência e uma extensão do antigo costume selvagem de deificar os reis durante sua vida. Os incas do Peru, por exemplo, que se diziam filhos do Sol, eram reverenciados

como deuses; se lhes consideravam infalíveis e ninguém pensava em danificar a pessoa, a honra, os bens do monarca ou de um membro de sua família. Contrariamente à opinião geral, os incas não viam sua enfermidade como um mal. Era, a seus olhos, uma mensageira de seu pai, o Sol, que os chamava para repousar próximo de si no céu.[139]

O povo incaico ignorou toda separação entre a religião e a política, toda diferença entre o Estado e a Igreja. Todas as suas instituições, como todas as suas crenças, coincidiam estritamente com sua economia de povo agrícola e com seu espírito de povo sedentário. A teocracia repousava sobre o comum e o empírico; não na virtude taumatúrgica de um profeta nem de seu verbo. A religião era o Estado.

Vasconcelos, que subestima um pouco as culturas autóctones da América, pensa que, sem um livro magno, sem um código supremo, estavam condenadas a desaparecer por sua própria inferioridade. Essas culturas, sem dúvida, intelectualmente, não haviam ainda saído completamente da idade da magia. Mas no que diz respeito à cultura incaica, bem sabemos, ademais, que foi a obra de uma raça melhor dotada para a criação artística do que para a especulação intelectual. Se nos deixaram, por isso, uma magnífica arte popular, não deixaram um *rig-veda* nem um *zend-avesta*. Isso torna ainda mais admirável sua organização social e política. A religião não era senão um dos aspectos dessa organização, a que não podia, no final, sobreviver.

2. A conquista católica

Já afirmei que a conquista foi a última cruzada e que com os conquistadores veio a ideia da grandeza espanhola. Seu caráter de cruzada define a conquista como empreendimento essencialmente militar e religioso. Foi feita conjuntamente por soldados e missionários. O triunvirato da conquista do Peru estaria incompleto sem Hernando de Luque. Ficou com um clérigo o papel de letrado e mentor da companhia. Sua presença resguardava os foros do dogma e proporcionava uma doutrina para a aventura. Em Cajamarca, a palavra da conquista foi o padre Valverde. A execução de Atahualpa, ainda que obedecesse apenas ao maquiavelismo político rudimentar de Pizarro, foi revestido de razões religiosas.

---

[139] Frazer, *op. cit.*

Aparece virtualmente como a primeira condenação da inquisição no Peru.

Depois da tragédia de Cajamarca,[140] o missionário continuou ditando diligentemente sua lei para a conquista. O poder espiritual inspirava e manejava o poder temporal. Sobre as ruínas do império, no qual Estado e Igreja se consubstanciavam, se esboça uma nova teocracia, na qual o latifúndio, mandato econômico, devia nascer da "encomenda", mandato administrativo, espiritual e religioso. Os frades tomaram solenemente posse dos templos incaicos. Os dominicanos se instalaram no templo do Sol, talvez por alguma predestinação de ordem tomista, mestra na arte escolástica de reconciliar o cristianismo com a tradição pagã.[141] A Igreja teve assim parte ativa, direta e militante, na conquista.

Mas se é possível dizer que o colonizador da América saxã foi o *pioneer* puritano, não se pode dizer igualmente que o colonizador da América espanhola foi o cruzado, o cavalheiro. O conquistador era dessa estirpe espiritual; mas não o colonizador. A razão está ao alcance de qualquer um: o puritano representava um movimento em ascensão, a reforma protestante; o cruzado, o cavalheiro, personificava uma época que terminava, a época católica medieval. A Inglaterra continuou enviando puritanos para suas colônias, muito tempo depois que a Espanha já não tinha cruzados para mandar para as suas. A espécie estava esgotada. A energia espiritual da Espanha – solicitada precisamente pela reação contra a reforma – dava vida a um extraordinário renascimento religioso, destinado a gastar sua magnífica potência numa intransigente reafirmação ortodoxa: a Contrarreforma.

A verdadeira Reforma Espanhola – escreve Unamuno – foi a mística, e esta, que tão pouco preocupou a Reforma Protestante, encontrou na Espanha a fortaleza mais forte contra ela. Santa Teresa contribuiu tanto quanto Santo Inácio de Loyola para a Contrarreforma, por meio da Reforma Espanhola.[142]

---

[140] Atahualpa, o último inca, ali foi feito prisioneiro e executado depois de pagar um enorme resgate em ouro aos espanhóis.

[141] Os custódios mais zelosos da tradição latina e da ordem romana – mais pagãos que cristãos – se amparam em São Tomás como a cidadela do pensamento católico.

[142] Unamuno, *La mística española*.

A conquista consumiu os últimos cruzados. E o cruzado da conquista, na maioria dos casos, já não era exatamente o das cruzadas, mas sim apenas seu prolongamento espiritual. O nobre já não se dispunha a empreitadas de cavalaria. A extensão e a riqueza dos domínios da Espanha lhe asseguravam uma existência cortesã e festiva. O cruzado da conquista, quando foi fidalgo, foi pobre. Em outros casos, provinha do Estado leigo.

Chegados da Espanha para ocupar terras para seu rei – o qual os missionários reconheciam antes de mais nada como um representante da Igreja romana – os conquistadores às vezes parecem impelidos por um vago pressentimento de que seriam sucedidos por homens sem sua grandeza ou audácia. Um instinto confuso e obscuro leva-os a rebelar-se contra a metrópole. Talvez o mesmo impulso heroico de Cortez, quando manda queimar seus navios, assoma indecifrável nessa intuição. Na rebelião de Gonzalo Pizarro sopra essa ambição trágica, uma nostalgia impotente e desesperada. Com sua derrota, termina a obra e a raça dos conquistadores. Conclui-se a conquista e começa a colonização. E se a conquista é um empreendimento militar e religioso, a colonização não é mais que um empreendimento político e eclesiástico. É inaugurada por um homem da Igreja, d. Pedro de la Gasca. O eclesiástico substitui o evangelizador. O vice-reinado, moleza e ócio sensual, iria trazer mais tarde ao Peru nobres letrados e doutores escolásticos, gente já totalmente de outra Espanha, a da inquisição e da decadência.

Durante a colônia, apesar da inquisição e da Contrarreforma, a obra civilizadora é, entretanto, em sua maior parte, religiosa e eclesiástica. Os elementos de educação e de cultura concentravam-se exclusivamente nas mãos da Igreja. Os frades contribuíram para a organização vice-reinal não apenas com a evangelização dos infiéis e a perseguição das heresias, mas também com o ensino de artes e ofícios e o estabelecimento de cultivos e oficinas. Nos tempos em que a cidade dos vice-reis se reduzia a uns poucos solares rústicos, os frades fundaram aqui a primeira universidade da América. Importaram, com seus dogmas e seus ritos, sementes, animais domésticos e ferramentas. Estudaram os costumes dos naturais, recolheram suas tradições, recolheram os primeiros materiais de sua história. Jesuítas e dominicanos, por uma espécie de faculdade de adaptação e assimilação que caracteriza principalmente os jesuítas, captaram não poucos segredos da história e do espírito indígenas. E os índios, explorados nas minas, nas oficinas e nas *encomendas*, encontraram nos conventos, e inclusive nas casas paroquiais, seus defensores mais eficazes. O padre de Las Casas, em quem floresciam as melhores virtudes do missionário, do evangelizador, teve precursores e continuadores.

O catolicismo, por sua liturgia suntuosa, por seu culto patético, estava dotado de uma aptidão talvez única para cativar uma população que não podia se elevar subitamente a uma religiosidade espiritual e abstrata. E contava, além disso, com sua surpreendente facilidade de aclimatação a qualquer época ou clima histórico. O trabalho, iniciado há muitos séculos no Ocidente, de absorção dos antigos mitos e de apropriação das datas pagãs, continuou no Peru. O culto da Virgem encontrou no lago Titicaca – de onde parecia nascer a teocracia incaica – seu mais famoso santuário.

Emilio Romero, escritor inteligente e estudioso, tem observações interessantes sobre esse aspecto da substituição dos deuses incaicos pelas efígies e ritos católicos.

> Os índios vibravam de emoção – escreve – diante da solenidade do rito católico. Viram a imagem do Sol nos rutilantes bordados de brocados dos casulos e das capas; e as cores do arco-íris nas sobrepelizes de finíssimos fios de seda sobre fundos violáceos. Viram talvez o símbolo dos quipos nas borlas violetas dos abades e nos cordões dos descalços... Assim se explica o furor pagão com que as multidões indígenas cuzquenhas vibravam de espanto diante da presença do Senhor dos Terremotos no qual viam a imagem tangível de sua lembranças e adorações, muito distantes do espírito do pensamento dos frades. O paganismo indígena vibrava nas festas religiosas. Por isso, os vemos levar suas oferendas às igrejas, os produtos de seus rebanhos, as primícias de suas colheitas. Mais tarde eles levantavam seus aparatosos altares do *Corpus Christi* cheios de espelhos e com molduras de prata repuxada, seus santos grotescos e aos pés dos altares as primícias dos campos. Brindavam diante dos santos com a profunda nostalgia da mesma *jora*[143] das libações do *Cápac Raymi*; e finalmente entre os alaridos de sua devoção, que para os padres espanhóis eram gritos de penitência e

---

[143] *Jora* – bebida – fermentada ou não – do sumo de várias espécies de milho. (N.T.)

para os índios gritos de pânico, dançavam as estrepitosas *cachampas* e as atléticas *kashuas* diante do sorriso petrificado e vítreo dos santos.[144] A externalidade e o paramento do catolicismo seduziram facilmente os índios. A evangelização, a catequização nunca chegaram a se consumar em seu sentido profundo, por essa mesma falta de resistência indígena. Para um povo que não havia diferenciado o espiritual do temporal, o domínio político compreendia o domínio eclesiástico. Os missionários não impuseram o evangelho; impuseram o culto, a liturgia, adequando-os sagazmente aos costumes indígenas. O paganismo aborígine subsistiu sob o culto católico.

Esse fenômeno não é exclusivo do *Tawatinsuyo*. A catolicidade se caracteriza, historicamente, pelo mimetismo com que, do ponto de vista formal, sempre se amoldou ao meio. A Igreja romana pode se sentir herdeira legítima do império romano no que diz respeito à política de colonização e assimilação dos povos submetidos ao seu poder. A indagação da origem das grandes datas do calendário gregoriano revelou aos pesquisadores substituições assombrosas. Frazer, analisando-as, escreve:

Consideradas em seu conjunto, as coincidências das festas cristãs com as festas pagãs são demasiado precisas e demasiado numerosas para serem acidentais. Constituem a marca do compromisso que a Igreja, na hora do seu triunfo, viu-se forçada a fazer com seus rivais, vencidos, mas ainda perigosos. O protestantismo inflexível dos primeiros missionários, com sua denúncia ardente do paganismo, havia dado lugar à política mais flexível, à tolerância mais cômoda, à ampla caridade de eclesiásticos prevenidos percebiam muito bem que, se o cristianismo queria conquistar o mundo, não podia fazê-lo se não afrouxando um pouco os princípios demasiado rígidos do seu fundador, alargando um pouco a porta estreita que leva à salvação. Sob esse aspecto, poder-se-ia traçar um paralelo muito instrutivo entre a história do cristianismo e a história do budismo.[145]

Esse compromisso, na sua origem, estende-se do catolicismo a toda a cristandade, mas se apresenta como virtude ou faculdade romana, tanto por seu caráter de compromisso puramente formal (na ordem dogmática ou teológica o cato-

---
[144] "El Cuzco católico", em *Amauta* n. 10, dezembro de 1927.
[145] Frazer, *op. cit*.

licismo, em troca, foi intransigente) quanto pelo fato de que na evangelização dos americanos e outros povos, só a Igreja romana continuou empregando-o de forma sistemática e eficaz. A inquisição, desse ponto de vista, adquire a fisionomia de um fenômeno interno da religião católica: seu objeto foi a repressão da heresia interna. A perseguição dos hereges, e não dos infiéis.

Mas essa faculdade de adaptação é, ao mesmo tempo, a força e a fraqueza da Igreja romana. O espírito religioso se forja somente no combate, na agonia.

> O cristianismo, a cristandade – diz Unamuno – desde que nasceu em São Paulo não foi uma doutrina, ainda que se expressasse dialeticamente: foi vida, luta, agonia. A doutrina era o evangelho, a boa nova. O cristianismo, a cristandade foi uma preparação para a morte e a ressurreição, para a vida eterna.[146]

A passividade com que os índios se deixaram catequizar, sem compreender o catecismo, debilitou espiritualmente o catolicismo no Peru. O missionário não teve que vigiar a pureza do dogma; sua missão se reduziu a servir de guia moral, de pastor eclesiástico para uma grei rústica e simples, sem nenhuma inquietação espiritual.

Como no campo político, no campo religioso o período heroico da conquista também foi sucedido pelo período do vice-reinado – administrativo e burocrático. Francisco García Calderón assim avalia, no conjunto, essa época: "Se a conquista foi o reino do esforço, a época colonial é um longo período de extenuação moral".[147] A primeira etapa, simbolizada pelo missionário, corresponde espiritualmente à do florescimento da mística na Espanha. Na mística, na Contrarreforma, como sustenta Unamuno, a Espanha gastou a força espiritual que outros povos gastaram na reforma. Unamuno assim define os místicos:

> Repelem a vã ciência e procuram o saber de finalidade pragmática, conhecer para amar e trabalhar e desfrutar Deus, não apenas para conhecer. São, sabendo disso ou não, anti-intelectualistas e isso os separa de um Eckart, por exemplo. Têm propensão ao voluntarismo. O que

---

[146] Unamuno, L'agonie du christianisme.
[147] F. García Calderón, Le Pérou contemporaine.

procuram é um saber total e integral, uma sabedoria na qual conhecer, sentir e querer se juntem ou até mesmo se fundem no possível. Amamos a verdade porque é bela; e porque a amamos, acreditamos, segundo o padre Ávila. Nessa sabedoria substancial se misturam e coagulam, por assim dizer, a verdade, a bondade e a beleza. É, pois, natural que esse misticismo culminasse numa mulher, de espírito menos analítico que o do homem, e em quem se dão o consórcio mais íntimo, ou melhor, numa indiferenciação mais primitiva, as faculdades anímicas.[148]

Já sabemos que, na Espanha, esse arrebatamento espiritual, do qual surgiu a Contrarreforma, incendiou a alma de Santa Teresa, de Santo Inácio e de outros grandes místicos; mas que logo se esgotou e terminou, trágica e funebremente, nas fogueiras da inquisição. Mas a Espanha ele contava, para reavivar suas forças, com a luta contra a heresia, contra a reforma. Lá ele ainda pode ser, por algum tempo, resplendor vivo e enérgico. Aqui, facilmente superposto o culto católico ao sentimento pagão dos índios, o catolicismo perdeu seu vigor moral.

Uma grande santa – observa García Calderón – como Rosa de Lima, está muito longe de ter a personalidade forte e a energia criadora de Santa Teresa, a grande espanhola.[149]

Na costa, e sobretudo em Lima, outro elemento veio debilitar a energia espiritual do catolicismo. O escravo negro emprestou ao culto católico seu sensualismo fetichista, sua obscura superstição. O índio, panteísta sadio e materialista, tinha alcançado o grau ético de uma grande teocracia; o negro, entretanto, transpirava por todos seus poros o primitivismo da tribo africana. Javier Prado anota o seguinte:

Entre os negros, a religião cristã era convertida em culto supersticioso e imoral. Completamente embriagados pelo abuso do licor, excitados pelos estímulos de sensualidade e libertinagem, próprios de sua raça, iam primeiro os negros boçais e depois os *criollos* dançando com movimentos obscenos e gritos selvagens, nas populares festas de "diablos y gigantes, moros y cristianos", modo como, frequentemente, com aplauso geral, acompanhavam as procissões.[150]

---

[148] Unamuno, *La mística española*.
[149] García Calderón, *op. cit.*
[150] Javier Prado, *Estado social del Perú durante la dominación española*.

Os religiosos gastavam a maior parte de suas energias em querelas internas, ou na caça dos hereges, ou então numa constante e ativa rivalidade com os representantes do poder temporal. Até no fervor apostólico do padre Las Casas o professor Prado acredita encontrar o estímulo a essa rivalidade. Mas, nesse caso, pelo menos o zelo eclesiástico era usado a serviço de uma causa nobre e justa que, até muito tempo depois da emancipação política do país, não voltaria a ter defensores tão tenazes.

Se o culto suntuoso e a liturgia majestosa dispunham de um singular poder de sugestão para se impor ao paganismo indígena, o catolicismo espanhol, como concepção de vida e disciplina do espírito, carecia de aptidão para criar nas suas colônias os elementos de trabalho e riqueza. Esse é, como observei no meu estudo sobre a economia peruana, o lado mais débil da colonização espanhola. Mas, do medievalismo recalcitrante da Espanha, causa de sua evolução frouxa e retardada ao capitalismo, seria arbitrário e extremado supor que o catolicismo fosse o responsável exclusivo, já que esse, em outros países latinos, soube sagazmente se aproximar dos princípios da economia capitalista. As congregações, especialmente a dos jesuítas, operaram no terreno econômico de modo mais capaz que a administração civil e seus representantes. A nobreza espanhola desprezava o trabalho e o comércio; a burguesia, muito atrasada em seu processo, estava contagiada de princípios aristocráticos. Mas, no geral, a experiência do Ocidente revela a solidariedade entre capitalismo e protestantismo, de modo muito concreto. O protestantismo aparece na história como o fermento espiritual do processo capitalista. A reforma protestante continha a essência, o germe do Estado liberal. O protestantismo e o liberalismo corresponderam, como corrente religiosa e tendência política respectivamente, ao desenvolvimento dos fatores da economia capitalista. Os fatos comprovam essa tese. O capitalismo e o industrialismo não frutificaram em nenhum lugar como nos povos protestantes. A economia capitalista chegou à sua plenitude apenas na Inglaterra, Estados Unidos e Alemanha. E, dentro desses Estados, os povos de confissão católica conservaram instintivamente gostos e hábitos rurais e medievais (a Baviera católica também é camponesa). E quanto aos Estados católicos, nenhum alcançou um grau superior de industrialização.

A França, que não pode ser julgada pelo mercado financeiro cosmopolita de Paris nem pelo *Comité des Forges* – é mais agrícola que industrial. A Itália – ainda que sua demografia a tenha empurrado pela via do trabalho industrial que criou os centros capitalistas de Milão, Turim e Gênova – mantém sua inclinação agrária. Mussolini se dedica com frequência ao elogio da Itália camponesa e provinciana e em um de seus últimos discursos salientou sua aversão a um urbanismo e industrialismo excessivos, por sua influência depressiva no fator demográfico. A Espanha, o país mais enclausurado em sua tradição católica – que expulsou o judeu de seu solo – apresenta a estrutura capitalista mais atrasada e anêmica, com o agravante de que sua incipiência industrial e financeira não foi sequer compensada por uma grande prosperidade agrícola, talvez porque enquanto o latifundiário italiano herdou de seus ascendentes romanos um arraigado sentimento agrário, o fidalgo espanhol se aferrou ao preconceito das profissões nobres. O diálogo entre a carreira de Armas e a das Letras só reconheceu na Espanha o privilégio maior da carreira eclesiástica.

A primeira etapa da emancipação da burguesia é, segundo Engels, a reforma protestante.

A reforma de Calvino – escreve o célebre autor do *Anti-Dühring* – respondia às necessidades da burguesia mais avançada da época. Sua doutrina da predestinação era a expressão religiosa do fato de que, no mundo comercial da concorrência, o êxito e o fracasso não dependem nem da atividade nem da habilidade do homem, mas sim de circunstâncias não subordinadas ao seu controle.[151]

A rebelião contra Roma das burguesias mais evoluídas e ambiciosas levou à instituição de igrejas nacionais destinadas a evitar todo conflito entre o temporal e o espiritual, entre a Igreja e o Estado. O livre exame incluía o embrião de todos os princípios da economia burguesa: livre concorrência, livre indústria etc. O individualismo, indispensável para o desenvolvimento de uma sociedade baseada nesses princípios, recebia da moral e da prática protestantes os melhores estímulos.

Marx esclareceu vários aspectos das relações entre protestantismo e capitalismo. Singularmente aguda é a seguinte observação:

---

[151] F. Engels, *Socialismo utópico e socialismo científico*.

O sistema da moeda é essencialmente católico, o do crédito eminentemente protestante. O que salva é a fé: a fé no valor monetário considerado como a alma da mercadoria, a fé no sistema de produção e no seu ordenamento predestinado, a fé nos agentes da produção que personificam o capital, o qual tem o poder de aumentar por si mesmo o valor. Mas assim como o protestantismo quase não se emancipa dos fundamentos do catolicismo, também o sistema de crédito não se eleva sobre a base do sistema da moeda.[152]

E não apenas os dialéticos do materialismo histórico constatam essa consanguinidade dos dois grandes fenômenos. Hoje, numa época de reação, tanto intelectual quanto política, um escritor espanhol, Ramiro de Maeztu, descobre a fraqueza do seu povo em sua falta de sentimento econômico. E eis como entende os fatores morais do capitalismo ianque:

> Seu sentido do poder devem, de fato, os estadunidenses, à tese calvinista de que Deus, desde toda a eternidade, destinou uns homens à salvação e outros à morte eterna; que essa salvação se conhece no cumprimento dos deveres de cada homem em seu próprio ofício, do que se deduz que a prosperidade conseguinte ao cumprimento desses deveres é um sinal da posse da graça divina, pelo que se faz necessário conservá-la de qualquer maneira, o que implica a moralização da maneira de gastar o dinheiro. Esses postulados teológicos não são atualmente mais que história. O povo dos Estados Unidos continua progredindo, mas ao modo de uma pedra lançada por um braço que já não existe para renovar a força do projétil, quando esta se esgota.[153]

Os neoclássicos se empenham em refutar ou regatear à reforma esse impulso no desenvolvimento capitalista, pretendendo que o tomismo já tinha formulado todos os princípios da economia burguesa.[154] Sorel reconheceu a São Tomás os serviços prestados à civilização ocidental pelo realismo com que trabalhou por apoiar o dogma na ciência. Ressaltou particularmente seu conceito de que "A lei humana não pode mudar a natureza jurídica das coisas, nature-

---

[152] Karl Marx, *O capital*.
[153] Ramiro de Maeztu, "Rodó y el poder", em *Repertório americano*, tomo VII, n. 6, 1926.
[154] René Johannet, *Éloge du bourgeois français*.

za que deriva de seu conteúdo econômico".[155] Mas se o catolicismo, com São Tomás, chegou a esse grau de compreensão da economia, a reforma forjou as armas morais da revolução burguesa, abrindo caminho para o capitalismo. A concepção neoescolástica explica-se facilmente. O neotomismo é burguês, mas não capitalista. Porque, assim como socialismo não é a mesma coisa que proletariado, capitalismo não é a mesma coisa que burguesia. A burguesia é a classe; o capitalismo é a ordem; a civilização é o espírito que nasceu dessa classe. A burguesia é anterior ao capitalismo. Existiu muito antes que ele, mas só depois deu seu nome a toda uma idade histórica.

Dois caminhos têm o sentimento religioso, segundo um julgamento de Papini – na sua época de pragmático: o da posse e o da renúncia.[156] O protestantismo, desde sua origem, escolheu resolutamente o primeiro. No impulso místico do puritanismo, Waldo Frank adverte acertadamente, antes de mais nada, a vontade de poder. Em sua explicação da América do Norte ele nos diz como

a disciplina da Igreja organizou e fez os homens marcharem contra as dificuldades materiais de uma América dominada; como a renúncia aos prazeres dos sentidos produziu a máxima energia disponível para a caça do poder e da riqueza; como esses sentidos, mortificados por seus princípios ascéticos, adaptados às rudes condições de vida, tiveram sua revanche em uma luta pela fortuna.

A universidade estadunidense, sob esses princípios religiosos, proporcionava aos jovens uma cultura "cujo sentido era a santidade da propriedade, a moralidade do êxito".[157]

Enquanto isso, o catolicismo se manteve como um compromisso constante entre os dois termos, posse e renúncia. Sua vontade de poder se traduziu em empreitadas militares e sobretudo políticas; não inspirou nenhuma grande aventura econômica. A América espanhola, todavia, não oferecia à catolicidade um ambiente propício ao ascetismo. Em vez de mortificação, os sentidos não encontraram, neste continente, senão o gozo, a lassitude e a moleza.

---

[155] Sorel, *Introduction a l'économie moderne*, p. 289, São Tomás, *secunda secundae*.
[156] Papini, *Pragmatismo*.
[157] Waldo Frank, *Our América*.

***

A evangelização da América espanhola não pode ser julgada como um empreendimento religioso, mas, sim, como um empreendimento eclesiástico. Mas, depois dos primeiros séculos do cristianismo, a evangelização teve sempre esse caráter. Somente uma poderosa organização eclesiástica, apta para mobilizar aguerridas milícias de catequistas e sacerdotes, era capaz de colonizar para a fé cristã povos longínquos e diversos.

O protestantismo, como já assinalei, sempre careceu de eficiência catequista, como consequência lógica de seu individualismo, destinado a reduzir ao mínimo o marco eclesiástico da religião. Sua propagação na Europa invariavelmente se deveu a razões políticas e econômicas: os conflitos entre a Igreja romana e Estados e monarcas propensos a se rebelar contra o poder papal e a se incorporar na corrente separatista; e o crescimento da burguesia que encontrava no protestantismo um sistema mais cômodo e se irritava com os favores que Roma outorgava aos privilégios feudais. Quando o protestantismo empreendeu uma obra de catequização e propaganda, adotou um método no qual se combina a prática eclesiástica com sagazes experimentos de serviço social. Na América do Norte, o colonizador anglo-saxão não se preocupou com a evangelização dos aborígines. Coube a ele colonizar uma terra quase virgem, num combate áspero com a natureza, cuja posse e conquista exigia integralmente suas energias. Aqui se descobre a diferença íntima entre as duas conquistas, a anglo-saxã e a espanhola: a primeira se apresenta em sua origem e em seu processo, como uma aventura absolutamente individualista, que obrigou os homens que a realizaram a uma vida de alta tensão (individualismo, praticismo e ativismo até agora são os motores primários do fenômeno estadunidense).

A colonização anglo-saxã não precisava de uma organização eclesiástica. O individualismo puritano fazia de cada *pioneer* um pastor: o pastor de si mesmo. Para o *pioneer* da Nova Inglaterra bastava sua própria Bíblia (Unamuno chama o protestantismo de "tirania da letra"). A América do Norte foi colonizada com uma grande economia de forças e de homens. O colonizador não empregou missionários, pregadores, teólogos nem conventos. Para a simples e rude posse da terra, isso não fazia falta. Não tinha que conquistar uma cultura e um povo, e sim um território. O que tinham, diriam alguns, não era uma economia, e sim uma pobreza. Terão razão, mas à condição de reconhecer que dessa pobreza surgiram o poder e a riqueza dos Estados Unidos.

O objetivo da colonização espanhola e católica era muito mais amplo; sua missão, mais difícil. Os conquistadores encontraram nessas terras povos, cidades, culturas: o solo estava cruzado por caminhos e pegadas que seus passos não podiam apagar. A evangelização teve sua etapa heroica, aquela em que Espanha nos enviou missionários nos quais ainda estava vivo o fogo místico e o ímpeto militar dos cruzados ("Ao mesmo tempo em que os soldados" – leio em Lucien Luchaire – "desembarcavam, em multidão, e escolhidos dentre os melhores, os padres e monges católicos").[158] Mas – vencedor o pomposo culto católico sobre o rústico paganismo indígena – a escravidão e a exploração do índio e do negro, a abundância e a riqueza, relaxaram o colonizador. O elemento religioso ficou absorvido e dominado pelo elemento eclesiástico. O clero não era uma milícia heroica e ardente, mas, sim, uma burocracia folgazã, bem paga e bem vista.

Veio então – escreve o dr. M. V. Villarán – a segunda idade da história do sacerdócio colonial: a idade da vida plácida e tranquila nos magníficos conventos, a idade das prebendas, das paróquias frutíferas, da influência social, do predomínio político, das festas luxuosas, que tiveram como consequências inevitáveis o abuso e o relaxamento dos costumes. Naquela época, a carreira por excelência era o sacerdócio. Profissão honrosa e lucrativa, os que a ela se dedicavam viviam como grandes e habitavam palácios; eram o ídolo dos bons colonos que os amavam, respeitavam, temiam, presenteavam, e os faziam herdeiros e legatários de seus bens. Os conventos eram grandes e neles havia celas para todos: as mitras, as dignidades, as conezias, as capelanias, as cátedras, os oratórios particulares, os benefícios de todos os tipos abundavam. A piedade dos habitantes era fervorosa e eles provinham com largueza ao sustento dos ministros do altar. Assim, pois, todo segundo filho das boas famílias era destinado ao sacerdócio.[159]

---

[158] Luchaire, L´Église et le seizième siécle.
[159] M. V. Villarán, Estúdios sobre educación nacional, pp. 10-11.

E essa Igreja nem ao menos foi a da contrarreforma e da inquisição. O Santo Ofício quase não tinha heresias para perseguir no Peru. Dirigia preferentemente suas ações contra os civis em má relação com o clero; contra as superstições e vícios que de maneira solapada e com facilidade prosperavam num ambiente de sensualidade e idolatria, carregado de sentimentos mágicos; e, sobretudo, contra aquilo que julgava suspeito de tramar insídias ou diminuir seu poder. E sob esse último aspecto, a inquisição se comportava mais como instituição política do que religiosa. Está bem verificado que na Espanha serviu mais aos fins do absolutismo do que aos da Igreja.

O Santo Ofício – diz Luchaire – era poderoso, antes de mais nada, porque o rei queria que assim o fosse; porque tinha a missão de perseguir os rebeldes políticos tanto quanto os inovadores religiosos; a arma não estava nas mãos do papa e sim nas do rei: e o rei as manejava em seu interesse tanto quanto nos da Igreja.[160]

A ciência eclesiástica, entretanto, em vez de nos pôr em contato com as correntes intelectuais da época, delas nos separava. O pensamento escolástico foi vivo e criador na Espanha enquanto recebeu calor e ardume dos místicos. Mas desde que se congelou em fórmulas pedantes e casuísticas, converteu-se em saber de erudito rígido e apergaminhado, na ortodoxia retórica e anquilosada do teólogo espanhol. Na crítica civilista não faltam acusações contra essa etapa da obra eclesiástica no Peru.

Qual era a ciência que o clero ensinava? – se pergunta Javier Prado no seu estudo duradouro e enxundioso – uma teologia vulgar – responde –, um dogmatismo formalista, mistura confusa e angustiante das doutrinas peripatéticas com o ergotismo escolástico. Sempre que a Igreja não pode proporcionar verdadeiros conhecimentos científicos, apelou ao recurso de distrair e cansar o pensamento, por meio de uma ginástica de palavras e fórmulas e de um método vazio, extravagante e infecundo. Aqui no Peru lia-se em latim discursos que não se compreendiam e que, entretanto, se argumentavam na mesma condição; havia sábios que tinham fórmulas para resolver, tal como novos Pico de la Mirandola, todas as proposições das ciências; aqui se solucionava tanto o divino quanto o humano por meio da religião e da autoridade

---

[160] Luchaire, *op. cit.*

do mestre, ainda que reinasse a maior ignorância não apenas nas ciências naturais, mas também nas filosóficas e até mesmo nos ensinos de Bossuet e Pascal.[161]

A luta da independência – que abriu um novo caminho e prometeu uma nova aurora aos melhores espíritos – descobriu que onde ainda havia religiosidade, isto é, misticismo pagão, era entre alguns padres *criollos* ou índios, entre os quais, no Peru como no México, a revolução liberal recrutaria alguns de seus precursores audazes e de seus grandes tribunos.

3. A independência e a Igreja

A revolução da independência, do mesmo modo que não tocou nos privilégios feudais, tampouco tocou nos privilégios eclesiásticos. O alto clero, conservador e tradicionalista, sentia-se naturalmente fiel ao rei e à metrópole, assim como a aristocracia latifundiária aceitou a república tão logo constatou a impotência prática dessa diante da estrutura colonial. A revolução americana, conduzida por caudilhos românticos e napoleônicos e teorizada por tribunos dogmáticos e formalistas, ainda que tenha se alimentado, como se sabe, dos princípios da Revolução Francesa, não herdou nem conheceu seu problema religioso.

Na França, como nos outros países em que a reforma não vingou, a revolução burguesa e liberal não pôde ser feita sem o jacobinismo e o anticlericalismo. A luta contra o feudalismo descobre nesses povos uma solidariedade comprometedora entre a Igreja católica e o regime feudal. Tanto pela influência conservadora de seu alto clero quanto por sua resistência doutrinária e sentimental a tudo que no pensamento liberal era reconhecido como individualismo e nacionalismo protestantes, a Igreja cometeu a imprudência de se vincular demasiado à sorte da reação monárquica e aristocrática.

Mas na América espanhola, e principalmente nos países em que a revolução se deteve por muito tempo em sua fórmula política (independência e república), a subsistência dos privilégios feudais era acompanhada logicamente pela dos privilégios eclesiásticos. Por isso no México, quando a revolução atacou os primeiros,

---
[161] Javier Prado, *op. cit.*

logo se viu em conflito com os segundos (no México, pelo fato de a propriedade estar em grande medida nas mãos da Igreja, todos esses privilégios se apresentavam materialmente identificados e não apenas politicamente).

O Peru teve um clero liberal e patriota desde as primeiras jornadas da revolução. E o liberalismo civil, em pouquíssimos casos individuais, mostrou-se intransigentemente jacobino e, ainda em menos casos, claramente antirreligioso. Os nossos liberais procediam, em sua maioria, de lojas maçônicas, que tiveram uma função muito ativa na preparação da independência, de forma que quase todos professavam o deísmo que fez da maçonaria, nos países latinos, uma coisa assim como um sucedâneo espiritual e político da reforma.

Na própria França, a revolução se manteve em boas relações com a cristandade, mesmo no período jacobino. Aulard observa com sagacidade que a onda antirreligiosa ou anticristã na França obedeceu a causas contingentes mais que a razões doutrinárias.

De todos os acontecimentos – diz – que levaram ao estado de espírito do qual saiu a tentativa de descristianização, a insurreição da Vendeia, por sua forma clerical, foi a mais importante, a mais influente. Acredito poder dizer que sem a Vendeia não teria havido o culto à Razão.[162]

Aulard lembra o deísmo de Robespierre, que sustentava que "o ateísmo é aristocrático" enquanto "a ideia de um Ser Supremo que vela pela inocência oprimida e castiga o crime triunfante é completamente popular". O culto da deusa Razão não conservou seu impulso vital a não ser enquanto foi o culto da pátria, ameaçada e caluniada pela reação estrangeira com o favor do poder papal. Além disso, "o culto à razão" – agrega Aulard – "foi quase sempre deísta e não materialista e ateu".[163]

A Revolução Francesa consagrou a separação entre a Igreja e o Estado. Napoleão encontrou mais tarde, no concordato, a fórmula da subordinação da Igreja ao Estado. Mas os períodos de restauração comprometeram sua obra, renovando o conflito entre o clero e a laicidade no qual Lucien Romier acredita ver ressurgida

---

[162] A. Aulard, *Le christianisme et la Révolution Française*, p. 88.
[163] Idem, p. 162.

a história da república. Romier parte do suposto de que o feudalismo já estava vencido quando veio a revolução. Sob a monarquia, segundo Romier – e nisso é acompanhado por todos os escritores reacionários –, a burguesia já tinha imposto sua lei. A vitória contra os senhores – diz – já estava conseguida. Os reis haviam matado o feudalismo. Restava uma aristocracia, mas sem força própria e que devia todas suas prerrogativas e seus títulos ao poder central, corpo de funcionários agaloados com funções mais ou menos hereditárias. Restos frágeis de uma potência que foi derrubada com a primeira onda republicana. Alcançada facilmente essa destruição, a república não teve mais senão manter o fato adquirido sem aplicar nisso um esforço especial. Ao contrário, a monarquia havia fracassado a respeito da Igreja. Apesar da domesticidade secular do alto clero, apesar de um conflito com a cúria que renascia de reinado em reinado, apesar de muitas ameaças de ruptura, a luta contra a autoridade romana não havia dado ao Estado mais poder sobre a religião que nos tempos de Felipe, o Belo. Dessa maneira, é contra a Igreja e o clero ultramontano que a república dirigiu por um século seu esforço principal.[164]

Nas colônias espanholas da América do Sul a situação era muito diferente. No Peru, em particular, a revolução encontrava um feudalismo intacto. Os choques entre o poder civil e o poder eclesiástico não tinham nenhum fundo doutrinário. Traduziam uma querela doméstica. Dependiam de um estado latente de concorrência e equilíbrio, próprio de países na qual a colonização sentia ser, em grande medida, evangelização e na qual a autoridade espiritual tendia facilmente a prevalecer sobre a autoridade temporal. A constituição republicana proclamou, desde o primeiro momento, o catolicismo como religião nacional. Mantidos dentro da tradição espanhola, esses países careciam dos elementos da reforma protestante. O culto da razão teria sido ainda mais exótico em povos de atividade intelectual exígua, e de cultura filosófica rala e frouxa. Não existiam as razões de outras latitudes históricas para o Estado leigo. Amamentado pela catolicidade espanhola, o Estado peruano tinha que se constituir como um Estado semifeudal e católico.

---

[164] Lucien Romier, *Explication de notre temps*, pp. 194 e 195.

A república continuou a política espanhola, nesse como em outros terrenos. Pelo patronato, pelo regime do dízimo, pelos benefícios eclesiásticos – diz Garcia Calderón – se estabeleceu, seguindo, o exemplo francês, uma constituição civil da Igreja. Nesse sentido, a revolução foi tradicionalista. Os reis espanhóis tinham sobre a Igreja, desde os primeiros monarcas absolutos, um direito de intervenção e proteção: a defesa do culto convertia-se em suas mãos numa ação civil e legisladora. A Igreja era uma força social, mas a debilidade da hierarquia prejudicava suas ambições políticas. Não poderia, como na Inglaterra, realizar um pacto constitucional e delimitar livremente suas fronteiras. O rei protegia a inquisição e se mostrava mais católico que o papa: sua influência tutelar impedia os conflitos e resultava soberana e única.[165]

Nessa apreciação, Calderón toca na parte débil, o contraste interno dos Estados latino-americanos que não chegaram ao regime de separação. O Estado católico não pode fazer, se seu catolicismo é vivo e ativo, uma política leiga. Sua concepção aplicada até suas últimas consequências leva à teocracia. Desde esse ponto de vista, o pensamento dos conservadores ultramontanos, como García Moreno, aparece mais coerente que os dos liberais moderados, empenhados em harmonizar a confissão católica do Estado com uma política leiga, liberal e nacional.

O liberalismo peruano, débil e formal no plano econômico e político, não podia deixar de o ser também no plano religioso. Não é correto, como pretendem alguns, que a influência clerical e eclesiástica tenha lutado por oposição a uma fórmula jacobina. A atitude pessoal de Vigil – que é a atitude apaixonada de um livre-pensador saído das fileiras da Igreja – não pertence precisamente ao nosso liberalismo, que assim como nunca tentou desfeudalizar o Estado, muito menos tentou torná-lo leigo. Sobre o mais representativo e responsável de seus líderes, d. José Gálvez, escreve com fundamentação Jorge Guillermo Leguía:

> Sua ideologia girava ao redor de duas ideias: igualitarismo e moralidade. Erram, por conseguinte aqueles que, ao apreciar suas doutrinas adversas aos dízimos eclesiásticos, afirmam que ele era jacobino. Galvez jamais desconheceu a Igreja nem seus dogmas. Respeitava-os

---

[165] García Calderón, *op. cit.*

e neles acreditava. Estava mal informada a abadessa que exclamou no dia 2 de maio, ao saber da funesta explosão da Torre da la Merced: "Que pólvora tão bem gasta!" Mal podia ser anticatólico o deputado que, no exórdio da Constituição, invocava Deus único e trino. Quando Gálvez arrebata de nossa Igreja os emolumentos que encarnavam uma sobrevivência feudal, tinha em mente apenas uma reforma econômica e democrática, jamais um objetivo anticlerical. Não era Gálvez, segundo se supunha, o autor de tal iniciativa, já lançada pelo admirável Vigil.[166]

Desde que, forçada por sua função de classe governante, a aristocracia latifundiária adotou ideias e gestos da burguesia, assimilou parcialmente os restos desse liberalismo. Na sua vida houve um momento de evolução – o do surgimento do Partido Civil – quando uma tendência liberal, expressão de sua consciência capitalista nascente, afastou as simpatias do elemento eclesiástico, que na verdade coincidiu – e não somente na redação de um jornal – com o pierolismo conservador e plebiscitário. Nesse período de nossa história, a aristocracia assumiu um ar liberal; o *demos*, por reação, ainda que clamasse contra a camarilha traficante, adquiriu um tom conservador e clerical. No Estado maior civilista figuravam alguns liberais moderados que tendiam a imprimir na sua política uma orientação capitalista, desvinculando-a, no possível, de sua tradição feudal. Mas o predomínio que a casta feudal manteve no civilismo, juntamente com o atraso que a guerra provocou em nosso processo político, impediu que esses advogados e juristas avançassem nessa direção. Diante do poder do clero e da Igreja, o civilismo manifestou normalmente um pragmatismo passivo e um positivismo conservador que, salvo alguma exceção individual, o levaram logo a caracterizá-lo mentalmente.

O movimento radical – que teve o encargo de denunciar e condenar simultaneamente os três elementos da política peruana nos últimos lustros do século 20: civilismo, pierolismo e militarismo – constituiu de fato a primeira e efetiva agitação anticlerical. Dirigido por homens de temperamento mais literário ou filosófico do que político, empregou suas melhores energias nessa batalha

---

[166] "La Convención de 1856 y don José Gálvez", *Revista de Ciencias Jurídicas y Sociales*, n. 1, p. 36.

que, se produziu, principalmente nas províncias, algum aumento da indiferença religiosa – o que não era um ganho –, não ameaçou em nada a estrutura econômico-social na qual estava profundamente enraizada toda a ordem que rejeitava. O protesto radical ou "gonzález-pradista" não foi eficaz por não ter apresentado um programa econômico e social. Seus dois lemas principais – anticentralismo e anticlericalismo – eram por si sós insuficientes para ameaçar os privilégios feudais. Apenas o movimento liberal de Arequipa, há pouco reivindicado por Miguel Angel Urquieta,[167] tentou se colocar no terreno econômico-social, ainda que esse esforço não ultrapassasse a elaboração de um programa.

Nos países sul-americanos, nos quais o pensamento liberal completou livremente sua trajetória, inserido na evolução capitalista e democrática normal, chegou-se – ainda que somente como especulação intelectual – à preconização do protestantismo e da igreja nacional como uma necessidade lógica do Estado liberal moderno.

Mas, desde que o capitalismo perdeu seu sentido revolucionário, essa tese se mostra superada pelos fatos.[168] O socialismo, conforme as conclusões do materialismo histórico – que convém não confundir com o materialismo filosófico –, considera as formas eclesiásticas e as doutrinas religiosas peculiares e inerentes ao regime econômico-social que as sustentam e produzem. E, portanto, se preocupa com a mudança deste e não daquelas. A simples agitação anticlerical é considerada pelo socialismo como um diversionismo burguês e liberal. Significa na Europa um movimento característico dos povos nos quais a reforma protestante não assegurou a unidade da consciência civil e religiosa, e em que o nacionalismo político e o universalismo romano vivem em conflito ora aberto, ora latente, que o compromisso pode apaziguar, mas nunca eliminar nem resolver.

---

[167] Veja-se o artigo "González Prada y Urquieta" no número 5 de *Amauta*, janeiro de 1927.

[168] O líder das ACM, Júlio Navarro Monzó, predicador de uma nova reforma, admite na sua obra *El problema religioso en la cultura latinoamericana* que "tendo os países latinos sofrido enorme desgraça de ter ficado à margem da reforma do século 16, agora era demasiado tarde para pensar em convertê-los ao protestantismo".

O protestantismo não consegue penetrar na América Latina por obra de seu poder espiritual e religioso, mas, sim, pelos seus serviços sociais (ACM – Associação Cristã de Moços, missões metodistas na serra etc.). Esse e outros sinais indicam que suas possibilidades de expansão normal estão esgotadas. Nos povos latino-americanos também é prejudicado pelo movimento anti-imperialista, cujos vigias temem as missões protestantes como vanguardas secretas do capitalismo anglo-saxão, britânico ou estadunidense.

O pensamento racionalista do século 19 pretendia dissolver a religião na filosofia. Mais realista, o pragmatismo soube reconhecer ao sentimento religioso o lugar do qual a filosofia do século 18 imaginava vaidosamente poder desalojá-lo. E, como anunciava Sorel, a experiência histórica dos últimos lustros comprovou que os atuais mitos revolucionários ou sociais podem ocupar a consciência dos homens com a mesma plenitude que os antigos mitos religiosos.

Regionalismo e centralismo

1. Colocações básicas

Como se coloca, em nossa época, a questão do regionalismo? Em alguns Departamentos, sobretudo nos do Sul, é muito evidente a existência de um sentimento regionalista. Mas as aspirações regionalistas são imprecisas, indefinidas; não se concretizam em reivindicações categóricas e vigorosas. O regionalismo no Peru não é um movimento, uma corrente ou um programa. Não é mais que a expressão vaga de um mal-estar e um descontentamento.

Isso é explicado por nossa realidade econômica e social e nosso processo histórico. A questão do regionalismo se coloca, para nós, em novos termos. Já não podemos conhecê-la e estudá-la com a ideologia jacobina ou radicaloide do século 19.

Parece-me que nos podem orientar na exploração do tema do regionalismo as seguintes proposições:

1ª – A polêmica entre federalistas e centralistas está superada e é anacrônica assim como a controvérsia entre conservadores e liberais. Teórica e praticamente a luta se desloca do plano exclusivamente político para um plano social e econômico. A nova geração não se preocupa com o formal do nosso regime – o mecanismo administrativo – e sim com o substancial – a estrutura econômica.

2ª – O federalismo não aparece em nossa história como uma reivindicação popular, mas, sim, como uma reivindicação do *gamonalismo* e de sua clientela. Não é formulada pelas massas indígenas. Seu proselitismo não ultrapassa os limites da pequena burguesia das antigas cidades coloniais.

3ª – O centralismo se apoia no caciquismo e no *gamonalismo* regionais, dispostos, intermitentemente, a se sentirem ou se dizerem federalistas. A tendência federalista recruta seus adeptos entre os caciques ou *gamonales* em desgraça junto ao poder central.

4ª – Um dos vícios de nossa organização política é, certamente, seu centralismo. Mas a solução não reside em um federalismo com raízes e inspirações feudais. Nossa organização política e econômica precisa ser totalmente revisada e transformada.

5ª – É difícil definir e demarcar no Peru regiões que historicamente existam como tais. Os Departamentos descendem das intendências artificiais do vice-reinado. Não têm, por conseguinte, tradição, nem são uma realidade emanada da gente e da história peruana.

A ideia federalista não mostra, em nossa história, raízes verdadeiramente profundas. O único conflito ideológico, o único contraste doutrinário no primeiro meio século da república é entre os conservadores e os liberais, no qual não se percebe a oposição entre a capital e as regiões, e sim o antagonismo entre os *encomenderos* latifundiários, descendentes do feudalismo e da aristocracia coloniais, e o *demos* mestiço das cidades, herdeiro da retórica liberal da independência. Essa luta transcende, naturalmente, o sistema administrativo. A Constituição conservadora de Huancayo, suprimindo os municípios, expressa a posição do conservadorismo diante da ideia do *self government*. Mas, tanto para os conservadores quanto para os liberais de então, a centralização ou descentralização administrativa não ocupa o primeiro plano da polêmica. Posteriormente, quando os antigos *encomenderos* e aristocratas, unidos a alguns comerciantes enriquecidos pelos contratos e negócios com o Estado, se convertem em classe capitalista, e reconhecem que o ideário liberal se amolda melhor com os interesses e as necessidades que o ideário aristocrático, a descentralização encontra defensores mais ou menos platônicos entre as duas facções políticas. Conservadores ou liberais, indistintamente, se declaram favoráveis ou contrários à descentralização. É certo que, nesse novo período, o conservadorismo e o liberalismo, que já nem sequer se designam com esses nomes, não correspondem também aos mesmos impulsos de classe (os ricos, nesse período curioso, se transformam um pouco em liberais e as massas se tornam, ao contrário, um pouco conservadoras).

Mas, de qualquer maneira, o caso é que o caudilho civilista Manuel Pardo esboça uma política descentralizadora com a criação, em 1873, dos conselhos departamentais e que, anos mais tarde, o caudilho democrata Nicolas de Piérola – político e estadista de mentalidade e espírito conservadores, ainda que suas condições de agitador e demagogo insinuem aparentemente o contrário – inscreve ou aceita na "declaração de princípios" de seu partido a seguinte tese:

> Nossa diversidade de raças, línguas, clima e território, não menos que o distanciamento entre os centros de povoamento, pedem desde logo, como meio de satisfazer nossas necessidades de hoje e de amanhã, o estabelecimento da forma federativa; mas nas condições aconselhadas pela experiência desse regime em povos semelhantes ao nosso e pelas peculiaridades do Peru.[169]

Depois de 1895 multiplicam-se as declarações anticentralistas. O partido liberal de Augusto Durand se pronuncia a favor da forma federal. O partido radical não economiza ataques nem críticas ao centralismo. E até aparece, de repente, como por um encanto, um partido federal. A tese centralista termina, então, por ser sustentada exclusivamente pelos civilistas que, em 1873, se mostraram inclinados a praticar uma política descentralizadora.

Mas tudo isso era especulação teórica. Os partidos não sentiam urgência em liquidar o centralismo. Os federalistas sinceros, além de serem muito poucos, distribuídos em diversos partidos, não exerciam influência efetiva sobre a opinião. Não representavam um desejo popular. Piérola e o partido democrático tinham governado vários anos. Durand e seus amigos tinham comparti-

---

[169] *Declaración de princípios del Partido Demócrata*, Lima, 1897, p. 14.

lhado com os democráticos, por algum tempo, as honras e as responsabilidades do poder. Nem uns nem outros tinham se ocupado, nessa oportunidade, do problema do regime nem de reformar a Constituição.

O partido liberal, depois da morte do precário partido federal e da dissolução espontânea do radicalismo gonzález-pradista, continua agitando a bandeira do federalismo. Durand percebe que a ideia federalista – que no partido democrático tinha se esgotado numa declaração escrita moderada e idealista – pode servir ao partido liberal para fortalecer sua força nas províncias, atraindo para si os elementos atritados com o poder central. Sob, ou melhor dito, contra o governo de José Pardo, publica um manifesto federalista. Mas sua política posterior demonstra, claramente, que o partido liberal, não obstante sua profissão de fé federalista, só esgrime a ideia da federação com objetivos de propaganda. Os liberais fazem parte dos ministérios e da maioria parlamentar durante o segundo governo de Pardo. E não mostram, nem como ministros nem como parlamentares, qualquer intenção de retomar a batalha federalista.

Também Billinghurst – talvez com convicção mais apaixonada que a de outros políticos que usavam essa plataforma – queria a descentralização. Não se lhe pode censurar, como aos democráticos e liberais, que tenha esquecido esse princípio no poder: sua experiência governamental foi demasiado breve. Mas, objetiva e imparcialmente, não se pode deixar de constatar que, com Billinghurst, chegou à presidência um inimigo do centralismo sem nenhum benefício para a campanha anticentralista.

Num primeiro momento, poderá parecer a alguns que essa rápida revisão da atitude dos partidos peruanos diante do centralismo prova que, sobretudo, da data de declaração de princípios do partido democrático à do manifesto federalista do dr. Durand, houve no Peru uma corrente federalista efetiva e definida. Mas isso seria se contentar com a aparência das coisas. O que essa revisão prova, realmente, é que a ideia federalista não suscitou nem resistências ardorosas e explícitas, nem adesões enérgicas e apaixonadas. Foi um lema ou um princípio sem valor e sem eficácia para, por si só, significar o programa de um movimento ou de um partido.

Isso não confirma nem recomenda absolutamente o centralismo burocrático. Mas evidencia que o regionalismo difuso do Sul do Peru não se concretizou, até hoje, numa afirmação federalista ativa e intensa.

2. Regionalismo e *gamonalismo*

Tem que parecer evidente a todos os observadores atentos do nosso processo histórico, seja qual for seu ponto de vista particular, o fato de que as preocupações atuais do pensamento peruano não são exclusivamente políticas – a palavra "política" tem, nesse caso, a acepção de "velha política" ou "política burguesa" – mas, sim, sobretudo, sociais e econômicas. O "problema do índio", a "questão agrária" interessam muito mais aos peruanos do nosso tempo que "o princípio da autoridade", a "soberania popular", o "sufrágio universal", "a soberania da inteligência" e demais assuntos do diálogo entre liberais e conservadores. Isso não depende de que a mentalidade política das gerações anteriores fosse mais abstrata, mais filosófica, mais universal; e de que, ao contrário, a mentalidade política da geração contemporânea seja – como é – mais realista, mais peruana. Depende de que a polêmica entre liberais e conservadores se inspirava, em ambos os lados, nos interesses e aspirações de uma única classe social. A classe proletária carecia de reivindicações e de ideologia próprias. Liberais e conservadores consideravam o índio a partir da sua visão de classe superior e distinta. Quando não se esforçavam por eludir e ignorar o problema do índio, empenhavam-se em reduzi-lo a um problema filantrópico ou humanitário. Nessa época, com o aparecimento de uma nova ideologia que traduz os interesses e as aspirações da massa – que gradualmente adquire consciência e espírito de classe – surge uma corrente ou uma tendência nacional que se sente solidária com a sorte do índio. Para essa corrente, a solução do problema do índio é a base de um programa de renovação ou reconstrução peruana. O problema do índio deixa de ser, como na época dos diálogos entre liberais e conservadores, um tema adjetivo ou secundário. Passa a representar o tema capital.

Eis aqui, justamente, um dos fatos que, contra o que supõem e insinuam os superficiais autointitulados nacionalistas, demonstra que o programa que se elabora na consciência dessa geração é mil vezes mais nacional que aquele que, no passado, alimentou-se unicamente de sentimentos e superstições aristocráticas ou de conceitos e fórmulas jacobinas. Um critério que sustenta a supremacia do problema do índio é, simultaneamente, muito humano e muito nacional, muito idealista e muito realista. E seu enraizamento no espírito do nosso tempo está demonstrado pela coincidência entre a atitude de seus defensores de dentro e do juízo de seus críticos de fora. Eugenio d´Ors, por exemplo. Esse professor espanhol, cujo pensamento é tão estimado e superestimado por aqueles que, no Peru, identificam nacionalismo e conservadorismo, escreveu com motivo do centenário da Bolívia:

> Em certos povos americanos especialmente, acredito perceber claramente qual deve ser, qual é a justificação da independência, segundo a lei do Bom Serviço; quais são, quais devem ser o trabalho, a tarefa, a obra, a missão. Creio, por exemplo, vê-los desse modo em seu país. A Bolívia tem, como tem o Peru, como tem o México, um grande problema local – que significa, por sua vez, um grande problema universal. Tem o problema do índio; o da situação do índio diante da cultura. O que fazer com essa raça? Sabe-se que houve, tradicionalmente, dois métodos opostos. Que o método saxão consistiu em fazê-la retroceder, dizimá-la, exterminá-la lentamente. O método espanhol, ao contrário, tentou a aproximação, a redenção, a mistura. Não quero dizer agora qual dos dois métodos deve ser preferido. O que é preciso estabelecer com toda franqueza é a obrigação de trabalhar com um ou outro dos dois. É a impossibilidade moral de se contentar com uma linha de conduta que simplesmente escamoteie o problema e tolere a existência e a multiplicação dos índios ao lado da população branca sem se preocupar com a sua situação, só para se aproveitar – egoísta, avara e cruelmente – para as fainas miseráveis e obscuras da fadiga e da domesticidade.[170]

Não me parece que seja ocasião de contradizer o conceito de Eugenio d´Ors sobre a oposição, a respeito do índio, entre o suposto humanitarismo do método espanhol e a vontade implacável de extermínio do método saxão (provavelmente, para Eugenio d´Ors, o método espanhol está representado pelo espírito gene-

---

[170] Carta de Eugenio d´Ors a propósito do centenário da independência da Bolívia, no *Repertorio Americano*.

roso do padre Las Casas e não pela política da conquista e do vice-reinado, totalmente impregnada de preconceitos, não apenas contra o índio, mas também contra o mestiço). Na opinião de Eugenio d´Ors não desejo assinalar mais que um testemunho recente da igualdade como interpretam a mensagem da época os antagonistas iluminados e os espectadores inteligentes do nosso drama histórico.

Admitida a prioridade do debate do "problema do índio" e da "questão agrária" sobre qualquer debate relativo ao mecanismo do regime mais do que à estrutura do Estado, resulta absolutamente impossível considerar a questão do regionalismo, ou, precisamente, da descentralização administrativa, a partir de pontos de vista não subordinados à necessidade de solucionar de forma radical e orgânica os dois primeiros problemas. Uma descentralização que não leve a esse objetivo já não merece nem mesmo ser discutida.

Pois bem, a descentralização em si mesma, a descentralização como reforma simplesmente política e administrativa, não significaria nenhum progresso no caminho da solução do "problema do índio" e do "problema da terra" que, no fundo, se reduzem a um só problema. Ao contrário, a descentralização, aplicada sem outro propósito que o de outorgar às regiões ou aos Departamentos uma autonomia mais ou menos ampla, aumentaria o poder do *gamonalismo* contra uma solução inspirada no interesse das massas indígenas. Para adquirir essa convicção, basta nos perguntarmos que casta, que categoria, que classe se opõe à redenção do índio. A resposta não pode ser mais que uma, e categórica: o *gamonalismo*, o feudalismo, o caciquismo. Por conseguinte, como duvidar que uma administração regional de *gamonales* e caciques, quanto mais autônoma fosse, mais sabotaria e rechaçaria qualquer reivindicação indígena efetiva?

Não cabem ilusões. Os grupos, as camadas sãs das cidades, não conseguiriam prevalecer jamais contra o *gamonalismo* na administração regional. A experiência de mais de um século é suficiente para saber o que se pode esperar a respeito da possibilidade de, num futuro próximo, chegar a funcionar no Peru um sistema democrático que assegure, pelo menos formalmente, a satisfação do princípio jacobino da "soberania popular". As massas rurais, as comunidades indígenas, de qualquer forma, se manteriam distantes do sufrágio e de seus resultados. E, como consequência, ainda que não fosse pelo fato de que os ausentes nunca têm razão – "les absents ont toujours tort" –, os organismos e poderes que se criariam "eleitoralmente", mas sem seu voto, não poderiam nem saberiam como fazer-lhes justiça. Quem tem a ingenuidade de imaginar as regiões – dentro de sua atual realidade econômica e política – regidas pelo "sufrágio universal"?

Tanto o sistema de "conselhos departamentais" do presidente Manuel Pardo, quanto a república federal preconizada nos manifestos de Augusto Durand e outros defensores da federação, não representaram e nem poderiam representar outra coisa que uma aspiração do *gamonalismo*. Os "conselhos departamentais", na prática, transfeririam aos caciques do Departamento um somatório de funções hoje detidas pelo poder central. A república federal, aproximadamente, teria a mesma função e a mesma eficácia.

As regiões e as províncias têm plena razão quando condenam o centralismo, seus métodos e instituições. Têm plena razão quando denunciam uma organização que concentra na capital a administração da república. Mas não têm absolutamente razão quando, enganadas por uma miragem, acreditam que a descentralização bastaria para resolver seus problemas essenciais. O *gamonalismo*, dentro da república central e unitária, é um aliado e um agente da capital nas regiões e nas províncias. O *gamonalismo* é solidário e responsável por todos os defeitos e vícios do regime central. Finalmente, se a descentralização só serve para colocar, diretamente, sob o domínio dos *gamonales*, a administração regional e o regime local, a substituição de um sistema pelo outro não contribui nem promete remédio para nenhum mal profundo.

Luis E. Valcárcel está empenhado em demonstrar "a sobrevivência do incário sem o inca". Eis aí um estudo mais transcendente que o dos temas superados da velha política. Eis aí também um tema que confirma a afirmação de que as preocupações da nossa época não são superficial e exclusivamente políticas, mas, sim, principalmente econômicas e sociais. O empenho de Valcárcel aponta direto para a questão do índio e da terra. Procura uma solução, não no *gamonalismo*, mas, sim, no *ayllu*.

3. A região na república

Chegamos a um dos problemas substantivos do regionalismo: a definição das regiões. A mim, parece que nossos regionalistas de tipo antigo nunca colocaram a questão de forma séria e realista, omissão que aponta para o caráter abstrato e superficial de sua tese. Nenhum regionalista inteligente pretenderá que as regiões estejam demarcadas por nossa organização política, isto é, que as "regiões" sejam os "Departamentos". O Departamento é um termo político que não designa uma realidade, e menos ainda uma unidade econômica e histórica. O Departamento, principalmente, é uma convenção que só responde a uma necessidade ou critério funcional do centralismo. E não concebo um regionalismo que condene o regime centralista de modo abstrato sem objetar concretamente quanto a sua peculiar divisão territorial. O regionalismo se traduz logicamente em federalismo. É necessário, de qualquer maneira, uma fórmula concreta de descentralização. Um regionalismo que se contente com a autonomia municipal não é um regionalismo propriamente dito. Como escreve Herriot, no capítulo que, no seu livro *Creer*, dedica à reforma administrativa, "o regionalismo superpõe ao Departamento e à comuna um novo órgão: a região".[171]

Mas esse órgão só é novo como órgão político e administrativo. Uma região não nasce do estatuto político de um Estado. Sua biologia é mais complicada. A região em geral tem raízes mais antigas que a própria nação. Para reivindicar um pouco de autonomia em relação a essa, necessita precisamente existir como região. Na França ninguém pode contestar o direito da Provença, da Alsácia-Lorena, da Bretanha etc. de sentir-se e denominar-se como regiões. Não falemos da Espanha, onde a unidade nacional é menos sólida, nem da Itália, onde é mais nova. Na Espanha e na Itália, as regiões se diferenciam claramente pela tradição, pelo caráter, pelas pessoas e até pela língua.

O Peru, segundo a geografia física, divide-se em três regiões: a costa, a serra e a selva (no Peru, a única coisa que está bem definida é a natureza). E essa divisão não é apenas física. Transcende toda nossa realidade social e econômica. A selva, sociológica e

---
[171] Herriot, *Creer*, tomo II, p. 191.

economicamente, ainda não tem significado. Pode-se dizer que a selva é um domínio colonial do Estado peruano. Mas a costa e a serra, entretanto, são efetivamente as duas regiões nas quais se distingue e se separa, como o território, a população.[172] A serra é

---

[172] O valor da selva na economia peruana – observou para mim Miguelina Acosta – não pode ser medido com os dados dos últimos anos. Esses anos correspondem a um período de crise, ou seja, um período de exceção. As exportações da selva hoje não têm quase nenhuma importância na estatística do comércio peruano; mas já tiveram, e era muito grande, até a guerra. A situação atual de Loreto é a de uma região que sofreu um cataclismo.
Essa observação é justa. Para apreciar a importância econômica de Loreto é necessário não olhar apenas seu presente. A produção da selva, até poucos anos, desempenhava um papel importante em nossa economia. Houve uma época em que a selva começou a adquirir o prestígio de um Eldorado. Foi na época em que a borracha apareceu como uma enorme riqueza, de valor incomensurável. Francisco García Calderón, em *El Perú Contemporáneo*, escrevia, há cerca de 20 anos, que a borracha era a grande riqueza do futuro. Todos compartilharam dessa ilusão.
Mas, na verdade, a fortuna da borracha dependia de circunstâncias passageiras. Era uma fortuna contingente, aleatória. Se não compreendemos isso no momento oportuno foi por essa facilidade com que nos entregamos a um otimismo panglossiano quando nos cansamos demais de um ceticismo epidermicamente frívolo. A borracha não podia ser equiparada razoavelmente a um recurso mineral, mais ou menos peculiar e exclusivo do nosso território. A crise de Loreto não representa uma crise, mais ou menos temporal, de suas indústrias. Miguelina Acosta sabe muito bem que a vida industrial na selva é muito incipiente. A fortuna da borracha foi a fortuna ocasional de um recurso da floresta, cuja exploração dependia, no entanto, da proximidade da zona – não trabalhada e sim devastada – dos meios de transporte.
O passado econômico de Loreto não nos demonstra, por conseguinte, nada que invalide minha asserção no que essa tem de substancial. Escrevo que, economicamente, a selva ainda carece de significado. E, claro, esse significado tenho que buscá-lo, antes de mais nada, no presente. Ademais, tenho que avaliá-la proporcionalmente ao significado da serra e da costa. A avaliação é relativa.
O mesmo conceito de comparação posso usar para avaliar o significado sociológico da selva. Na sociedade peruana, distingo dois elementos fundamentais, duas forças substantivas. Isso não quer dizer que não distinga nada mais. Quer dizer apenas que todo o resto, cuja realidade não nego, é secundário.
Mas prefiro não me contentar com essa explicação. Quero considerar com a maior justiça as observações de Miguelina Acosta. Uma destas, a essencial, é a de que se sabe muito pouco da sociologia da selva. O peruano da costa, assim como o da serra, ignora o da selva. Na selva, ou, falando com mais propriedade, no antigo Departamento de Loreto, existem povos de costumes e tradições próprias, quase sem parentesco com os costumes e as tradições dos povos da costa e da serra. Loreto tem uma individualidade indiscutível em nossa sociologia e nossa história. Suas camadas biológicas não são as mesmas. Sua evolução social aconteceu de modo diverso.

indígena; a costa é espanhola ou mestiça (como se prefira qualificá-la, já que as palavras "indígena" e "espanhola" adquirem nesse caso uma acepção muito ampla). Repito aqui o que escrevi em um artigo sobre um livro de Valcárcel:

> A dualidade da história e da alma peruanas, em nossa época, se expressa como um conflito entre a forma histórica que se elabora na costa e o sentimento indígena que sobrevive na serra profundamente enraizado na natureza. O Peru atual é uma formação costeira. A peruanidade de hoje sedimentou-se nas terras baixas. Nem o espanhol nem o *criollo* souberam nem puderam conquistar os Andes. Nos Andes, o espanhol nunca foi mais que um *pioneer* ou um missionário. O *criollo* também o é, até que o ambiente andino extinga nele o conquistador e crie, pouco a pouco, um indígena.[173]

A raça e a língua indígenas, desalojadas da costa pela gente e pela língua espanhola, aparecem esquivamente refugiadas na serra. E, por conseguinte, na serra se agrupam todos os fatores de um regionalismo, se não de uma nacionalidade. O Peru costeiro, herdeiro da Espanha e da conquista, domina desde Lima o Peru serrano; mas não é, demográfica ou espiritualmente, forte o suficiente para absorvê-lo. A unidade peruana está por ser feita; e não se apresenta como um problema de articulação e convivência, dentro dos limites de um Estado único, de vários antigos pequenos Estados ou cidades livres. No Peru o problema da unidade é muito mais profundo, porque aqui não é o caso de resolver uma pluralidade de tradições locais ou regionais e sim uma dualidade de raça, de língua e de sentimento, nascida da invasão e da conquista do Peru autóctone por uma raça estrangeira que não conseguiu se fundir com a raça indígena, nem eliminá-la, nem absorvê-la.

É impossível não estar de acordo sobre isso com a doutora Acosta Cárdenas, a quem se deve, sem dúvida, esperar um esclarecimento da realidade peruana com um estudo completo da sociologia de Loreto. O debate sobre o tema do regionalismo não pode deixar de considerar Loreto como uma região. (É necessário precisar: Loreto, e não a "selva".) O regionalismo de Loreto é um regionalismo que afirmou mais de uma vez insurrecionalmente suas reivindicações. E que, finalmente, não soube ser teoria, mas em troca soube ser ação. O que indica para qualquer um que deve ser levado em consideração.

[173] Em *Mundial*, setembro de 1925, a propósito de *De la vida inkaica*.

O sentimento regionalista, nas cidades ou circunscrições onde é mais profundo, onde não traduz apenas um simples descontentamento de uma parte do *gamonalismo*, alimenta-se de maneira evidente, ainda que inconscientemente, desse contraste entre a costa e a serra. O regionalismo, quando responde a esses impulsos, mais que um conflito entre a capital e as províncias, denuncia o conflito entre o Peru costeiro e espanhol e o Peru serrano e indígena.

Mas, assim definidos os regionalismos, ou, melhor dizendo, as regiões, não se avança nada no exame concreto da descentralização. Ao contrário, perde-se essa meta de vista, para observar uma muito maior. A serra e a costa, geográfica e sociologicamente, são duas regiões; mas não o podem ser política ou administrativamente. As distâncias interandinas são maiores que as distâncias entre a serra e a costa. O movimento espontâneo da economia peruana trabalha pela comunicação transandina. Solicita a preferência das vias de penetração em detrimento das vias longitudinais. O desenvolvimento dos centros produtores da serra depende da saída para o mar. E qualquer programa positivo de descentralização tem que se inspirar, principalmente, nas necessidades e nas direções da economia nacional. O objetivo histórico de uma descentralização não é secessionista, mas, sim, ao contrário, unionista. Descentraliza-se não para separar e dividir as regiões, e sim para assegurar e aperfeiçoar sua unidade dentro de uma convivência mais orgânica e menos coercitiva. Regionalismo não quer dizer separatismo.

Essas constatações levam, portanto, à conclusão de que o caráter impreciso e nebuloso do regionalismo peruano e de suas reivindicações não é senão uma consequência da falta de regiões bem definidas.

Um dos fatos que mais vigorosamente sustenta e ampara essa tese, me parece ser o fato de que o regionalismo não é, em nenhum lugar, tão sincera e profundamente sentido como no Sul e, precisamente, nos Departamentos de Cuzco, Arequipa, Puno e Apurímac. Esses Departamentos constituem a mais definida e orgânica de nossas regiões. Entre esses Departamentos, o intercâmbio e a vinculação mantêm viva uma velha unidade: a herdada dos tempos da civilização inca. No Sul, a "região" repousa solidamente na pedra histórica. Os Andes são seus bastiões.

O Sul é fundamentalmente serrano. No Sul, a costa se estreita. É uma faixa de terra exígua e estreita, na qual o Peru costeiro e mestiço não pode se assentar fortemente. Os Andes avançam até o mar, convertendo a costa numa cornija estreita. Por conseguinte, as cidades não se formaram na costa, e sim na serra. Na costa Sul não há nada mais que portos e calhetas. O Sul pode se conservar serrano, se não indígena, apesar da conquista, do vice-reinado e da república.

Na direção ao norte, a costa se alarga. Torna-se, econômica e demograficamente, dominante. Trujillo, Chiclayo e Piúra são cidades de espírito e tonalidade espanholas. O trânsito entre essas cidades e Lima é fácil e frequente. Mas o que mais as aproxima da capital é a identidade de tradição e sentimento.

Num mapa do Peru, melhor do que em qualquer teoria confusa ou abstrata, está assim explicado o regionalismo peruano.

O regime centralista divide o território nacional em Departamentos; mas aceita ou emprega, às vezes, uma divisão mais geral: a que agrupa os Departamentos em três grupos: Norte, Centro e Sul. A Confederação Peru-Bolívia de Santa Cruz seccionou o Peru em duas metades. Não é, no fundo, mais arbitrária e artificial essa demarcação que a da república centralista. Sob a etiqueta de Norte, Sul e Centro reúnem-se Departamentos ou províncias que não têm nenhum contato entre si. O termo "região" aparece aplicado de forma demasiadamente convencional.

Nem o Estado nem os partidos jamais puderam, entretanto, definir as regiões peruanas de outra maneira. O partido democrático, a cujo federalismo teórico já me referi, aplicou seu princípio federalista em seu regime interior, colocando o comitê central sobre três comitês regionais, o do Norte, o do Centro e o do Sul (do federalismo desse partido se poderia dizer que era um federalismo de uso interno). E a reforma constitucional de 1919, ao instituir os congressos regionais, sancionou a mesma divisão.

Mas essa demarcação, como a dos Departamentos, corresponde de forma característica e exclusiva a um critério centralista. É uma opinião ou uma tese centralista. Os regionalistas não podem apoiá-la sem que seu regionalismo apareça escorado em premissas e conceitos peculiares a uma mentalidade metropolitana. Todas as tentativas de descentralização sofreram, precisamente, desse vício original.

4. Descentralização centralista

As formas de descentralização ensaiadas na história da república sofreram o vício original de representar uma concepção e um desenho absolutamente centralistas. Os partidos e os caudilhos adotaram várias vezes, por oportunismo, a tese da descentralização. Mas, quando tentaram aplicá-la, não souberam nem puderam se movimentar fora da prática centralista.

Essa gravitação centralista explica-se perfeitamente. As aspirações regionalistas não constituíam um programa concreto, não propunham um método definitivo de descentralização ou autonomia, com a consequência de manifestar, em vez de uma reivindicação popular, um sentimento feudalista. Os *gamonales* não se preocupavam senão em aumentar seu poder feudal. O regionalismo era incapaz de elaborar uma fórmula própria. Não acertava, no melhor dos casos, outra coisa senão balbuciar a palavra federação. Por conseguinte, a fórmula da descentralização terminava sendo um produto típico da capital.

A capital nunca defendeu com muito fervor nem com muita eloquência, no terreno teórico, o regime centralista; mas, no campo prático, soube e pôde conservar seus privilégios intactos. Teoricamente não teve muita dificuldade para fazer algumas concessões à ideia da descentralização administrativa. Mas as soluções buscadas para esse problema sempre foram formuladas nos moldes do critério e do interesse centralista.

Como primeiro ensaio efetivo de descentralização classifica-se a experiência dos conselhos departamentais instituídos pela lei das municipalidades de 1873 (a experiência federalista de Santa Cruz, demasiado breve, fica fora deste estudo, mais por sua fugacidade, por seu caráter de concepção supranacional imposta por um estadista cujo ideal era, fundamentalmente, a união do Peru e Bolívia).

Os conselhos departamentais de 1873 acusavam, não apenas na sua configuração, mas também em sua inspiração, seu espírito centralista. O modelo na nova instituição tinha sido procurado na França, ou seja, na nação do centralismo exacerbado.

Nossos legisladores pretenderam adaptar ao Peru, como reforma descentralizadora, um sistema do estatuto da Terceira República, que nascia tão manifestamente aferrada aos princípios centralistas do consulado e do império.

A reforma de 1873 aparece como um desenho típico de descentralização centralista. Não significou uma satisfação para com reivindicações precisas do sentimento regional. Ao contrário, os conselhos departamentais contrariavam ou desalojavam todo regionalismo orgânico, posto que reforçavam a divisão política artificial da república em Departamentos, ou seja, em circunscrições mantidas em vista das necessidades do regime centralista.

Em seu estudo sobre o regime local, Carlos Concha pretende que "a organização dada a esses corpos, calcada na lei francesa de 1871, não respondia à cultura política da época".[174] Esse é um julgamento especificamente civilista sobre uma reforma também civilista. Os conselhos departamentais fracassaram pela simples razão de que não correspondiam absolutamente à realidade histórica do Peru. Estavam destinados a transferir para o *gamonalismo* regional uma parte das obrigações do poder central, o ensino primário e secundário, a administração da Justiça, o serviço de policiamento e a guarda civil. E o *gamonalismo* regional, na verdade, não tinha muito interesse em assumir todas suas obrigações, além de não ter nenhuma aptidão para cumprí-las. O funcionamento e o mecanismo do sistema eram, ademais, demasiadamente complicados. Os conselhos constituíam uma espécie de pequenos parlamentos eleitos pelos colégios eleitorais de cada Departamento e integrados às municipalidades provinciais. Os grandes caciques naturalmente viram nesses parlamentos uma máquina muito enrolada. Seu interesse pedia algo mais simples em sua composição e no seu manejo. Que lhes importava, todavia, a instrução pública? Essas preocupações maçantes eram boas para o poder central. Os conselhos departamentais não repousavam, portanto, nem no povo, afastado do jogo político, principalmente as massas camponesas, nem nos senhores feudais e em suas clientelas. A instituição resultou completamente artificial.

A guerra de 1879 decidiu a liquidação da experiência. Mas os conselhos departamentais já estavam fracassados. Já se havia praticamente comprovado, em seus curtos anos de vida, que não podiam absorver sua missão. Quando terminou a guerra e se sen-

---

[174] Calos Concha, *El régimen local*, p. 135.

tiu a necessidade de reorganizar a administração, não se voltou a olhar a lei de 1873.

A lei de 1886, que criou as juntas departamentais, correspondeu, entretanto, à mesma orientação. A diferença estava em que dessa vez o centralismo formalmente se preocupava muito menos com uma descentralização de fachada. As juntas funcionaram até 1893, sob a presidência dos prefeitos.[175] No geral, estavam totalmente subordinadas à autoridade do poder central.

O que essa aparência de descentralização realmente propunha não era o estabelecimento de um regime gradual de autonomia administrativa dos Departamentos. O Estado não criava as juntas para atender às aspirações regionais. O que se tratava era de reduzir ou suprimir a responsabilidade do poder central na repartição dos fundos disponíveis para a instrução e obras viárias. Toda a administração continuava rigorosamente centralizada. Aos Departamentos não se reconhecia maior independência administrativa do que a que se poderia chamar de autonomia de sua pobreza. Cada Departamento tinha que se conformar, sem aborrecer o poder central, com as escolas que consentissem em sustentar e os caminhos que se autorizassem a abrir. As juntas departamentais não tinham outro objetivo que a divisão pelos Departamentos do orçamento de educação e obras públicas.

A prova de que esse foi o verdadeiro significado das juntas departamentais nos é proporcionada pelo processo de sua decadência e abolição. À medida que as finanças públicas convalesceram das consequências da guerra de 1879, o poder central começou a reassumir as funções outorgadas às juntas departamentais. O governo tomou completamente em suas mãos a educação pública. A autoridade do poder central cresceu na proporção do desenvolvimento do orçamento geral da república. Os recursos departamentais começaram a representar muito pouco diante dos recursos fiscais. E, como resultado desse desequilíbrio, fortaleceu-se o centralismo. As juntas departamentais, substituídas pelo poder central nas funções que precariamente lhes tinham sido confiadas,

---

[175] O prefeito, na organização política peruana, é um representante do poder central e, particularmente, dos órgãos centrais do Estado: polícia, arrecadação etc. (N.T.)

progressivamente se atrofiaram. Quando já não lhes restava mais que uma ou outra atribuição secundária de revisão dos atos dos municípios e uma ou outra função burocrática na administração departamental, providenciou-se sua supressão.

A reforma constitucional de 1919 não pôde se abster de dar uma satisfação, pelo menos formal, ao sentimento regionalista. A mais transcendente de suas medidas descentralizadoras – a autonomia municipal – até agora não foi aplicada. Incorporou-se à Constituição do Estado o princípio da autonomia municipal. Mas no mecanismo e na estrutura do regime local não se tocou em nada. Ao contrário, houve um retrocesso. O governo nomeia as municipalidades.

Em troca se pretendeu experimentar, sem demora, o sistema dos congressos regionais. Esses parlamentos do Centro, do Norte e do Sul são uma espécie de filhotes do Parlamento nacional. São incubados no mesmo período e na mesma atmosfera eleitoral. Nascem da mesma matriz e na mesma data. Têm uma missão de legislação subsidiária e adjetiva. Seus próprios autores já estão certamente convencidos de que não servem para nada. Seis anos de experiência bastam para julgá-los, em última instância, como uma absurda paródia de descentralização.

Na verdade, não faltava essa prova para se saber o que valia sua eficiência. A descentralização que o regionalismo aspira não é legislativa e sim administrativa. Não se concebe a existência de um Parlamento regional sem um órgão correspondente no Executivo. Multiplicar as legislaturas não é descentralizar.

Os congressos regionais não chegaram nem sequer a descongestionar o Congresso Nacional. Nas duas Câmaras continuam se discutindo os minúsculos temas locais.

O problema, em suma, permaneceu integral.

5. O novo regionalismo

Examinei a teoria e a prática do velho regionalismo. Agora devo formular os pontos de vista sobre a descentralização e especificar os termos nos quais, no meu entendimento, coloca-se o problema para a nova geração.

A primeira coisa que convém esclarecer é a solidariedade ou o compromisso a que gradualmente chegaram o *gamonalismo* e o regime centralista. O *gamonalismo* pôde se manifestar como mais ou menos federalista e anticentralista, enquanto se elaborava e se amadurecia essa solidariedade. Mas, desde que se converteu no melhor instrumento, no agente mais eficiente do regime centralista, renunciou a qualquer reivindicação desagradável a seus aliados da capital.

Deve-se declarar liquidada a antiga oposição entre centralistas e federalistas da classe dominante, oposição que, como assinalei no transcorrer do meu estudo, nunca assumiu um caráter dramático. O antagonismo teórico se transformou num entendimento prático. Apenas os *gamonales* desfavorecidos pelo poder central se mostram propensos a uma atitude regionalista que, é claro, estão dispostos a renunciar tão logo melhore sua fortuna política.

Não existe mais, em primeiro plano, um problema de forma de governo. Vivemos numa época em que a economia domina e absorve a política de maneira muito evidente. Em todos os povos do mundo já não se discute e se revisa simplesmente o mecanismo da administração, mas sim, principalmente, as bases econômicas do Estado.

Na serra subsistem, com muito mais solidez e força do que no resto do país, os resíduos do feudalismo espanhol. A necessidade mais angustiante e peremptória do nosso progresso é a liquidação desse feudalismo que constitui uma sobrevivência da colônia. A redenção, a salvação do índio, eis o programa e a meta da renovação peruana. Os novos homens querem que o Peru repouse sobre seus alicerces biológicos naturais. Sentem o dever de criar uma ordem mais peruana, mais autóctone. E os inimigos históricos e lógicos desse programa são os herdeiros da conquista, os descendentes da colônia, ou seja, os *gamonales*. Quanto a isso não há equívoco possível.

Por conseguinte, impõe-se o repúdio absoluto, a rejeição radical de um regionalismo que reconhece suas origens em sentimentos e interesses feudais e que, portanto, propõe como finalidade essencial um aumento do poder do *gamonalismo*.

O Peru tem que optar entre o *gamonal* e o índio. Esse é seu dilema. Não existe um terceiro caminho. Colocado esse dilema, todas as questões de arquitetura do regime passam a um segundo plano. O que importa primordialmente aos homens novos é que o Peru se pronuncie contra o *gamonal*, pelo índio.

Como uma consequência das ideias e dos fatos que nos colocam cada dia com mais força diante desse dilema inevitável, o regionalismo começa a se distinguir e a se separar em duas tendências de impulso e direção totalmente diversas. Melhor dito, começa a se esboçar um novo regionalismo. Esse regionalismo não é um simples protesto contra o regime centralista. É uma expressão da consciência serrana e do sentimento andino. Os novos regionalistas são, antes de mais nada, indigenistas. Não se pode confundi-los com os anticentralistas do velho tipo. Valcárcel percebe como intactas, por baixo do frágil estrato colonial, as raízes da sociedade incaica. Sua obra, mais que regional, é cuzquenha, é andina, é quéchua. Alimenta-se de sentimento indígena e tradição autóctone.

O problema primário, para esses regionalistas, é o problema do índio e da terra. E nisso seu pensamento coincide em tudo com o pensamento dos novos homens da capital. Não se pode falar, em nossa época, de contraste entre a capital e as regiões e sim de conflito entre duas mentalidades, entre dois ideários, um que declina, e outro que descende; ambos difundidos e representados tanto na serra quanto na costa, tanto na província quanto na metrópole.

Aqueles que, entre os jovens, se obstinam em falar a mesma linguagem vagamente federalista dos velhos, se equivocam de rumo. A nova geração deve construir, sobre um alicerce sólido de justiça social, a unidade peruana.

Subscritos esses princípios, admitidos esses objetivos, toda discrepância substancial emanada de egoísmos regionalistas ou centralistas fica descartada e excluída. A condenação do centralismo se une com a condenação do *gamonalismo*. E essas duas condenações se apoiam numa mesma esperança e num mesmo ideal.

A autonomia municipal, o *self government*, a descentralização administrativa, não podem ser regateadas nem discutidas em si mesmas. Mas, do ponto de vista de uma renovação integral e radical, têm que ser consideradas e apreciadas em suas relações com o problema social.

Nenhuma reforma que fortaleça o *gamonal* contra o índio, por mais que pareça uma satisfação do sentimento regionalista, pode ser estimada como uma boa e justa reforma. Acima de qualquer triunfo formal da descentralização e da autonomia, estão as reivindicações substanciais da causa do índio, inscritas em primeiro lugar no programa revolucionário da vanguarda.

6. O problema da capital

O anticentralismo dos regionalistas traduziu-se muitas vezes em antilimenhismo.[176] Mas não saiu, nesse aspecto como em outros, do protesto declamatório. Não tentou processar de modo sério e racional a capital, apesar de haver muitos motivos para sua instauração e instrução.

Essa era, sem dúvida, uma tarefa superior ao fim e aos motivos do regionalismo *gamonalista*. O novo regionalismo pode e deve assumi-la. Enquanto entra nessa fase positiva de sua missão, acredito ser útil completar minha tentativa de esclarecimento do velho tópico "regionalismo e centralismo", colocando o problema da capital. Até que ponto o privilégio de Lima aparece ratificado pela história e geografia nacionais? Eis uma questão que convém esclarecer. A hegemonia limenha repousa, a meu juízo, em um terreno menos sólido do que, por simples inércia mental, se supõe. Corresponde a uma época, a um período do desenvolvimento histórico nacional. Apoia-se em razões suscetíveis de envelhecimento e caducidade.

O espetáculo do desenvolvimento de Lima nos últimos anos provoca na nossa impressionável gente limenha previsões de otimismo delirante sobre o futuro próximo da capital. Os novos bairros, as avenidas asfaltadas, percorridas por automóveis a 60 ou 80 quilômetros, persuadem facilmente um limenho – sob seu ceticismo epidérmico e risonho, o limenho é muito menos incrédulo do que parece – de que Lima segue apressada o caminho de Buenos Aires ou do Rio de Janeiro.

Todas essas previsões partem da impressão física do crescimento da área urbana. Percebe-se apenas a multiplicação dos novos setores urbanos. Constata-se que, segundo seu movimento de urbanização, logo Lima estará unida a Miraflores e a Magdalena. As "urbanizações", na verdade, já traçam, no papel, a superfície de uma urbe de pelo menos um milhão de habitantes.

---

[176] Expressão que revela a rejeição à predominância da capital, Lima. (N.T.)

Mas, em si mesmo, o movimento de urbanização não prova nada. A falta de um censo recente não nos permite conhecer com precisão o crescimento demográfico de Lima de 1920 até hoje. O censo de 1920 fixava o número de habitantes de Lima em 228.740.[177] Ignora-se a proporção do aumento nos últimos anos. Mas os dados disponíveis indicam que nem o aumento da natalidade nem o aumento por imigração foram excessivos. E, portanto, fica muito evidente que o crescimento da superfície de Lima supera exorbitantemente o crescimento da população. Os dois processos, os dois termos não coincidem. O processo de urbanização avança por sua própria conta.

O otimismo limenho a respeito do futuro próximo da capital se alimenta, em grande medida, na confiança de que essa continuará usufruindo largamente das vantagens de um regime centralista que assegura os privilégios da sede do poder, do prazer, da moda etc. Mas o desenvolvimento de uma urbe não é uma questão de privilégios políticos e administrativos. É, antes de mais nada, uma questão de privilégios econômicos.

Em consequência, o que precisa ser pesquisado é se o desenvolvimento orgânico da economia peruana garante a Lima a função necessária para que seu futuro seja o que se prediz, ou, melhor dito, o que se deseja.

Examinemos rapidamente as leis da biologia das urbes e vejamos até que ponto essas se apresentam como favoráveis a Lima.

Os fatores essenciais da urbe são três: o fator natural ou geográfico, o fator econômico e o fator político. Desses três fatores, o único que, no caso de Lima, conserva sua potência integral é o terceiro.

Lucien Romier escreve, estudando o desenvolvimento das cidades francesas, o seguinte: enquanto as cidades secundárias governam as mudanças locais, a formação das grandes cidades supõe conexões e correntes de valor nacional e internacional: sua fortuna depende de uma rede de atividades mais vasta. Seu destino ultrapassa, pois, os quadros administrativos e às vezes as fronteiras; acompanha os movimentos gerais da circulação.[178]

---

[177] *Extracto estadístico del Perú*, de 1926, p. 2.
[178] Lucien Romier, *Explication de notre temps*, p. 50.

Pois bem, no Peru, essas conexões e correntes de valor nacional e internacional não se concentram na capital. Lima não é, geograficamente, o centro da economia peruana. Não é, principalmente, a desembocadura de suas correntes comerciais.

Em um artigo sobre "A capital do espírito", publicado em uma revista italiana, César Falcón faz inteligentes observações sobre esse tópico. Constata Falcón que as razões do crescimento estupendo de Buenos Aires são, fundamentalmente, razões econômicas e geográficas. Buenos Aires é o porto e o mercado da agricultura e pecuária argentinas. Todas as grandes vias do comércio argentino desembocam ali.[179] Lima, ao contrário, não pode ser mais que uma das desembocaduras dos produtos peruanos. Por diferentes portos da longa costa peruana têm que sair os produtos do Norte e do Sul.

Tudo isso é de uma evidência incontestável. Callao se mantém e se manterá por muito tempo no primeiro lugar da estatística aduaneira. Mas o aumento da exploração do território e seus recursos não se refletirá, sem dúvida, no principal proveito de Callao. Determinará o crescimento de vários outros portos do litoral. O caso de Talara é um exemplo. Em poucos anos, Talara se converteu, pelo volume de suas exportações e importações, no segundo porto da república.[180] Os benefícios diretos da indústria petroleira fogem completamente da capital. Essa indústria exporta e importa sem absolutamente empregar a capital ou seu porto como intermediários. Outras indústrias que nasçam na serra ou na costa terão idêntico destino e as mesmas consequências.

Ao dar uma olhada no mapa de qualquer uma das nações, cuja capital é uma grande urbe de importância internacional, se observará, em primeiro lugar, que a capital é o nó central da rede de ferrovias e estradas do país. O ponto de encontro e conexão de todas suas vias.

Uma grande capital se caracteriza, em nosso tempo, e sob esse aspecto, como uma grande central ferroviária. No mapa fer-

---

[179] Em *Le vie d'Italia dell'America Latina*, 1925.
[180] Conforme o *Extracto estadístico del Perú*, as importações pelo porto de Talara chegaram, em 1926, a £p 2.453.719, e as exportações a £p 6.171.983, ocupando o segundo lugar depois de Callao.

roviário está marcado, mais claramente que em qualquer outro mapa, sua função de eixo e centro.

É evidente que o privilégio político determina, em parte, essa organização da rede ferroviária de um país. Mas o fator primário da concentração não deixa de ser, por isso, o fator econômico. Todos os núcleos de produção tendem, espontânea e logicamente, a se comunicar com a capital, principal estação, mercado supremo. E o fator econômico coincide com o fator geográfico. A capital não é o produto do acaso. Formou-se em virtude de uma série de circunstâncias que favoreceram sua hegemonia. Mas nenhuma dessas circunstâncias teria acontecido se geograficamente o lugar não tivesse aparecido mais ou menos designado para esse destino.

O fato político não basta. Costuma-se dizer que, sem o papado, Roma teria morrido na Idade Média. Pode ser que isso seja algo exato. Não vale a pena discutir a hipótese. Mas, de qualquer maneira, não é menos exato dizer que Roma explica a sua história e a sua função de capital do maior império do mundo, pelo favor e pela honra de hospedar o papado. E a história de Roma, precisamente, nos ensina sobre a insuficiência do poder político. Não obstante a força de gravitação do Vaticano e do Quirinal, de sede da Igreja e sede do Estado, Roma não pôde prosperar com a mesma velocidade que Milão (o otimismo do *Risorgimento* sobre o futuro de Roma teve, ao contrário, o fracasso de que nos fala o romance de Zola. As empresas urbanizadoras e construtoras que se entregaram, com grande vigor, à construção de um bairro monumental, arruinaram-se com esse empenho. Seu esforço era prematuro). O desenvolvimento econômico da Itália setentrional assegurou a predominância de Milão, que deve seu crescimento, de modo muito ostensivo, a seu papel no sistema de circulação dessa Itália industrial e comerciante.

A formação de toda grande capital moderna teve um processo complexo e natural com profundas raízes na tradição. A gênese de Lima, ao contrário, foi um pouco arbitrária. Fundada por um conquistador, um estrangeiro, Lima aparece em sua origem como a tenda de um capitão chegado de terras longínquas. Lima não ganha seu título de capital na luta e na concorrência com outras cidades. Criatura de um século aristocrático, Lima nasce com um título de nobreza. É chamada, desde seu batismo, de Cidade dos Reis. É a filha da conquista. Não foi criada pelo aborígine, pelo reinícola; é criada pelo colonizador, ou melhor, pelo conquistador. Depois, o vice-reinado a consagra como sede do poder espanhol na América do Sul. E, finalmente, a revolução da independência, movimento da população *criolla* e espanhola – não da população indígena – a proclama capital da república. Vem de um fato que ameaça, temporalmente, sua hegemonia: a Confederação Peru-Bolívia. Mas esse Estado – que, restabelecendo o domínio dos Andes e da serra, tem algo de instintivo, de ensaio subconsciente de restauração do *Tawatinsuyo* – procura seu eixo demasiado ao sul. E, entre outras razões, talvez por essa, se desmorona. Lima, armada com seu poder político, referenda, depois, seus foros de capital.

Não é apenas a riqueza mineral de Junin a que, nessa etapa, inspira a obra da Ferrovia Central. É, antes de mais nada ou principalmente, o interesse de Lima. O Peru, filho da conquista, necessita partir do solar do conquistador, da sede do vice-reinado e da república, para empreender a escalada dos Andes. E, mais tarde, quando ultrapassados os Andes pela ferrovia, se desejar chegar à selva, sonha-se igualmente com uma via que una Iquitos com Lima. O presidente de 1895 – que, na sua declaração de princípios tinha incluído poucos anos antes uma profissão de fé federalista – pensou sem dúvida em Lima, mais que no Oriente, ao conceder seu favor para a rota de Pichis. Ou seja, portou-se, nessa como em outras coisas, com típico sentimento centralista.

Lima teve, e tem até hoje, na Ferrovia Central, uma das maiores fontes de seu poder econômico. Os minerais do Departamento de Junin, que, devido a essa ferrovia, são exportados pelo Callao, constituíam até pouco tempo nossa principal exportação mineral. Agora o petróleo do Norte a supera. Mas isso não indica em absoluto um decréscimo da mineração do centro. E, pela via central, baixam além do mais os produtos de Huánuco, de Ayacucho, de Huancavelica e da selva de Chanchamayo. O movimento econômico da capital se alimenta, em grande medida, por essa via de penetração. A ferrovia para Pachitea e a ferrovia de Ayacucho a Cuzco e, no geral, todo o projeto de programa ferroviário do Estado, tendem a convertê-la num grande tronco de nosso sistema de circulação.

Mas o futuro dessa via sofre ameaças. A Ferrovia Central, como é sabido, escala os Andes em um de seus pontos mais abruptos. O custo do seu funcionamento torna-se muito alto. Os fretes são caros. Portanto, a ferrovia que se projeta construir de Huacho a Oyón está destinada a se converter, em certa medida, num rival dessa linha. Por essa nova via, que transformaria Huacho num porto de primeira grandeza, sairia ao mar uma parte considerável da produção do centro.

De qualquer forma, uma via de penetração, mesmo não sendo a principal, basta para assegurar a Lima uma função absolutamente dominante no sistema de circulação do país.

Ainda que o centralismo subsista por muito tempo, não se poderá fazer de Lima o centro da rede de estradas e ferrovias. O território e a natureza vetam isso. A exploração dos recursos da serra e da selva exige vias de penetração, ou seja, caminhos que proporcionarão, na costa, diversos desembarcadouros para nossos produtos. Na costa, o transporte marítimo não deixará sentir de imediato nenhuma necessidade de grandes estradas longitudinais. As vias longitudinais serão interandinas. E uma cidade costeira, como Lima, não poderá ser a estação central dessa rede complicada que, necessariamente, irá buscar as saídas mais baratas e fáceis.

* * *

A indústria é um dos fatores primários da formação das urbes modernas. Londres, Nova York, Berlim, Paris, devem sua hipertrofia, em primeiro lugar, à sua indústria. A industrialização constitui um fenômeno específico da civilização ocidental. Uma grande urbe é fundamentalmente um mercado e uma fábrica. A indústria criou, primeiro, a força da burguesia e, em seguida, a força do proletariado. E, como observam muitos economistas, a indústria dos nossos tempos não segue o consumo: precede-o e o ultrapassa. Não lhe basta satisfazer a necessidade; é-lhe necessário, às vezes, criá-la, descobri-la. A industrialização aparece todo-poderosa. E, ainda que um tanto cansada de mecânica e artifício, a humanidade se declare às vezes disposta a voltar à natureza, nada ainda assegura a decadência da máquina e da manufatura. Na Rússia, a metrópole da civilização socialista nascente trabalha febrilmente para desenvolver sua indústria. O sonho de Lenin era a eletrificação do país. Em suma, tanto onde uma civilização declina quanto onde alvorece outra, a indústria mantém intacta sua pujança. Nem a burguesia nem o proletariado podem conceber uma civilização que não repouse na indústria. Existem vozes que proclamam a decadência da urbe. Não existe nenhuma que proclame a decadência da indústria.

Ninguém discrepa sobre o poder da industrialização. Se Lima reunisse as condições para se tornar um grande centro industrial, não seria possível a menor dúvida a respeito de sua aptidão para se transformar em uma grande urbe. Mas acontece precisamente que as possibilidades da indústria em Lima são limitadas. Não apenas porque, no geral, são limitadas no Peru – país que por muito tempo ainda tem que se contentar com o papel de produtor de matérias-primas – mas também porque, por outro lado, a formação de grandes núcleos industriais também tem suas leis. E essas leis são, na metade dos casos, as mesmas da formação das grandes urbes. A indústria cresce nas capitais, entre outras coisas, porque essas são o centro do sistema de circulação de um país. A capital é a fábrica porque é, além disso, o mercado. Uma rede centralizada de estradas e ferrovias é tão indispensável para a concentração industrial quanto para a concentração comercial. E já vimos nos artigos anteriores até que ponto a geografia física do Peru se revela anticentralizadora.

A outra causa da gravitação industrial de uma cidade é a possibilidade do lugar de produção de determinadas matérias-primas. Essa lei rege, sobretudo, para a indústria pesada, a siderurgia. As grandes usinas metalúrgicas surgem próximas das minas destinadas a abastecê-las. A localização das jazidas de carvão e de ferro determina esse aspecto da geografia econômica do Ocidente.

E, nesses tempos de eletrificação do mundo, uma terceira causa da gravitação industrial de uma localidade é a vizinhança de grandes fontes de energia hidráulica. A "hulha branca" pode fazer idênticos milagres que a hulha negra como criadora de industrialização e urbanização.

Quase não é necessário um esforço de indagação para se dar conta de que nenhum desses fatores favorece Lima. O território que a rodeia é pobre como solo industrial.

Convém advertir que as possibilidades industriais fundadas em fatores naturais – matérias-primas, riqueza hidráulica – não teriam, entretanto, valor considerável a não ser em um futuro distante. Por causa das deficiências de sua posição geográfica, de seu capital humano e de sua educação técnica, está vedado ao Peru sonhar em se converter, em curto prazo, em um país manufatureiro. Sua função na economia mundial tem que ser, por longos anos, a de um exportador de matérias-primas, gêneros alimentícios etc. No sentido contrário ao surgimento de uma indústria fabril importante, atua, além disso, atualmente, sua condição de país de economia colonial, feudalizada aos interesses comerciais e financeiros das grandes nações industriais do Ocidente.

Atualmente não se nota que o incipiente movimento manufatureiro no Peru tenda a se concentrar em Lima. A indústria têxtil, por exemplo, cresce esparramada. Lima possui a maioria das fábricas, mas uma grande porcentagem corresponde às províncias. É provável, além disso, que a manufatura de tecidos de lã, como se constata desde agora, encontre maiores possibilidades de desenvolvimento nas regiões de pecuária, onde ao mesmo tempo poderá dispor de mão de obra indígena barata, devido ao menor custo de vida.

As finanças, o sistema bancário, constitui outro dos fatores de uma grande urbe moderna. A recente experiência de Viena mostrou todo o valor desse elemento na vida de uma capital. Viena, depois da guerra, caiu numa grande miséria, como consequência da dissolução do império austro-húngaro. Deixou de ser o centro de um grande Estado para se reduzir à capital de um Estado minúsculo. A indústria e o comércio vienenses, anêmicos, dessangrados, entraram em um período de prostração aguda. Como sede de prazer e de luxo, Viena sofreu igualmente uma depressão violenta. Os turistas constatavam sua agonia. Pois bem, o que Viena defendeu no meio dessa crise foi sua situação como mercado financeiro. A balcanização da Europa central, que a danificou tanto comercial quanto industrialmente, a beneficiou em troca financeiramente. Viena, por sua posição na geografia da Europa, aparecia naturalmente designada para um papel substantivo como centro da finança internacional. Os banqueiros internacionais foram os *profiteurs* da falência da economia austríaca. Cabarés e cafés de Viena, melancólicos e arruinados, transformaram-se em escritórios de bancos e de câmbio.

Esse mesmo caso nos diz que um grande mercado financeiro tem que ser, antes de mais nada, um lugar no qual se cruzem muitas vias do tráfego internacional.

***

Nem sempre a capital política e a capital econômica coincidem. Já aludi ao contraste entre Milão e Roma na história da Itália democrática e liberal. Os Estados Unidos evitaram esse problema com uma solução, que talvez seja a mais prudente, mas que tipicamente pertence à estrutura confederada dessa república. Washington, a capital política e administrativa, afasta-se de toda oposição e concorrência com Nova York, Chicago, San Francisco etc.

A sorte da capital está subordinada às grandes mudanças políticas, como ensina a história da Europa e da própria América. Uma ordem política nunca pode se afirmar numa sede hostil ao seu espírito. A política europeizante de Pedro, o Grande, deslocou a corte russa de Moscou para Petrogrado. A revolução bolchevique, talvez pressentindo sua função no Oriente, sentiu-se mais segura em Moscou e no Kremlin, apesar de seu ideário ocidental.

No Peru, Cuzco, capital do império incaico, perdeu seus foros com a conquista espanhola.[181] Lima foi a capital da colônia. Foi também a capital da independência, ainda que os primeiros gritos

---

[181] Em seu livro *Por la emancipación de la América Latina* (pp. 90 e 91). Haya de la Torre opõe e compara o destino colonial do México ao do Peru. "No México", – escreve – "se fundiram as raças e a nova capital foi erguida no mesmo local da antiga. A Cidade do México e todas as suas grandes cidades estão localizadas no coração do país, nas montanhas, sobre as mesetas altíssimas que coroam os vulcões. A costa tropical serve para se comunicar com o mar. O conquistador do México fundiu-se com o índio, se uniu a este no próprio coração de suas montanhas e forjou uma raça que, ainda que não seja propriamente uma raça no sentido estrito do vocábulo, o é pela homogeneidade de seus costumes, pela tendência à definitiva fusão de sangues, pela continuidade sem soluções violentas do ambiente nacional. Isso não aconteceu no Peru. O Peru serrano e indígena, o verdadeiro Peru, ficou por detrás dos Andes ocidentais. As velhas cidades nacionais, Cuzco, Cajamarca etc., foram relegadas. Fundaram-se cidades novas e espanholas na costa tropical onde nunca chove, onde não há mudanças de temperatura, onde pode se desenvolver esse ambiente andaluz, sensual, de nossa capital alegre e submissa." É significativo que essas observações – a cujas alturas geralmente nunca chegaram as queixas e alardes do antilimenhismo – provenham de um filho de Trujillo, isto é, de uma dessas "cidades novas e espanholas" cujo predomínio lhe parece responsável por muitas coisas que execra. Esse e outros signos da revisão atual merecem ser indicados para a meditação dos que atribuem à serra a exclusividade do espírito revolucionário e palingenésico.

de liberdade tenham partido de Tacna, de Cuzco, de Trujillo. É hoje a capital, mas será também a capital de amanhã? Eis aqui uma pergunta que não é impertinente quando se ascende a um plano de previsões atrevidas e escrutinadoras. A resposta depende, provavelmente, de que a primazia na transformação social e política do Peru toque às massas rurais indígenas ou ao proletariado industrial costeiro. O futuro de Lima, de qualquer modo, é inseparável da missão de Lima, ou seja, da vontade de Lima.

O PROCESSO DA LITERATURA

1. Testemunho de parte

A palavra processo tem, neste caso, a acepção jurídica. Não escondo nenhum propósito de participar na elaboração da história da literatura peruana. Proponho-me, apenas, trazer meu testemunho a um julgamento que considero ainda aberto. Parece-me que nesse processo, até o momento, só se ouviram as testemunhas de defesa, e que já é hora de se escutar também as testemunhas de acusação. Meu testemunho é, convicta e confessadamente, um testemunho de parte. Todo crítico, toda testemunha, cumpre uma missão, consciente ou inconscientemente. Contra o que mesquinhamente se pode suspeitar, minha vontade é afirmativa, meu temperamento é de construtor, e nada mais antitético que o boêmio iconoclasta e dissolvente; mas minha missão diante do passado parece ser a de votar contra. Não me eximo de cumpri-la, nem peço desculpas por sua parcialidade. Piero Gobetti, um dos espíritos com os quais sinto a mais amorosa sintonia, escreve em um de seus admiráveis ensaios:

> O verdadeiro realismo tem o culto das forças que criam os resultados, não a admiração dos resultados intelectualmente contemplados a *prio-*

ri. O realista sabe que a história é um reformismo, mas também que o processo de reforma, em vez de se reduzir a uma diplomacia de iniciados, é produto dos indivíduos enquanto operem como revolucionários, através de claras afirmações de exigências contrastantes.[182]

Minha crítica renuncia a ser imparcial ou agnóstica, caso a verdadeira crítica pudesse sê-lo, coisa em que absolutamente não acredito. Toda crítica obedece a preocupações de filósofo, de político ou de moralista. Croce demonstrou lucidamente que a própria crítica impressionista ou hedonista de Jules Lemaitre, que se supunha isenta de qualquer sentido filosófico, não se afastava mais que Saint Beuve ao pensamento e à filosofia do seu tempo.[183]

O espírito do homem é indivisível, e não me ressinto com essa fatalidade e sim, ao contrário, a reconheço como uma necessidade de plenitude e coerência. Declaro, sem escrúpulos, que aporto à exegese literária todas minhas paixões e ideias políticas, ainda

---

[182] Piero Gobetti, *Opera critica*, parte prima, p. 88. Gobetti insiste nessa ideia em várias passagens de sua obra, totalmente de acordo com a dialética marxista, que de modo absoluto exclui essas sínteses *a priori* tão facilmente acariciadas pelo oportunismo mental dos intelectuais. Traçando o perfil de Domenico Giuliotti, companheiro de Papini na aventura intelectual do *Dizionario dell'uomo selvatico*, escreve Gobetti: "Aos indivíduos tocam as posições claras; a conciliação, a transação é obra apenas da história; é um resultado" (*op. cit.*, p. 82). E no mesmo livro, no final de umas anotações sobre a concepção grega da vida, afirma: "O novo critério da verdade é um trabalho de harmonia com a responsabilidade de cada um. Estamos no reino da luta (luta dos homens contra os homens, das classes contra as classes, dos Estados contra os Estados) porque somente através da luta se forjam fecundamente as capacidades, e cada um, defendendo com intransigência seu posto, colabora com o processo vital".

[183] Benedetto Croce, *Nuovi sagi di estetica*, ensaio sobre a crítica literária como filosofia, pp. 205-207. O mesmo volume, desqualificando com sua lógica inexorável as tendências esteticistas e historicistas na historiografia artística, evidenciou que "a verdadeira crítica de arte é certamente crítica estética, mas não porque desdenhe a filosofia, como a crítica pseudoestética, mas sim porque trabalha como filosofia ou concepção da arte; e é crítica histórica, mas não porque se atenha ao extrínseco da arte, como a crítica pseudo-histórica, mas sim porque, depois de ter se valido dos dados históricos para a reprodução fantástica (e até aqui ainda não é histórica), obtida já a reprodução fantástica, se faz história, determinando que coisa é aquele fato que reproduziu em sua fantasia, isto é, caracterizando o fato graças ao conceito e estabelecendo qual é propriamente o fato acontecido. Assim que as duas tendências que estão em contraste nas direções inferiores da crítica, na crítica coincidem; e crítica histórica da arte e crítica estética são a mesma coisa."

que, dado o descrédito e degeneração desse vocábulo na linguagem corrente, devo agregar que a política em mim é filosofia e religião.

Mas isso não quer dizer que considero o fenômeno literário ou artístico de pontos de vista extraestéticos, mas sim que minha concepção estética é unânime, na intimidade da minha consciência, com minhas concepções morais, políticas e religiosas e que, sem deixar de ser concepção estritamente estética, não pode operar independente ou diversamente.

Riva Agüero ajuizou a literatura com evidente critério "civilista". Seu ensaio sobre "o caráter da literatura do Peru independente"[184] está em todas as partes, de modo inequivocadamente trespassado não apenas de conceitos políticos,

---

[184] Ainda que seja um trabalho de sua juventude, ou precisamente por sê-lo, o *Carácter de la literatura del Perú independiente* traduz de modo vivo e sincero o espírito e o sentimento de seu autor. Os trabalhos de crítica literária posteriores de Riva Agüero não retificam fundamentalmente essa tese. O *Elogio del inca Garcilaso* pela exaltação do genial *criollo* e de seus *comentarios reales* poderia ter sido o prelúdio de uma nova atitude. Mas na verdade, nem uma forte curiosidade de erudito pela história incaica, nem uma fervorosa tentativa de interpretação da paisagem serrana, diminuíram no espírito de Riva Agüero a fidelidade à colônia. Sua estadia na Espanha agitou, na medida em que todos sabem, seu fundo conservador e vice-reinal. Em um livro escrito na Espanha, *El Perú histórico y artístico, influencia y descendencia de los montañeses en él* (Santander, 1921), manifesta uma consciência acentuada da sociedade incaica, mas nisso não se pode ver mais que a prudência e a ponderação de estudioso, em cujos juízos pesa a opinião de Garcilaso e dos cronistas mais objetivos e cultos. Riva Agüero constata que: "Quando da conquista, o regime social do Peru entusiasmou observadores tão escrupulosos como Cieza de León e homens tão doutos como o licenciado Polo de Ondegardo, o ouvidor Santillán, o jesuíta autor da *Relación anónima* e o padre José de Acosta. E quem sabe se nas veleidades socializantes e de regulamentação agrária do ilustre Mariana e de Pedro de Valencia (o discípulo de Arias Montano) não influiria, além da tradição platônica, o dado contemporâneo da organização incaica, que tanto impressionou quantos a estudaram?" Riva Agüero não se exime de retificações como a da sua apreciação primitiva de Ollantay – linda incaica, recolhida e refundida provavelmente por um literato espanhol – reconhecendo ter "exagerado muito a inspiração castelhana da versão atual em uma nota do ensaio sobre o *Carácter de la Literatura del Perú independiente*" e que, em vista de estudos posteriores, se Ollantay continua aparecendo como obra de um refundidor da colônia, "há que admitir que o plano, os procedimentos poéticos, todos os cantares e muitos trechos são de tradição incaica, apenas levemente alterados pelo redator". Nenhuma dessas comprovações leais de estudioso, entretanto, anula o propósito e o critério da obra, cujo tom geral é de um espanholismo recrudescido que, como homenagem à metrópole, tende a reivindicar o espanholismo "arraigado" do Peru.

mas também de sentimentos de casta. É simultaneamente uma peça de historiografia literária e de reivindicação política. O espírito de casta dos *encomenderos* coloniais inspira suas propostas críticas, que quase invariavelmente terminam em espanholismo, colonialismo, aristocratismo. Riva Agüero não prescinde de suas preocupações políticas e sociais a não ser na medida em que julga a literatura com normas de receituário, de acadêmico, de erudito; e então sua prescindência é apenas aparente porque, sem dúvida, seu espírito nunca se move mais ordenadamente que quando dentro da órbita escolástica e conservadora. Nem Riva Agüero dissimula muito o fundo político de sua crítica, ao misturar suas valorizações literárias com considerações a-históricas a respeito do suposto erro no qual incorreram os fundadores da independência, ao preferirem a república à monarquia, e veementes impugnações à tendência de opor à oligarquia partidos tradicionais, partidos de princípio, pelo temor de que provoquem combates sectários e antagonismos sociais. Mas Riva Agüero não podia confessar explicitamente a trama política de sua exegese: primeiro, porque só posteriormente à época de sua obra aprendemos a evitar muitas dissimulações evidentes e inúteis; segundo, porque condição de predomínio de sua classe – a aristocracia *encomendeira* – era, precisamente, a adoção formal dos princípios e instituições de outra classe – a burguesia liberal – e, ainda que não se sentisse intimamente monárquica, espanhola e tradicionalista, essa aristocracia precisava conciliar anfibiologicamente seu sentimento reacionário com a prática de uma política republicana e capitalista e o respeito a uma constituição democrático-burguesa.

Concluída a época de incontestada autoridade "civilista" na vida intelectual do Peru, a lista de valores estabelecida por Riva Agüero passou por revisão com todas as peças afiliadas e anexas.[185]

---

[185] Discuto e critico preferencialmente a tese de Riva Agüero porque a considero mais representativa e dominante e o fato de que estudos posteriores se cingem a suas valorizações, desejosos de imparcialidade crítica e alheios a seus motivos políticos parece-me mais uma razão para reconhecer seu caráter central e um poder fecundador. Luís Alberto Sánchez, no primeiro volume de *La literatura peruana*, admite que García Calderón em *Del romantismo al modernismo*, dedicado a Riva Agüero, glosa, na verdade, o livro deste; e ainda que anos mais tarde se documentasse melhor para escrever sua síntese de *La literatura peruana*, não acrescenta muitos dados aos já apontados por seu amigo e companheiro, o autor de *La historia en el Peru*, nem adota uma nova orientação, nem recorre à indispensável fonte popular.

Por minha parte, enfrento minha explícita parcialidade revolucionária e socialista à sua não confessada parcialidade "civilista". Não me atribuo mesuras nem a equidade de árbitro: declaro minha paixão e minha beligerância de opositor. As arbitragens, as conciliações atuam na história, e na condição de que as partes se enfrentem com alegações copiosas e extremas.

2. A literatura da colônia

O idioma é a matéria-prima da unidade de todas as literaturas. A literatura espanhola, como a italiana e a francesa, começam com os primeiros cantos e relatos escritos nessas línguas. Só depois da produção de obras propriamente artísticas, de méritos perduráveis, em espanhol, italiano e francês, aparecem respectivamente as literaturas espanhola, italiana e francesa. A diferenciação dessas línguas do latim ainda não estava completa, e do latim se derivavam diretamente todas elas, consideradas por muito tempo como linguagem popular. Mas a literatura nacional dos ditos povos latinos nasce, historicamente, com o idioma nacional, que é o primeiro elemento de demarcação dos confins gerais de uma literatura.

O florescimento das literaturas nacionais coincide, na história do Ocidente, com a afirmação política da ideia nacional. Faz parte do movimento que, por meio da reforma e do Renascimento, criou os fatores ideológicos e espirituais da revolução liberal e da ordem capitalista. A unidade da cultura europeia, mantida durante a Idade Média, pelo latim e pelo papado, rompeu-se devido à corrente nacionalista, que teve uma de suas expressões na individualização nacional das literaturas. O "nacionalismo" na historiografia literária é, portanto, um fenômeno com a mais pura raiz política, alheio à concepção estética da arte. Tem sua definição mais rigorosa na Alemanha, desde a obra dos Schlegel, que renova profundamente a crítica e a historiografia literárias. Francesco de Sanctis – autor da justamente célebre *Storia della letteratura italiana*, da qual Brunetiére escrevia com fervorosa admiração, "esta história da literatura italiana que não canso de citar e que na França não se cansam de não ler" – considera característico da crítica oitocentista quel pregio de la nazionalitá, tanto stimato daí critici moderni e pel cuale lo Schlegel esalta il Calderón, nazionalissimo spagnuolo e deprime il Metastasio non punto italiano.[186]

A literatura nacional é, no Peru, como a própria nacionalidade, de inegável filiação espanhola. É uma literatura escrita, pensada e sentida em espanhol, ainda que nas tonalidades, e mesmo na sintaxe e na prosódia do idioma, a influência indígena seja, em alguns casos, mais ou menos clara e intensa. A civilização autóctone não chegou à escrita e, finalmente, não chegou propriamente e de modo estrito à literatura, ou, melhor dizendo, essa se deteve na etapa dos aedos, das lendas e das representações coreográfico-teatrais. A escrita e a gramática quéchuas são, na sua origem, uma obra espanhola, e os escritos quéchuas pertencem totalmente a literatos bilíngues como El Lunarejo, até o aparecimento de Inocencio Mamani, o jovem autor de *Tecuípac Munashcan*.[187] A língua castelhana, mais ou menos americanizada, é a linguagem literária e o instrumento intelectual dessa nacionalidade, cujo trabalho de definição ainda não se concluiu.

Na historiografia literária, o conceito de literatura nacional, da mesma maneira como não é atemporal, também não é demasiado concreto. Não traduz uma realidade mensurável e idêntica. Como toda sistematização, não apreende senão aproximadamente a mobilidade dos fatos (a própria nação é uma abstração, uma alegoria, um mito, que não corresponde a uma realidade

---

[186] Francesco de Sanctis, *Teoria e storia della letteratura*, v. I, p. 186. Já que citei os *Nuovi saggi di estetica*, de Croce, não devo deixar de recordar que, reprovando as preocupações excessivamente nacionalistas e modernistas, respectivamente, das histórias literárias de Adolfo Bartels e Ricardo Maurício Meyer, Croce sustenta: "que não é verdade que os poetas e outros artistas sejam expressão da consciência nacional, da raça, da estirpe, de classe ou de qualquer coisa semelhante". A reação de Croce contra o nacionalismo exagerado da historiografia literária do século 19, do qual, no entanto, escapam obras como a de George Brandes, espécime extraordinário do bom europeu, é extremada e excessiva como toda reação, mas responde, no universalismo vigilante e generoso de Croce, à necessidade de resistir aos exageros da imitação dos modelos imperiais germânicos.

[187] Veja-se em *Amauta*, n. 12 e 14 as notícias e comentários de Gabriel Collazos e José Gabriel Cossío sobre a comédia quéchua de Inocencio Mamani, a cuja gestação provavelmente não é estranho o ascendente fecundizador de Gamaliel Churata.

constante e precisa, cientificamente determinável). Remarcando o caráter de exceção da literatura hebraica, De Sanctis constata o seguinte:
> Verdadeiramente uma literatura do todo nacional é uma quimera. Teria ela como condição um povo perfeitamente isolado como se diz que o é a China (ainda que, hoje, os ingleses penetraram também na China). Aquela imaginação e aquele estilo que hoje se chama de orientalismo, não é nada de particular do Oriente, e sim na verdade é do setentrião e de todas as literaturas barbáricas e nascentes. A poesia grega tinha da asiática, e a latina da grega e a italiana da grega e da latina.[188]

O dualismo quéchua-espanhol do Peru, ainda não resolvido, faz da literatura nacional um caso de exceção que não é possível estudar com o método válido para as literaturas organicamente nacionais, nascidas e crescidas sem a intervenção de uma conquista. Nosso caso é diferente do daqueles povos da América em que não existe a mesma dualidade, ou existe em termos inócuos. A individualidade da literatura argentina, por exemplo, está em estrito acordo com uma definição vigorosa da personalidade nacional.

A primeira etapa da literatura peruana não podia eludir a sorte que lhe era imposta por sua origem. A literatura dos espanhóis da colônia não é peruana; é espanhola. Claro está que não por ser escrita no idioma espanhol, mas, sim, por ter sido concebida com espírito e sentimento espanhóis. A esse respeito me parece que não existem discrepâncias. Gálvez, hierofante do culto ao vicereinado em sua literatura, reconhece como crítico que
> a época da colônia não produziu mais que imitações servis e inferiores da literatura espanhola, especialmente da gongórica, da qual tomaram apenas o enfatuado e o ruim e que não tiveram nem a compreensão nem o sentimento do meio, exceto Garcilaso,[189] que sentiu a natureza, e Caviedes, que foi personalíssimo em suas argúcias e que em certos aspectos da vida nacional, na malícia *criolla*, pode e deve ser conside-

---

[188] De Sanctis, *op. cit.*, pp. 186 e 187.
[189] Garcilaso de la Veja, o inca Garcilaso, era filho de um conquistador espanhol e uma princesa inca. Seus "comentários reales" traduzem a história oral bebida em sua infância no espanhol mais castiço. Garcilaso também foi poeta e é considerado um dos grandes escritores espanhóis da época.(N.T.)

rado como o antepassado distante de Segura, de Pardo, de Palma e de Paz Soldán.[190]

As duas exceções, muito mais a primeira que a segunda, são incontestáveis. Garcilaso, sobretudo, é uma figura solitária na literatura da colônia. Em Garcilaso se dão as mãos duas idades, duas culturas. Mas Garcilaso é mais inca que conquistador, mais quéchua que espanhol. É, também, um caso de exceção. E nisso reside precisamente sua individualidade e sua grandeza.

Garcilaso nasceu do primeiro abraço, do primeiro amplexo fecundo das duas raças. A conquistadora e a indígena. É, historicamente, o primeiro "peruano", se entendemos a "peruanidade" como uma formação social, determinada pela conquista e colonização espanholas. Garcilaso chama com seu nome e sua obra uma etapa inteira da literatura peruana. É o primeiro peruano, sem deixar de ser espanhol. Sua obra, sob o aspecto histórico-estético, pertence à épica espanhola. É inseparável da maior epopeia da Espanha: o descobrimento e a conquista da América.

Colonial, espanhola, a literatura peruana assim aparece, em sua origem, até pelos gêneros e assuntos de sua primeira época. A infância de toda literatura normalmente desenvolvida é a lírica.[191] A literatura oral indígena obedeceu, como todas, a essa lei. A conquista transplantou ao Peru, com o idioma espanhol, uma literatura já evoluída, que continuou na colônia sua própria trajetória. Os espanhóis trouxeram um gênero narrativo bem desenvolvido, que do poema épico já avançava para o romance. E o romance caracteriza a etapa literária que começa com a Reforma e o Renascimento. O romance é, em boa medida, a história do indivíduo da sociedade burguesa, e desse ponto de vista não deixa de ter razão Ortega y Gasset quando registra a decadência do romance. O romance renascerá, sem dúvida, como arte realista, na sociedade proletária; mas,

---

[190] José Gálvez, *Posibilidad de una genuina literatura nacional*, p. 7.
[191] De Sanctis, na sua *Teoria e storia della letteratura* (p. 205) diz: "O homem, na arte como na ciência, parte da subjetividade e por isso a lírica é a primeira forma da poesia. Mas da subjetividade passa depois para a objetividade e aí se tem a narração, na qual a comoção subjetiva é incidental e secundária. O campo da lírica é o ideal, o da narração o real: na primeira, a impressão é o objetivo, a ação é ocasional; na segunda acontece o contrário; a primeira não se dissolve em prosa a não ser se destruindo; a segunda se resolve na prosa que é sua tendência natural".

por enquanto, o relato proletário, enquanto expressão da epopeia revolucionária, tem mais de épica que de romance propriamente dito. A épica medieval, que decaía na Europa na época da conquista, encontrava aqui os elementos e estímulos de um renascimento. O conquistador podia sentir e expressar epicamente a conquista. A obra de Garcilaso está, sem dúvida, entre a épica e a história. A épica, como observa muito bem De Sanctis, pertence aos tempos do maravilhoso.[192] A melhor prova da mediocridade irremediável da literatura da colônia temos no fato de que, depois de Garcilaso, ela não ofereceu nenhuma criação épica original. A temática dos literatos da colônia é, geralmente, a mesma dos literatos da Espanha e, sendo repetição e continuação dessa, se manifesta sempre com atraso, pela distância. O repertório colonial compõe-se quase exclusivamente de títulos que mostram o eruditismo, o escolasticismo, o classicismo obsoleto de seus autores a léguas de distância. É um repertório de rapsódias e ecos, senão de plágios. O tom mais pessoal é, realmente, o de Caviedes. Que anuncia o gosto limenho pelo tom festivo e burlesco. "El Lunarejo", não obstante seu sangue indígena, sobressaiu-se apenas como gongorista, ou seja, numa atitude característica de uma literatura velha que, esgotado o renascimento, chegou ao barroquismo e ao culteranismo. O *Apologético em favor de Góngora*, desse ponto de vista, está dentro da literatura espanhola.

3. O colonialismo sobrevivente

Nossa literatura não deixa de ser espanhola na data de fundação da república. Continua sendo ainda por muitos anos, seja em um ou outro eco tresnoitado do classicismo ou do romantismo da metrópole. De qualquer maneira, se não quisermos chamá-la de espanhola, há que chamá-la por longos anos de literatura colonial.

Pelo caráter de exceção da literatura peruana, seu estudo não se acomoda nos esquemas usados de classicismo, romantismo e

---

[192] "São os tempos de luta" – escreve De Santis – "nos quais a humanidade ascende de uma ideia a outra e o intelecto não triunfa sem que a fantasia seja sacudida: quando uma ideia triunfou e se desenvolve em exercício pacífico não se tem mais a épica e sim a história. O poema épico, portanto, pode se definir como a história ideal da humanidade em sua passagem de uma ideia para outra" (*Idem*, p. 207).

modernismo, de antigo, medieval e moderno, de poesia popular e literária etc. E não tentarei sistematizar este estudo segundo a classificação marxista em literatura feudal ou aristocrática, burguesa e proletária. Para não agravar a impressão de que meu arrazoado está organizado a partir de um esquema político ou classista, e em vez disso adequá-lo a um sistema de crítica e história artística, posso construí-lo com outros andaimes, sem que isso implique nada mais que um método de explicação e ordenamento, e por nenhum motivo uma teoria que prejulgue e inspire a interpretação de obras e autores.

Uma teoria moderna – literária, não sociológica – sobre o processo normal da literatura de um povo distingue nela três períodos: um período colonial, um período cosmopolita, um período nacional. Durante o primeiro período um povo, literariamente, não passa de uma colônia. Durante o segundo período assimila simultaneamente elementos de diversas literaturas estrangeiras. No terceiro, alcança uma expressão bem modulada de sua própria personalidade e seu próprio sentimento. Essa teoria não prevê mais nada. Mas não nos faz falta, por enquanto, um sistema mais amplo.

O ciclo colonial se apresenta na literatura peruana de forma muito precisa e clara. Nossa literatura não apenas é colonial nesse ciclo por sua dependência e vassalagem à Espanha; é, principalmente, por sua subordinação aos resíduos espirituais e materiais da colônia. D. Felipe Pardo, a quem Gálvez arbitrariamente considera como um dos precursores do peruanismo literário, não repudiava a república e suas instituições por um simples sentimento aristocrático. Ao contrário, repudiava-os por seu sentimento conservador. Toda inspiração de sua sátira – aliás, bem medíocre – procede de seu mau humor de corregedor ou *encomendero*, a quem uma revolução tinha igualado, na teoria, se não de fato, com os mestiços e os indígenas. Todas as raízes de sua burla estão em seu instinto de casta. O sotaque de Pardo y Aliaga não é o de um homem que se sente peruano, e sim de um homem que se sente espanhol num país conquistado pela Espanha para os descendentes de seus capitães e bacharéis.

Esse mesmo espírito, em doses menores, mas com os mesmos resultados, caracteriza quase toda a nossa literatura até a geração "colónida" que, iconoclasta diante do passado e seus valores, acata, como seu mestre, Gonzáles Prada e saúda como seu precursor, Eguren, ou seja, os dois literatos mais liberados do espanholismo.

Que é o que mantém viva a nostalgia da colônia por tanto tempo? Certamente não é unicamente o passadismo individual dos literatos. A razão é outra. Para descobri-la é preciso sondar um mundo mais complexo que o do olhar do crítico.

A literatura de um povo se alimenta e se apoia em seu substrato econômico e político. Em um país dominado pelos descendentes dos *encomenderos* e ouvidores do vice-reinado, nada era mais natural, por conseguinte, que a serenata sob seus balcões. A autoridade da casta feudal repousava em parte sobre o prestígio do vice-reinado. Os literatos medíocres de uma república que se sentia herdeira da conquista não podiam fazer outra coisa senão trabalhar pelo lustre e pelo brilho dos brasões vice-reais. Apenas os temperamentos superiores – precursores sempre, em todos os povos e todos os climas, das coisas do futuro – eram capazes de se subtrair dessa fatalidade histórica, demasiado imperiosa para os clientes da classe latifundiária.

A debilidade, a anemia, a flacidez de nossa literatura colonial e colonialista provêm de sua falta de raízes. A vida, como afirmava Wilson, vem da terra. A arte tem necessidade de se alimentar da seiva de uma tradição, de uma história, de um povo. E no Peru a literatura não brotou da tradição, da história, do povo indígena. Nasceu de uma importação da literatura espanhola; depois se nutriu da imitação da mesma literatura. Um cordão umbilical doentio a manteve ligada à metrópole.

Por isso, pouco tivemos além do barroquismo e do culteranismo de clérigos e ouvidores, durante o período colonial; romantismo e trovadorismo mal digeridos dos bisnetos dos mesmos ouvidores e clérigos, durante a república.

A literatura colonial, apesar de algumas evocações solitárias e raquíticas do império e de seus fastos, sentiu-se estranha ao passado incaico. Isso pareceu muito lógico a seu historiógrafo Riva Agüero. Incapaz de estudar e denunciar essa incapacidade, Riva Agüero apressou-se a justificá-la, subscrevendo com complacência e convicção o juízo de um escritor da metrópole.

Os sucessos do império incaico – escreve – segundo o dizer muito exato de um crítico famoso (Menéndez Pelayo) nos interessam tanto quanto poderiam os espanhóis de hoje se interessar pelas histórias dos Turdetanos e Sarpetanos.

E diz nas conclusões desse mesmo ensaio:

O sistema que, para americanizar a literatura, remonta até os tempos anteriores à conquista, e trata de fazer viver poeticamente as civilizações quéchua e asteca, as ideias e os sentimentos dos aborígines, me parece o mais estreito e infecundo. Não deve ser chamado de americanismo e sim de exotismo. Isso já foi dito por Menéndez Pelayo, Rubio e Juan Valera. Aquelas civilizações ou semicivilizações morreram, se extinguiram, e não há como reatar sua tradição, já que não deixaram literatura. Para os *criollos* de raça espanhola, são estrangeiras e peregrinas e nada nos liga a elas; e estrangeiras e peregrinas são também para os mestiços e os índios cultos, porque a educação que receberam os europeizou completamente. Nenhum deles está na situação de Garcilaso de la Vega.

Na opinião de Riva Agüero – opinião característica de um descendente da conquista, de um herdeiro da colônia, para quem os julgamentos dos eruditos da corte são artigos de fé – "recursos muito mais abundantes oferecem as expedições espanholas do século 16 e as aventuras da conquista".[193]

Com a república já adulta, nossos literatos não conseguiram sentir o Peru se não como uma colônia da Espanha. Para a Espanha partia sua imaginação domesticada, em busca não apenas de modelos, mas também de temas. Exemplo: a *Elegía a la muerte de Alfonso XII*, de Luís Benjamin Cisneros, que, no entanto, foi, dentro da vazia e tosca tropa romântica, um dos espíritos mais liberais e oitocentistas.

O literato peruano quase nunca soube se sentir vinculado ao povo. Não pôde nem desejou traduzir o penoso trabalho de formação de um Peru integral, de um novo Peru. Entre o incário e a colônia, optou pela colônia. O Peru novo era uma nebulosa. Só o incário e a colônia existiam clara e definidamente. E entre a balbuciante literatura peruana e o incário e o índio a conquista se interpunha, separando-os e não deixando que se comunicassem.

Destruída a civilização incaica pela Espanha, constituído o novo Estado sem o índio e contra o índio, submetida à servidão

---

[193] José de la Riva Agüero, *Carácter de la literatura del Perú independiente*.

a raça aborígine, a literatura peruana tinha que ser *criolla* e costeira, na proporção em que deixava de ser espanhola. Por isso não pôde surgir uma literatura vigorosa no Peru. O cruzamento do invasor com o indígena não havia produzido no Peru um tipo mais ou menos homogêneo. Ao sangue ibérico e quéchua tinha se misturado uma corrente copiosa de sangue africano. Mais tarde, a importação de cules acrescentaria a essa mistura um pouco de sangue asiático. Finalmente, não havia apenas um tipo e sim vários tipos de *criollos*, de mestiços. A função desses elementos étnicos tão dessemelhantes se desenvolvia, no entanto, num pedaço de terra baixa amena e calma, no qual uma natureza indecisa e negligente não podia imprimir uma forte marca individual no produto frouxo dessa experiência sociológica.

Era fatal que o caráter heteróclito e heterogêneo de nossa composição étnica transcendera o nosso processo literário. A origem da literatura peruana não podia se assemelhar, por exemplo, ao da literatura argentina. Na república do Sul, o cruzamento do europeu e do indígena produziu o gaúcho. E no gaúcho se fundiram, de modo perdurável e com força, a raça forasteira e conquistadora e a raça aborígine. Por conseguinte, a literatura argentina – que é, entre as literaturas iberoamericanas, a que talvez tenha mais personalidade – está permeada de sentimento gaúcho. Os melhores literatos argentinos extraíram seus temas e seus personagens do extrato popular. Santos Vega, Martín Fierro, Anastasio el Pollo, viveram antes na imaginação popular que na imaginação artística. Hoje a literatura argentina, aberta às influências mais modernas, diferentes e cosmopolitas, não renega seu espírito gaúcho. Ao contrário, reafirma-o. Os poetas mais ultraístas da nova geração declaram-se descendentes do gaúcho Martín Fierro e de sua bizarra estirpe de menestréis errantes. Um dos mais saturados de ocidentalismo e modernidade, Jorge Luís Borges, frequentemente adota a prosódia do povo.

Discípulos de Listas e Hermosillas, os literatos do Peru independente, ao contrário, quase invariavelmente desdenharam a plebe. O único que seduzia e deslumbrava sua fantasia cortesã e assustada de fidalgotes de província era o espanhol, o vice-real. Mas a Espanha estava muito longe. O vice-reinado – ainda que subsistisse ao regime feudal estabelecido pelos conquistadores –

pertencia ao passado. Toda a literatura dessa gente dá, por isso, a impressão de uma literatura desenraizada e raquítica, sem raízes no seu presente. É uma literatura de "emigrados" implícitos, sobreviventes nostálgicos.

Os poucos literatos vitais, nessa pantanosa e anêmica procissão de cansados e amarrotados escribas, são os que, de alguma maneira, traduziram o povo. A literatura peruana é uma rapsódia pesada e indigesta da literatura espanhola, em todas as obras nas quais ignora o Peru vivo e verdadeiro. O gemido indígena, a pirueta mulata, são as notas mais animadas e verazes dessa literatura sem asas e vértebras. Na trama das *Tradiciones* não se descobre logo a fibra do vivaz e bisbilhoteiro mestiço limenho? Essa é uma das forças vitais da prosa do tradicionalista. Melgar, desdenhado pelos acadêmicos, sobreviverá a Althaus, a Pardo e a Salaverry, porque nas suas canções o povo sempre encontrará um vislumbre de sua autêntica tradição sentimental e de seu genuíno passado literário.

4. Ricardo Palma, Lima e a colônia

O colonialismo – evocação nostálgica do vice-reino – pretende incorporar a figura de d. Ricardo Palma. Essa literatura servil e frouxa, de sentimentaloides e retóricos, supõe-se incorporada com as *Tradiciones*. A geração "futurista", que mais de uma vez já qualifiquei como a mais passadista de nossas gerações, gastou a melhor parte de sua eloquência nesse empreendimento de açambarcamento da glória de Palma. É esse o único terreno em que manobrou com eficiência. Palma aparece como o representante máximo do colonialismo.

Mas se meditarmos seriamente sobre a obra de Palma, confrontando-a com o processo político e social do Peru e com a inspiração do gênero colonialista, descobre-se o artificial e convencional dessa anexação. Situar a obra de Palma dentro da literatura colonialista é não apenas apequená-la mas também deformá-la. As *Tradiciones* não podem ser identificadas com uma literatura de exaltação reverente e apologética da colônia e de seus fastos, absolutamente peculiar e característica, em seu tom e seu espírito, da clientela acadêmica da casta feudal.

D. Felipe Pardo e d. José Antonio de Lavalle, conservadores convictos e confessos, evocavam a colônia com nostalgia e com unção. Ricardo Palma, entretanto, a reconstruía com um realismo zombador e uma fantasia irreverente e satírica. A versão de Palma é crua e vívida. A dos prosistas e poetas da serenata sob os balcões do vice-reinado, tão grata aos ouvidos das pessoas do *ancien régime*, é devota e bajulatória. Não há nenhuma semelhança substancial, nenhum parentesco psicológico entre uma e outra versão.

A sorte bem diferente de uma e outra se explica fundamentalmente pela diferença de qualidade; mas se explica também pela diferença de espírito. A qualidade é sempre espírito. A obra pesada e acadêmica de Lavalle e outros colonialistas morreu porque não pode ser popular. A obra de Palma vive, antes de mais nada, porque pode e sabe sê-lo.

O espírito das *Tradiciones* não se deixa mistificar. É demasiado evidente em toda a obra. Riva Agüero, que em seu estudo sobre o caráter da literatura do Peru independente, de acordo com os interesses de seu gene e de sua classe, o coloca dentro do colonialismo, reconhece em Palma, "pertencente à geração que rompeu com o maneirismo dos escritores do período colonial", um literato "liberal e filho da república". Sente-se que Riva Agüero está intimamente descontente com o espírito irreverente e heterodoxo de Palma.

Riva Agüero tenta rejeitar esse sentimento, mas sem poder evitar que aflore claramente em mais de uma passagem de seu discurso. Constata que Palma, "ao falar da Igreja, dos jesuítas, da nobreza, sorri e faz o leitor sorrir". Trata de acrescentar que "com sorriso tão fino que não fere". Diz que não será ele quem repreenderá seu voltairianismo. Mas conclui confessando seu verdadeiro sentimento:

Às vezes a zombaria de Palma, por mais que seja benigna e suave, chega a destruir a simpatia histórica. Vemos que se encontra muito desligado das antigas preocupações e que, a custa de estar livre dessas ridicularias, não as compreende, e uma nuvem leve de indiferença e desapego se interpõe entre o assunto e o escritor.[194]

Se o próprio crítico e historiógrafo da literatura peruana que juntou, solidarizando-os, o elogio de Palma e a apologia da co-

---
[194] *Idem*, p. 155.

lônia, reconhece tão explicitamente a diferença fundamental de sentimento que distingue Palma de Pardo e Lavalle, como se criou e se manteve o equívoco de uma classificação que virtualmente os confunde e reúne? A explicação é fácil. Esse equívoco se apoiou, em sua origem, na divergência pessoal entre Palma e Gonzáles Prada; depois se alimentou do contraste espiritual entre "palmistas" e "pradistas". Haya de la Torre, em uma carta sobre o Mercurio Peruano, enviada à revista *Sagitário*, de La Plata, faz uma observação acertada: "Entre Palma que zombava e Prada que açoitava, os filhos desse passado e daquelas castas duplamente feridas preferiram alfinetar que chicotear".[195] Pertence ao mesmo Haya uma precisa, e a meu julgamento, oportuna e inteligente *mise au point* sobre o sentido histórico e político das *Tradiciones*.

Pessoalmente – escreve – acredito que Palma foi um tradicionista,[196] mas não tradicionalista. Acredito que Palma mergulhou sua pena no passado para em seguida brandi-la acima e rir-se dele. Nenhuma instituição ou homem da colônia e mesmo da república escapou da mordida tantas vezes certeira, da ironia, do sarcasmo e sempre do ridículo da alegre crítica de Palma. Sabe-se bem que o clero católico teve um inimigo na literatura de Palma e que suas *Tradiciones* provocam horror em frades e freiras. Mas, por um paradoxo curioso, Palma viu-se rodeado, adulado e desvirtuado por uma trupe de pessoas distintas, intelectuais, católicos, bem-nascidos e admiradores de sobrenomes sonoros.[197]

Não há nada de estranho nem de insólito no fato de que essa aclaração penetrante do sentido e da filiação das *Tradiciones* venha de um escritor que jamais oficiou como crítico literário. Para uma interpretação profunda do espírito de uma literatura, a mera erudição literária não é suficiente. É mais útil a sensibilidade política e a clarividência histórica. O crítico profissional considera a literatura em si mesma. Não percebe suas relações com a política, a economia, a vida em sua totalidade. Dessa maneira sua pesquisa

---

[195] Em *Sagitario* n. 3 (1926) e em *Por la emancipación de América Latina*, Buenos Aires, 1927. p. 139.
[196] Pessoa que escreve sobre tradições (N.T.)
[197] *Op. cit.*, p. 139.

não chega ao fundo, à essência dos fenômenos literários. E, por conseguinte, não consegue definir os fatores obscuros da sua gênese nem de seu subconsciente.

Uma história da literatura peruana que leve em consideração as raízes sociais e políticas dessa liquidará a convenção contra a qual, hoje, somente uma vanguarda protesta. Poderá ser visto, então, que Palma está menos distante de Gonzáles Prada do que parece até agora.[198]

As *Tradiciones* de Palma tem, política e socialmente, uma filiação democrática. Palma interpreta o mestiço. Sua zombaria rói risonhamente o prestígio do vice-reinado e da aristocracia. Traduz o descontentamento zombador do *demos criollo*. A sátira das *Tradiciones* não vai muito fundo nem golpeia muito forte. Mas, precisamente por isso, se identifica com o humor de um *demos* brando, sensual e açucarado. Lima não podia produzir outra literatura. As *Tradiciones* esgotam suas possibilidades. Às vezes excedem a si mesmas.

Se a revolução da independência tivesse sido no Peru a obra de uma burguesia mais ou menos sólida, a literatura republicana teria outra tonalidade. A nova classe dominante teria se expressado, ao mesmo tempo, na obra de seus estadistas e no verbo, no estilo e na atitude de seus poetas, romancistas e de seus críticos. Mas o advento da república no Peru não representou o surgimento de uma nova classe dirigente.

A onda da revolução era continental: quase não era peruana. Os liberais, os jacobinos, os revolucionários peruanos não eram mais que uma pequena minoria. A melhor seiva e a energia mais heroica gastaram nas batalhas e nos intervalos da luta. A república repousava apenas no exército da revolução. Tivemos, por isso, um período acidentado e tormentoso de interinidade militar. E, não tendo sido possível cristalizar a classe revolucionária nesse período, automaticamente ressurgiu a classe conservadora. Os *encomenderos* e latifundiários que, durante a revolução da independência, oscilaram ambiguamente entre patriotas e realistas, encarregaram-se francamente da direção da república. A aristo-

---

[198] Em uma carta a *Amauta* (n. 4), Haya, impulsionado por seu entusiasmo, exagera, sem dúvida, essa reivindicação.

cracia colonial e monárquica metamorfoseou-se, formalmente, em burguesia republicana. O regime econômico-social da colônia adaptou-se externamente às instituições criadas pela revolução. Mas a saturou de seu espírito colonial.

Sob um frio liberalismo de fachada, latia nessa casta a nostalgia do vice-reinado perdido.

O *demos criollo*, ou melhor, limenho, carecia de consistência e originalidade. De quando em quando era sacudido pela clarinada retórica de algum novo caudilho. Mas, passado o espasmo, voltava novamente a cair em sua sonolência amolecida. Toda sua inquietação, sua rebeldia, se resolviam na piada, na maledicência, no epigrama. E é precisamente isso que encontra sua expressão literária na prosa astuciosa das *Tradiciones*.

Palma pertence de forma absoluta a uma mesocracia que um complexo conjunto de circunstâncias históricas não permitiu que se transformasse numa burguesia. Como essa classe heterogênea, como essa classe larvar, Palma guardou um rancor latente contra a aristocracia antiquada e reacionária. A sátira das *Tradiciones* frequentemente finca seus dentes agudos de roedor nos homens da república. Mas, em vez da sátira reacionária de Felipe Pardo y Aliaga, não ataca a própria república. Palma, como o *demos* limenho, deixa-se conquistar pela declamação antioligárquica de Piérola. E, sobretudo, mantém-se sempre fiel à ideologia liberal da independência.

O colonialismo, o civilismo, por obra de Riva Agüero e outros de seus porta-vozes intelectuais, anexam Palma, não apenas porque essa anexação não representa nenhum perigo para sua política, mas principalmente, pela mediocridade irremediável de seu próprio elenco literário. Os críticos dessa casta sabem muito bem que são vãos todos os seus esforços para inflar o volume de d. Felipe Pardo ou de d. José Antonio de Lavalle. A literatura civilista não produziu nada mais que exercícios bobos e secos de classicismo ou esmaecidas e vulgares tentativas românticas. Necessita, por conseguinte, açambarcar Palma para se pavonear, com ou sem direito, de um autêntico prestígio.

Mas devo constatar que não apenas o colonialismo é responsável por esse equívoco. Nele tem parte – como observava no meu artigo anterior – o "gonzález-pradismo". Em um "ensaio sobre as literaturas do Peru", de Federico More, encontro o seguinte julgamento sobre o autor das *Tradiciones*:

> Ricardo Palma, representante, porta-voz e sentinela do colonialismo, é um historicizante[199] irrelevante, narrador divertido de chistes fichados e ordenados. Escreve tendo em vista a Academia da Língua e, para contar os devaneios e circunspecções das marquesinhas de penteado adornado e lábios proeminentes, quer usar o castelhano do século de ouro.[200]

More pretende que Palma ficará apenas na "risadinha zombeteira".

Essa opinião, para alguns, não refletirá nada mais que uma notória ojeriza de More, a quem todos reconhecem a pouca consequência de seus amores, mas a quem ninguém nega uma grande consequência em suas ojerizas. Mas existem duas razões para levá-la em consideração: 1º – A beligerância especial que More tem pelo seu título de discípulo de Gonzáles Prada. 2º – A seriedade do ensaio que contém essas frases.

Nesse ensaio, More faz um esforço consciencioso para esclarecer o próprio espírito da literatura nacional. Suas asserções fundamentais, mesmo que não sejam integralmente admitidas, merecem ser examinadas com atenção. More parte de um princípio que é subscrito por toda crítica profunda. "A literatura" – escreve – "é apenas tradução de um estado político e social". O juízo sobre Palma pertence, em suma, a um estudo que possui um valor notável pelas ideias e teses que sustenta; não é uma conversa de sobremesa panfletária e inconsequente. E isso obriga a que seja remarcado e retificado. Mas para fazê-lo é conveniente expor e comentar as linhas essenciais da tese de More.

Essa procura os fatores raciais e as raízes telúricas da literatura peruana. Estuda suas cores e suas linhas essenciais; prescinde dos matizes e contornos complementares. O método é o do panfletário, não é de crítico. Isso dá algum vigor, alguma força às ideias, mas diminui sua flexibilidade. A imagem que nos oferece da literatura peruana é demasiado estática.

---

[199] Ricardo Palma fazia uma espécie de "crônica" com fatos históricos, mas sem pretensão de historiador. Era um crítico de costumes.
[200] Federico More, "De un ensayo sobre las literaturas del Perú", em *El Diario de la Mañana* de Havana (1924), e *El Norte*, de Trujillo (1924).

Mas, se as conclusões nem sempre são justas, os conceitos em que repousam são, em troca, verdadeiros. More sente o dualismo peruano. Sustenta que no Peru "ou se é colonial ou se é incaico". Eu, que reiteradamente escrevi que o Peru filho da conquista é uma formação costeira, não posso deixar de me declarar de acordo com More a respeito da origem e do processo do conflito entre incaísmo e colonialismo. Não estou distante de pensar, como More, que esse conflito, esse antagonismo, "é e será, por muitos anos, chave sociológica e política da vida peruana".

O dualismo peruano se reflete e se expressa, naturalmente, na literatura.

Literariamente – escreve More – o Peru apresenta-se, como é lógico, dividido. Aparece um fato fundamental: os andinos são rurais e os limenhos, urbanos. E assim as duas literaturas. Para aqueles que atuam sob a influência de Lima tudo tem uma idiossincrasia ibero-africana: tudo é romântico e sensual. Para aqueles que atuam sob a influência de Cuzco, a parte mais bela e profunda da vida se realiza nas montanhas e nos vales e em tudo existe uma subjetividade indecifrada e sentido dramático. O limenho é colorista; o serrano, musical. Para os herdeiros da colônia, o amor é um transe. Para os herdeiros da raça caída, o amor é um coro transmissor das vozes do destino.

Mas essa literatura serrana que More define com tanta veemência, opondo-a à literatura limenha ou colonial, só agora começa a existir de modo sério e válido. Quase não tem história. Os dois maiores literatos da república, Palma e Gonzáles Prada, pertencem à Lima. Aprecio muito, como se verá mais adiante, a figura de Abelardo Gamarra, mas me parece que More, talvez, a superestime. Ainda que em uma passagem de seu estudo concorda que "Gamarra não foi, por desgraça, o artista completo e facetado, limpo e fulgente, o homem de letras completo do qual se necessita".

O próprio More reconhece que "as regiões andinas, o incaísmo, ainda não têm o escritor completo que sintetize e condense, em páginas fulminantes e brilhantes, as inquietações e as oscilações da alma incaica". Seu testemunho favorece e confirma, finalmente, a tese de que a literatura peruana até Palma e Gonzáles Prada é colonial, é espanhola. A literatura da serra, com a qual More a confronta, não encontrou, antes de Palma e Gonzáles Prada, uma modulação própria. Lima impôs seu modelo às províncias. Pior ainda: as províncias vieram buscar seus modelos em Lima. A prosa polêmica do regionalismo e o radicalismo provincianos descende de Gonzáles Prada, a quem, com justiça, More – seu discípulo – reprova seu excessivo amor à retórica.

Para More, Gamarra é o representante do Peru integral. Com Gamarra começa, segundo julga, um novo capítulo de nossa literatura. O novo capítulo começa, segundo meu conceito, com Gonzáles Prada, que marca a transição do puro espanholismo para um europeísmo mais ou menos incipiente em sua expressão, mas decisivo em suas consequências.

Mas Ricardo Palma, a quem More erroneamente designa como "representativo, porta-voz e sentinela do colonialismo", apesar de suas limitações, também é desse Peru integral que começa a se concretizar e a se definir entre nós. Palma traduz o *criollismo*, a mestiçagem, a mesocracia de uma Lima republicana que, se é a mesma que aclama Piérola – mais arequipenho que limenho em seu temperamento e estilo – é igualmente a mesma que, em nosso tempo, revisa sua própria tradição, renega seus ancestrais coloniais, sustenta as reivindicações do índio e estende suas mãos aos rebeldes das províncias.

More só distingue uma Lima. A conservadora, sonolenta, a frívola, a colonial.

Não há problema ideológico ou sentimental – diz – que tenha produzido ecos em Lima. Nem o modernismo na literatura nem o marxismo na política; nem o símbolo na música nem o dinamismo expressionista na pintura inquietaram os filhos dessa cidade sedativa. A voluptuosidade é o túmulo da inquietação.

Mas isso não é exato. Em Lima, onde se constituiu o primeiro núcleo de industrialismo, é também onde, em perfeito acordo com o processo histórico da nação, se balbuciou ou se pronunciou a primeira e ressonante palavra do marxismo. More, um tanto desligado de seu povo, talvez não saiba disso, mas podia intuí-lo. Em Buenos Aires e La Plata não faltam quem tenha condições de informá-lo das reivindicações de uma vanguarda que em Lima, como em Cuzco, em Trujillo, em Jauja, representa um novo espírito nacional.

O questionamento contra o colonialismo, contra o "limenhismo", se assim preferir chamá-lo More, partiu de Lima. O processo da capital, em pugna aberta com o que Luis Alberto Sánchez denomina de "perricholismo", e com uma paixão e severidade que alarma e preocupa precisamente a Sánchez – está sendo feita por nós, homens da capital.[201] Em Lima, alguns escritores que evoluímos do estetismo *d'annunziano* importado por Valdelomar, para o criticismo socializante da revista *España*, fundamos há 10 anos *Nuestra Época* para denunciar, sem reservas e sem compromissos com nenhum grupo e nenhum caudilho, as responsabilidades da velha política.[202] Em Lima, alguns estudantes, porta-vozes do novo espírito, há cinco anos criaram as universidades populares e inscreveram em sua bandeira o nome de Gonzáles Prada.

Henríquez Ureña diz que existem duas Américas: uma boa e outra má. O mesmo se poderia dizer de Lima. Lima não tem raízes no passado autóctone. Lima é filha da conquista. Mas desde que, na mentalidade e no espírito, deixa de ser apenas espanhola para se tornar um pouco cosmopolita, desde que se mostra sensível às ideias e emoções da época, Lima deixa de aparecer exclusivamente como a sede e o lar do colonialismo e do espanholismo. A nova peruanidade é algo por criar. Seu alicerce histórico tem que ser indígena. Seu eixo talvez descanse melhor na pedra andina do que na argila da costa. Bem. Mas, nesse trabalho de criação, a Lima renovadora, a Lima inquieta, não é nem quer ser estranha.

5. González Prada

Gonzáles Prada é, na nossa literatura, o precursor da transição do período colonial para o período cosmopolita. Ventura García Calderón declara ser ele "o menos peruano" de nossos literatos. Mas já vimos, até Gonzáles Prada o que se considerava peruano nessa literatura ainda não era peruano e sim colonial. O autor de *Páginas libres* aparece como um escritor de espírito ocidental e de cultura europeia. Mas, dentro de uma peruanidade ainda por se definir, ainda por se precisar, por que considerá-lo

---

[201] Veja-se neste volume o ensaio sobre "Regionalismo e centralismo".
[202] Apenas foram publicados dois números de *Nuestra Época*, esgotados rapidamente. Em ambos se esboça uma tendência fortemente influenciada por *España*, a revista de Araquistain, que um ano mais tarde reapareceu em *La Razón*, diário efêmero cuja campanha mais lembrada é a da "reforma universitária".

como o menos peruano dos homens de letras que traduzem essa peruanidade? Por ser o menos espanhol? Por não ser colonial? A razão termina por ser paradoxal. Por ser a menos espanhola, por não ser colonial, sua literatura anuncia precisamente a possibilidade de uma literatura peruana. É a libertação da metrópole. É, finalmente, a ruptura com o vice-reinado.

Esse parnasiano, esse helenista, marmóreo, pagão é, histórica e espiritualmente, muito mais peruano do que todos, absolutamente todos os rapsodistas da literatura espanhola anteriores e posteriores a ele, em nosso processo literário. Certamente não existe nessa geração um único coração que sinta o mal-humorado e nostálgico discípulo de Lista mais peruano que o panfletário e iconoclasta acusador do passado a que pertenceram esse e outros literateiros da mesma estirpe e da mesma ascendência.

Gonzáles Prada não interpretou esse povo, não esclareceu seus problemas, não chegou a um programa para a geração que deveria vir depois dele. Mas representa, de qualquer maneira, um instante – o primeiro momento lúcido – da consciência do Peru. Federico More diz que ele é um precursor do Peru novo, do Peru integral. Mas Prada, a esse respeito, foi mais que um precursor. Na prosa de *Páginas libres*, entre sentenças alambicadas e retóricas, encontra-se o germe do novo espírito nacional.

> Não formam o verdadeiro Peru – diz Gonzáles Prada no célebre discurso do Politeama de 1888 – as agrupações de *criollos* e estrangeiros que habitam a faixa de terra situada entre o Pacífico e os Andes. A nação está formada pelas multidões de índios disseminadas na parte oriental da cordilheira.[203]

E ainda que não tenha sabido falar numa linguagem despida de retórica, Gonzáles Prada jamais desdenhou a massa. Ao contrário, reivindicou sempre sua glória obscura. Preveniu os literatos que o seguiam contra a futilidade e a esterilidade de uma literatura elitista.

> Platão – recordou-lhes na conferência do Ateneu – dizia que em matéria de linguagem o povo era um professor excelente. Os idiomas se revigoram e retemperam na fonte popular, mais que nas regras mortas dos gramáticos e nas exumações pré-históricas dos eruditos. Das

---
[203] González Prada, *Páginas libres*.

canções, refrões e ditados do vulgo brotam as palavras originais, as frases gráficas, as construções atrevidas. As multidões transformam as línguas como os seres microscópicos modificam os continentes.

O poeta legítimo – afirmou em outra passagem do mesmo discurso – parece com a árvore nascida no cume de um monte: pelas ramas, que formam a imaginação, pertence às nuvens; pelas raízes, que constituem os afetos, liga-se com o solo.

E, em suas notas a propósito do idioma, ratificou expressamente, em outros termos, o mesmo pensamento.

As obras-mestras se distinguem pela acessibilidade, pois não formam o patrimônio de uns quantos eleitos, mas sim a herança de todos os homens com sentido comum. Homero e Cervantes são talentos democráticos: uma criança os compreende. Os talentos que se acham aristocráticos, os inacessíveis à multidão, dissimulam o vazio de fundo com o tenebroso da forma.

Se Heródoto tivesse escrito como Gracián, se Píndaro tivesse cantado como Góngora, teriam sido escutados e aplaudidos nos jogos olímpicos? Aí estão os grandes agitadores de almas dos séculos 16 e 18, aí está Voltaire em particular com sua prosa, natural como o movimento respiratório. Clara como um álcool retificado.[204]

Simultaneamente, Gonzáles Prada denunciou o colonialismo. Na conferência do Ateneu, depois de constatar as consequências da néscia e senil imitação da literatura espanhola, propugnou abertamente a ruptura desse vínculo.

Abandonemos as andadeiras da infância e busquemos em outras literaturas novos elementos e novos impulsos. Preferimos o espírito livre e democrático do século ao espírito das nações ultramontanas e monárquicas. Voltemos os olhos aos autores castelhanos, estudemos suas obras-mestras, enriqueçamos sua linguagem harmoniosa, mas lembremo-nos constantemente de que a dependência intelectual da Espanha significaria uma definida prolongação da infância para nós.[205]

Nossa literatura inicia seu contato com outras literaturas na obra de Gonzáles Prada, que representa particularmente a influência francesa. Mas pertence a ele o mérito geral de ter feito a abertura pela qual haveriam de passar em seguida diversas influências

---

[204] González Prada, *op. cit.*
[205] González Prada, *op. cit.*

estrangeiras. Sua poesia e sua prosa acusam um conhecimento íntimo com as letras italianas. Sua prosa muitas vezes trovejou contra as academias e os puristas e, heterodoxamente, desfrutou dos neologismos e galicismos. Seu verso procurou novos moldes e ritmos exóticos em outras literaturas.

Sua inteligência percebeu bem o nexo oculto, mas não ignorado que existe entre o conservadorismo ideológico e o academicismo literário. E, por isso, combinou o ataque a um com a acusação ao outro. Agora, que percebemos claramente a relação íntima entre as serenatas ao vice-reinado na literatura e o domínio da casta feudal na economia e na política, esse lado do pensamento de Gonzáles Prada adquire nova luz e valor.

Como Gonzáles Prada denunciou, toda atividade literária, consciente ou inconscientemente, reflete um sentimento e um interesse político. A literatura não é independente das demais categorias da história. Quem negará, por exemplo, o fundo político do conceito de aparência exclusivamente literário que define Gonzáles Prada como "o menos peruano dos nossos literatos"? Negar o peruanismo de sua personalidade não é nada mais que uma maneira de negar a validade de seu protesto no Peru. É um recurso dissimulado para desqualificar e desvalorizar sua rebeldia. A mesma acusação de exotismo serve hoje para combater o pensamento de vanguarda.

Quando Prada morreu, quem não tinha conseguido solapar sua posição ou seu exemplo por esses meios mudou de tática. Trataram de deformar e diminuir sua imagem, proporcionando-lhe elogios comprometedores. Propagou-se a moda de se qualificar como herdeiros e discípulos de Prada. A imagem de Gonzáles Prada correu o perigo de se transformar num personagem oficial, acadêmico. Felizmente, a nova geração soube se rebelar oportunamente contra essa tentativa.

Os jovens distinguem o que, na obra de Prada, é contingente e temporal daquilo que é perene e eterno. Sabem que não é a letra e sim o espírito que, em Prada, representa um valor duradouro. Os falsos gonzález-pradistas repetem a letra; os verdadeiros, repetem o espírito.

* * *

O estudo de Gonzáles Prada pertence à crônica e à crítica da nossa literatura antes que da nossa política. Gonzáles Prada foi mais literato que político. O fato de que a transcendência política de sua obra seja maior que sua transcendência literária não desmente nem contraria o fato, anterior e primário, de que essa obra, em si, é mais literária que política.

Todos constatam que Gonzáles Prada não foi ação e sim verbo. Mas não é isso que define Gonzáles Prada como literato mais que como político. É seu próprio verbo.

O verbo pode ser programa, doutrina. E nem nas *Páginas libres* nem nas *Horas de lucha* encontramos uma doutrina nem um programa propriamente ditos. Nos discursos, nos ensaios que compõem esses livros, Gonzáles Prada não trata de definir a realidade peruana numa linguagem de estadista ou de sociólogo. Não deseja mais que sugeri-la em uma linguagem de literato. Não concretiza seu pensamento em propostas ou conceitos. Esboça tudo em frases de grande vigor panfletário e retórico, mas de pouco valor prático e científico. "O Peru é uma montanha coroada por um cemitério". "O Peru é um organismo doente: onde se mete o dedo sai pus". As frases mais lembradas de Gonzáles Prada delatam o homem de letras, não o homem de Estado. São as de um acusador, não as de um realizador.

O próprio movimento radical aparece, em sua origem, como um fenômeno literário e não como um fenômeno político. O embrião da União Nacional ou partido radical chamou-se "Círculo Literário". Esse grupo literário se transformou em grupo político obedecendo ao mandato de sua época. O processo biológico do Peru não precisava de literatos e sim de políticos. A literatura é luxo, não é pão. Os literatos que rodeavam Gonzáles Prada sentiram de maneira vaga, mas peremptória, a necessidade vital dessa nação dilacerada e empobrecida.

O "Círculo Literário", a sociedade pacífica de poetas e sonhadores – dizia Gonzáles Prada em seu discurso do Olimpo de 1887 – tende a se converter em um centro militante e propagandista. De onde nascem os impulsos de radicalismo na literatura? Aqui chegam rajadas dos furacões que açoitam as capitais europeias, repercutem vozes da França republicana e incrédula. Há aqui uma juventude que luta abertamente para matar com morte violenta o que parece destinado a sucumbir com uma agonia inconvenientemente longa, uma juventude, finalmente, que se impacienta para suprimir os obstáculos e abrir seu caminho para hastear a bandeira vermelha nos torreões desmantelados da literatura nacional.[206]

Gonzáles Prada não resistiu ao impulso histórico que o impelia a passar da tranquila especulação parnasiana para a áspera batalha política. Mas não pôde traçar um plano de ação para sua falange. Seu espírito individualista, anárquico, solitário, não era adequado para a direção de uma vasta obra coletiva.

Quando se estuda o movimento radical, diz-se que Gonzáles Prada não teve temperamento de condutor, de caudilho, *condottiere*. Mas essa não é a única constatação que é preciso fazer. Deve-se agregar que o temperamento de Gonzáles Prada era fundamentalmente literário. Se Gonzáles Prada não tivesse nascido em um país com necessidade urgente de reorganização e moralização política e social, no qual não podia frutificar uma obra exclusivamente artística, jamais teria sido tentado pela ideia de formar um partido.

Sua cultura coincidia, como é lógico, com seu temperamento. Era uma cultura principalmente literária e filosófica. Lendo seus discursos e seus artigos, nota-se que Gonzáles Prada carecia de estudos específicos de economia e política. Suas sentenças, suas imprecações, seus aforismos, são de composição e inspiração inconfundivelmente literárias. Engastado em sua prosa elegante e polida, descobre-se frequentemente um conceito sociológico ou histórico certeiro. Já citei alguns. Mas, no conjunto, sua obra tem sempre o estilo e a estrutura da obra de um literato.

Nutrido do espírito nacionalista e positivista de seu tempo, Gonzáles Prada exaltou o valor da Ciência. Mas essa atitude é peculiar à literatura moderna de sua época. A Ciência, a Razão, o Progresso, foram os mitos do século 19. Gonzáles Prada, que chegou à utopia anarquista pela via do liberalismo e do enciclopedismo, adotou fervorosamente esses mitos. Até em seus versos encontramos a expressão enfática de seu racionalismo.

Guerra ao sentimento empobrecido!
Culto divino à Razão!

---

[206] González Prada, *op. cit*.

Coube a Gonzáles Prada enunciar somente o que homens de outra geração deviam fazer. Condenando o verbalismo incosistente da retórica tropical, conjurou seus contemporâneos a assentar bem os pés na terra, na matéria.

Acabemos já – disse – a viagem milenar por regiões de idealismo sem consistência e retornemos ao seio da realidade, recordando que fora da Natureza não há nada mais que simbolismos ilusórios, fantasias mitológicas, desvanecimentos metafísicos. A força de subir a cumes de ar rarefeito, estamos nos tornando vaporosos, aeriformes: solidifiquemonos. É melhor ser de ferro que de nuvem.[207]

Mas ele próprio nunca conseguiu ser um realista. O materialismo histórico foi do seu tempo. Entretanto, o pensamento de Gonzáles Prada, que jamais impôs limites nem à sua audácia nem à sua liberdade, deixou para outros a empresa de criar o socialismo peruano. Depois de fracassado o Partido Radical, aderiu ao longínquo e abstrato utopismo de Kropotkin. E, na polêmica entre marxistas e bakunistas, pronunciou-se pelos segundos. Seu temperamento regia, era determinante, nesse como em todos seus conflitos com a realidade, conforme sua sensibilidade literária e aristocrática.

A filiação literária do espírito e a cultura de Gonzáles Prada é responsável pelo movimento radical não nos ter legado sequer um conjunto elementar de estudos da realidade peruana e um corpo de ideias concretas sobre seus problemas. O programa do Partido Radical, que aliás não foi elaborado por Gonzáles Prada, fica como um exercício de prosa política de "um círculo literário". Já vimos como a União Nacional, efetivamente, não foi mais do que isso.

* * *

O pensamento de Gonzáles Prada, ainda que subordinado a todos os grandes mitos de sua época, não é monotonamente positivista. O fogo dos racionalistas do século 18 arde em Gonzáles Prada. Sua Razão é apaixonada. Sua Razão é revolucionária. O positivismo, o historicismo do século 19 representam um racio-

---

[207] González Prada, *op. cit.*

nalismo domesticado. Traduzem o humor e o interesse de uma burguesia a qual a assunção ao poder tinha tornado conservadora. O racionalismo, o cientificismo de Gonzáles Prada não se contentam com as conclusões medíocres e assustadas de uma razão e uma ciência burguesas. Em Gonzáles Prada subsiste, intacto em sua ousadia, o jacobino.

Javier Prado, García Calderón e Riva Agüero divulgam um positivismo conservador. Gonzáles Prada ensina um positivismo revolucionário. Os ideólogos do civilismo, em concordância perfeita com seus sentimentos de classe, nos submeteram à autoridade de Taine. O ideólogo do radicalismo sempre se afiliou a um pensamento superior e diferente do que, concomitante e consubstancial na França com um movimento de reação política, serviu aqui para a apologia das oligarquias ilustradas.

Não obstante sua filiação racionalista e cientificista, Gonzáles Prada quase nunca cai em um intelectualismo exagerado. Seu sentimento artístico e seu exaltado anseio de justiça o preservam disso. No fundo desse parnasiano existe um romântico que jamais desespera do poder do espírito.

Uma de suas opiniões agudas sobre Renan, aquele que *ne dépasse pas le doute* nos prova que Gonzáles Prada percebeu muito bem o risco de um criticismo exacerbado.

> Todos os defeitos de Renan se explicam pelo exagero do espírito crítico. O temor de enganar-se e a mania de acreditar ser um espírito delicado e livre de paixão o faziam muitas vezes afirmar tudo com reticências ou negar tudo com restrições, isto é, nem afirmar nem negar e até se contradizer, pois acontecia de ele emitir uma ideia e, em seguida, valendo-se de um mas, defender o contrário. Daí sua popularidade escassa: a multidão só compreende e segue homens que franca e até brutalmente afirmam com as palavras, como Mirabeau, ou com os fatos, como Napoleão.

Gonzáles Prada prefere sempre a afirmação à negação ou à dúvida. Seu pensamento é atrevido, intrépido, temerário. Teme a incerteza. Seu espírito sente profundamente a angustiosa necessidade de *dépasser le doute*. A fórmula de Vasconcelos pode ser também a de Gonzáles Prada: "pessimismo da realidade, otimismo do ideal". Sua frase é pessimista com frequência, quase nunca cética.

Em um estudo sobre a ideologia de Gonzáles Prada, que faz parte de seu livro *El nuevo absoluto,* Mariano Iberico Rodríguez define bem o pensador de *Páginas libres* quando escreve o seguinte:

> Afinado com o espírito do seu tempo, tem uma grande fé na eficácia do trabalho científico. Acredita na existência de leis universais inflexíveis e eternas, mas não deriva do cientificismo nem do determinismo uma estreita moral eudemonista e muito menos a resignação à necessidade cósmica que Spinoza fez. Ao contrário, sua personalidade descontente e livre superou as consequências lógicas de suas ideias e professou o culto da ação e experimentou a ansiedade da luta e predicou a afirmação da liberdade e da vida. Existe evidentemente algo do rico pensamento de Nietzsche nas exclamações anárquicas de Gonzáles Prada. E existe nele como em Nietzsche a oposição entre um conceito determinista da realidade e o empurrão triunfal do livre impulso interior.[208]

Por essas e outras razões, se nos sentimos afastados de muitas ideias de Gonzáles Prada, não nos sentimos, em troca, afastados de seu espírito. Gonzáles Prada se enganava, por exemplo, quando nos predicava a antirreligiosidade. Hoje sabemos muito mais que o seu tempo sobre a religião, assim como sobre outras coisas. Sabemos que uma revolução é sempre religiosa. A palavra "religião" tem um novo valor, um novo sentido. Serve para algo mais que para designar um rito ou uma igreja. Pouco importa que os sovietes escrevem em seus cartazes de propaganda que "a religião é o ópio do povo". O comunismo é essencialmente religioso. O que ainda provoca equívocos é a velha acepção do vocábulo. Gonzáles Prada predizia que todas as crenças seriam ultrapassadas sem perceber que ele próprio predicava uma crença, confessava uma fé. O que mais se admira nesse racionalista é sua paixão. O que mais se respeita nesse ateu, um pouco pagão, é seu ascetismo moral. Seu ateísmo é religioso. E é, sobretudo, nos instantes que parece mais veemente e mais absoluto. Gonzáles Prada tem algo desses ascetas leigos concebidos por Romain Rolland. É preciso buscar o verdadeiro Gonzáles Prada em sua crença na justiça, em sua doutrina de amor; não no anticlericalismo um pouco vulgar de algumas páginas de *Horas de lucha*.

A ideologia de *Páginas libres* e de *Horas de lucha* é hoje, em grande medida, uma ideologia caduca. Mas não depende da va-

---

[208] M. Iberico Rodríguez, *El nuevo absoluto*, p. 45.

lidez de seus conceitos nem de suas sentenças o que existe de fundamental e perdurável em Gonzáles Prada. Os conceitos sequer são a característica de sua obra. Como observa Iberico, em Gonzáles Prada a característica

> não se oferece como uma sistematização rígida de conceitos – símbolos provisórios de um estado de espírito –, está em um certo sentimento, em uma certa determinação constante da personalidade inteira, que se traduzem pelo admirável conteúdo artístico da obra e pela exaltação viril do esforço e da luta.[209]

Já disse que o duradouro na obra de Gonzáles Prada é seu espírito. Os homens da nova geração admiram e estimam em Gonzáles Prada, sobretudo, a honradez intelectual, a rebeldia nobre e forte.

Penso, além disso, por minha parte, que Gonzáles Prada não reconheceria na nova geração peruana uma geração de discípulos e herdeiros de sua obra se não encontrasse em seus homens a vontade e o alento indispensáveis para superá-la. Veria com desdém os repetidores medíocres de suas frases. Só amaria uma juventude capaz de traduzir em atos o que nele não pôde ser senão ideia e não se sentiria renovado e renascido a não ser em homens que soubessem dizer uma palavra verdadeiramente nova, verdadeiramente atual.

De Gonzáles Prada deve-se dizer o que ele, em *Páginas libres*, diz de Vigil.

> Poucas vidas tão puras, tão plenas, tão dignas de ser imitadas. Pode-se atacar a forma e o fundo de seus escritos, pode-se qualificar hoje seus livros de antiquados e insuficientes, pode-se, finalmente, derrubar todo o edifício levantado por sua inteligência, mas uma coisa permanecerá invulnerável e em pé, o homem.

6. Melgar

Durante seu período colonial, a literatura peruana se apresenta, em suas peripécias mais salientes e em suas figuras mais conspícuas, como um fenômeno limenho. Não importa que em seu elenco estejam representadas as províncias. O modelo, o estilo, a linha foram da capital. E isso se explica. A literatura é um produto urbano. A gravitação da urbe influi fortemente em todos

---

[209] *Ibidem*, pp. 43 e 44.

os processos literários. No Peru, no entanto, Lima não sofreu a concorrência de outras cidades com foros análogos. Um extremo centralismo assegurou seu domínio.

Por culpa dessa hegemonia absoluta de Lima, nossa literatura não pode se nutrir da seiva indígena. Lima foi primeiro a capital espanhola. Só foi a capital *criolla* depois. E sua literatura teve essa marca.

O sentimento indígena não careceu totalmente de expressão nesse período de nossa história literária. Quem primeiro o expressou com categoria foi Mariano Melgar. A crítica limenha trata-o com um pouco de desdém, sente-o demasiado popular, pouco distinto. Incomoda em seus versos, junto com a sintaxe um tanto malandra, o emprego de expressões plebeias. Desgosta, enfim, do próprio gênero. Não pode ser de seu gosto um poeta que quase só deixou *yaravíes*.[210] Essa crítica tem mais apreço por qualquer ode soporífica de Pando.

Por reação, não superestimo Melgar artisticamente. Julgo-o dentro da incipiência da literatura peruana de sua época. Meu julgamento não se separa de um critério de relatividade.

Melgar é um romântico. Não apenas em sua arte, mas também em toda sua vida. O romantismo ainda não tinha oficialmente chegado a nossas letras. Em Melgar, portanto, não é, como será mais tarde em outros, um gesto de imitação, é um impulso espontâneo. E esse é um dado de sua sensibilidade artística. Já se disse que se deve à sua morte heroica uma parte de seu renome literário.[211] Mas essa valorização dissimula mal a desdenhosa antipatia que a inspira. A morte criou o herói, frustrou o artista. Melgar morreu muito jovem. E mesmo que seja sempre um pouco aventureira qualquer hipótese sobre a trajetória provável de um artista prematuramente surpreendido pela morte, não é demais supor que Melgar, maduro, teria produzido uma parte mais purgada da retórica e do maneirismo clássicos e, por conseguinte, mais nativo, mais puro. A ruptura com a metrópole teria consequências particulares em seu espírito e, de qualquer forma, diferentes das

---

[210] *Yaraví* é uma forma de canção popular melancólica e um doce de origem incaica. (N.T.)

[211] Melgar foi enforcado numa das revoltas que antecederam a independência do Peru. (N.T.)

que teve no espírito dos homens de letras de uma cidade tão espanhola, tão colonial como Lima. Mariano Melgar, seguindo o caminho de seu impulso romântico, teria encontrado uma inspiração cada vez mais rural, cada vez mais indígena.

Os que se queixam da vulgaridade de seu léxico e de suas imagens partem de um preconceito aristocrático e academicista. O artista que escreve um poema de emoção perdurável na linguagem do povo vale, em todas as literaturas, mil vezes mais que aquele que, em linguagem acadêmica, escreve uma depurada peça de antologia. Todavia, como observa Carlos Otavio Bunge em um estudo sobre a literatura argentina, a poesia popular sempre precedeu a poesia artística. Alguns dos *yavaríes* de Malgar só vivem como fragmentos de poesia popular. Mas, com esse título, adquiriram substância imortal.

Têm, às vezes, em suas imagens simples, uma ingenuidade pastoril, que revela sua trama indígena, seu fundo autóctone. A poesia oriental se caracteriza por um panteísmo rústico na metáfora. Melgar se mostra muito indígena no seu imaginário primitivo e camponês.

Esse romântico, finalmente, entrega-se apaixonadamente à revolução. Nele a revolução não é liberalismo enciclopedista. É, fundamentalmente, um patriotismo cálido. Como em Pumacahua,[212] em Melgar o sentimento revolucionário se nutre de nosso próprio sangue e de nossa própria história.

Para Riva Agüero, o poeta do *yavaríes* não passa de "um momento curioso da literatura peruana". Retifiquemos esse julgamento, dizendo que é o primeiro peruano dessa literatura.

7. Abelardo Gamarra

Abelardo Gamarra até agora não tem um lugar nas antologias. A crítica desdenhosamente relega sua obra a um plano secundário. Ao plano quase negligenciável, para seu gosto cortesão, da literatura popular. Nem mesmo na lista do *criollismo* se reconhe-

---

[212] Cacique cuzquenho que no começo lutou ao lado dos espanhóis, ajudando a derrotar a rebelião de Túpac Amaru. Em 1815, entretanto, foi um dos cabeças da revolta contra os espanhóis, sendo preso e fuzilado pelas tropas espanholas. (N.T.)

ce a ele um papel de destaque. Quando se historia o *criollismo*, sempre se cita antes um colonialista tão inequívoco como d. Felipe Pardo.

No entanto, Gamarra é um dos nossos literatos mais representativos. É, de nossa literatura essencialmente da capital, o escritor que com mais pureza traduz e expressa as províncias. Sua prosa tem reminiscências indígenas. Ricardo Palma é um *criollo* de Lima; El Tunante é um *criollo* da serra. A raiz índia está viva em sua arte de seresteiro.

El Tunante[213] tem do índio a natureza perseverante e sofrida, a despreocupação panteísta do além, a alma doce e rural, o bom senso camponês, a imaginação realista e sóbria. Do *criollo* tem o dizer gentil, o riso zombeteiro, o julgamento agudo e astuto, o espírito aventureiro e farrista. Procedente de uma cidade serrana, El Tunante se assimilou à capital e à costa, sem se desnaturalizar nem se deformar. Por seu sentimento, por sua entonação, sua obra é a mais genuinamente peruana de meio século de imitações e balbucios.

E também o é por seu espírito. Gamarra militou na vanguarda desde sua juventude. Participou do protesto radical, com verdadeira adesão a seu patriotismo revolucionário. O que em outros corifeus do radicalismo era apenas uma atitude intelectual e literária, no Tunante era um sentimento vital, um impulso da alma. Gamarra sentia profundamente, em sua carne e em seu espírito, a repulsa da aristocracia *encomendera* e de sua clientela ignorante e corrompida. Sempre compreendeu que essa gente não representava o Peru, que o Peru era outra coisa. Esse sentimento o manteve em guarda contra o civilismo e suas expressões intelectuais e ideológicas. Seu instinto seguro preservou-o, ao mesmo tempo, da ilusão "democrática". O Tunante não se enganou sobre Piérola. Percebeu o verdadeiro sentido histórico do governo de 1895. Viu claramente que não era uma revolução democrática e sim uma restauração civilista. E, ainda que tenha guardado até a morte um fervoroso culto a Gonzáles Prada, cujas catilinárias retóricas traduziu numa linguagem popular, mostrou-se ansioso por um espírito mais realizador e construtivo. Sua intuição histórica sentia falta no Peru de um Alberdi, de um Sarmiento. Principal-

---

[213] Algo parecido como "malandro" na gíria peruana. (N.T.)

mente em seus últimos anos percebeu que uma política idealista e renovadora deve alicerçar bem os pés na realidade e na história.

A sua obra não é a de um simples costumbrista satírico. Sob o retrato animado de tipos e costumes, é demasiado evidente a presença de um idealismo político e social generoso. Isso é o que coloca Gamarra muito acima de Segura. A obra do Tunante tem um ideal, a de Segura não tem nenhum.

No entanto, o *criollismo* do Tunante é mais integral, mais profundo que o de Segura. Sua versão das coisas e dos tipos é mais verídica, mais viva. Gamarra tem em sua obra – que não por acaso é a mais popular, a mais lida nas províncias – muitos vislumbres agudíssimos, muitos acertos plásticos. O Tunante é um Pancho Fierro[214] de nossas letras. É um gênio popular, um escritor intuitivo e espontâneo.

Herdeiro do espírito de revolução da independência teve logicamente que se sentir diferente e oposto aos herdeiros do espírito, da conquista e da colônia. E, por isso, sua obra não é reconhecida e elogiada pelas autoridades da academia e dos ateneus. ("Livrai-nos, Senhor, das Academias!"), certamente pensava o Tunante, como Ruben Dario. É desdenhado por sua sintaxe. É desdenhado por sua ortografia. Mas é desdenhado, sobretudo, por seu espírito.

A vida zomba alegremente das reservas e melindres da crítica, concedendo aos livros de Gamarra a sobrevivência que nega aos livros de renome e mérito oficialmente sancionados. A crítica quase não recorda Gamarra, que só é lembrado pelo povo. Mas isso é o suficiente para sua obra ocupar de fato o lugar na história de nossas letras que lhe é formalmente regateado.

A obra de Gamarra aparece como uma coleção dispersa de croquis e esboços. Não tem uma criação central. Não é uma modulação artística afinada. Esse é seu defeito. Mas desse defeito não é totalmente responsável a qualidade do artista. Também é responsável a incipiência da literatura que representa.

O Tunante queria fazer arte com a linguagem da rua. Sua intenção não era equivocada. Pelo mesmo caminho, ganharam a imortalidade os clássicos das origens de todas as literaturas.

---

[214] Pancho Fierro é um artista plástico limenho, autodidata, do século 19, considerado o costumbrista mais completo de sua época. (N.T.)

8. Chocano

José Santos Chocano pertence, a meu juízo, ao período colonial de nossa literatura. Sua poesia grandiloquente tem todas as suas origens na Espanha. Uma crítica verbalista a apresenta como uma tradução da alma autóctone. Mas esse é um conceito artificioso, uma ficção retórica. Sua lógica, tão simplista quanto falsa, assim raciocina: Chocano é exuberante, logo é autóctone. Sobre esse princípio, uma crítica fundamentalmente incapaz de sentir o autóctone registrou quase todos os dogmas do americanismo e tropicalismo essenciais do poeta de *Alma América*.

Esse dogma pode ser incontestável num momento de absoluta autoridade do colonialismo. Agora uma geração iconoclasta o submete incredulamente ao crivo de sua análise. A primeira pergunta que se coloca é essa: o autóctone é, efetivamente, exuberante?

Um crítico sagaz e, nesse caso, estranho a qualquer interesse polêmico, como Pedro Henríquez Ureña, examinando precisamente o tema da exuberância na literatura hispano-americana, observa que essa literatura, em sua maior parte, não aparece como um produto do trópico. Procede, melhor dizendo, de cidades de clima temperado e até um pouco outonal. Henríquez Ureña aponta, de modo muito agudo e certeiro:

> Na América conservamos o respeito à ênfase enquanto isso nos foi prescrito pela Europa. Ainda hoje nos restam três ou quatro poetas vibrantes, como diziam os românticos. Será que não se atribui à influência dos trópicos o que é influência de Victor Hugo? Ou de Byron, ou de Esponceda, ou de Quintana?

Para Henríquez Ureña, a teoria da exuberância espontânea da literatura americana é uma teoria falsa. Essa literatura é menos exuberante do que parece. Toma-se por exuberância o que é verbosidade. E "se abunda o palavreado é porque escasseia a cultura, a disciplina, e não por uma peculiar exuberância nossa".[215] Os casos de verbosidade não são imputáveis nem à geografia nem ao meio.

---

[215] Pedro Henríquez Ureña, *Seis ensayos em busca de nuestra expresión*, pp. 45-47.

Para analisar o caso de Chocano, temos que começar por localizá-lo, antes de mais nada, no Peru. E no Peru o autóctone é o indígena, o que quer dizer incaico.
E o indígena, o incaico, é fundamentalmente sóbrio. A arte indígena é a antítese, a contradição da arte de Chocano. O índio esquematiza, estiliza as coisas com um sintetismo e um primitivismo hieráticos.
Ninguém pretende encontrar na poesia de Chocano a emoção dos Andes. A crítica que a proclama autóctone imagina-a unicamente depositária da emoção da "selva", ou seja, da floresta. Riva Agüero é um dos que subscrevem esse julgamento. Mas os literatos que, sem nenhuma noção da "selva", se apressaram a descobri-la ou reconhecê-la integralmente na poesia empolada de Chocano, não fizeram nada mais que tomar ao pé da letra uma conjectura do poeta. Nada mais fizeram que repetir Chocano, que já há muito tempo supõe-se ser "o cantor da América autóctone e selvagem".
A "selva" não é apenas exuberância. É, substancialmente, muitas outras coisas que não estão na poesia de Chocano. Diante de seu espetáculo, diante de suas paisagens, a atitude de Chocano é a de um espectador eloquente. Nada mais. Todas as suas imagens são as de uma fantasia externa e estrangeira. Não se escuta a voz de um homem da floresta. Escuta-se, se tanto, a voz de um forasteiro imaginativo e ardoroso que acredita possuí-la e expressá-la.
E isso é muito natural. A "selva" quase só existe como natureza, como paisagem, como cenário. Ainda não produziu uma estirpe, um povo, uma civilização. Chocano, de qualquer maneira, não se nutriu de sua seiva. Por seu sangue, por sua mentalidade, por sua educação, o poeta de *Alma América* é um homem da costa. Provém de uma família espanhola. Sua formação espiritual e intelectual se deu em Lima. E sua ênfase – essa ênfase que, em última análise, termina como a única prova de seu autoctonismo e de seu americanismo artístico ou estético – descende completamente da Espanha.
Os antecedentes da técnica e os modelos da eloquência de Chocano estão na literatura espanhola. Todos reconhecem na sua maneira a influência de Quintana; em seu espírito, a de Esponceda. Chocano se afilia a Byron e a Hugo. Porém as influências mais diretas que se

constatam em sua arte são sempre as de poetas de idioma espanhol. Seu egotismo romântico é o de Díaz Mirón, de quem também tem o acento arrogante e soberbo. E o modernismo e o decadentismo que chegam até as portas de seu romantismo são os de Ruben Dario.

Esses traços decidem e assinalam muito claramente a verdadeira afiliação artística de Chocano que, apesar das sucessivas ondas da modernidade que visitaram sua arte sem modificá-la absolutamente em sua essência, conservou em sua obra a entonação e o temperamento de um sobrevivente do romantismo espanhol e de sua grandiloquência. Sua afiliação espiritual coincide, por outro lado, com sua filiação artística. O "canto da América autóctone e selvagem" é da estirpe dos conquistadores. Ele sente e diz isso em sua poesia, que, se não carece de admiração literária e retórica aos incas, desborda de amor aos heróis da conquista e aos magnatas do vice-reinado.

* * *

Chocano não pertence à plutocracia da capital. Esse fato o diferencia dos literatos especificamente colonialistas. Não permite, por exemplo, que seja identificado com Riva Agüero. Reconhece-se em seu espírito o descendente da conquista mais que o descendente do vice-reinado. (E conquista e vice-reinado constituem, social e economicamente, duas fases de um mesmo fenômeno, mas não têm uma categoria espiritualmente idêntica. A conquista foi uma aventura heroica; o vice-reinado, uma empresa burocrática. Os conquistadores eram, como diria Blaise Cendrars, da raça forte dos aventureiros; os vice-reis e os ouvidores eram fidalgos amolecidos e bacharéis medíocres.)

As primeiras peripécias da poesia de Chocano são de caráter romântico. Não é à toa que o cantor de Iras santas se apresenta como um discípulo de Espronceda. Não é à toa que nele se sente algo do romantismo byroniano. A atitude de Chocano em sua juventude é uma atitude de protesto. Esse protesto às vezes tem um tom anárquico. Outras vezes tem uma tintura de protesto social. Mas lhe falta concretude. Esgota-se numa ofensiva verbal delirante e bizarra contra o governo militar da época. Não consegue ser mais que um gesto literário.

Chocano aparece depois politicamente vinculado ao pierolismo. Seu revolucionarismo se conforma com a revolução de 1895 que liquida um regime militar para restaurar, sob a gerência provisória de d. Nicolás de Piérola, o regime civilista. Mais tarde, Chocano se deixa incorporar na clientela intelectual da plutocracia. Não se afasta de Piérola e de sua pseudodemocracia para se aproximar de Gonzáles Prada, mas sim para saudar Javier Prado e Ugarteche como os pensadores de sua geração.

A trajetória política de um literato não é também sua trajetória artística. Mas é sim, quase sempre, sua trajetória espiritual. A literatura, no entanto, está, como sabemos, intimamente permeada de política, mesmo nos casos em que parece mais longínqua e mais distante a sua influência. E o que queremos averiguar, por enquanto, não é estritamente a categoria artística de Chocano e sim sua filiação espiritual, sua posição ideológica.

Uma e outra não se expressam nitidamente em sua poesia. Temos, por conseguinte, que buscá-las em sua prosa, a qual, além de ter sido mais explícita que sua poesia, não foi contraditada nem atenuada por ela.

A poesia de Chocano nos coloca, primeiro, diante de um caso de individualismo exasperado e egoísta, muito frequente e quase característico da falange romântica. Esse individualismo é todo o anarquismo de Chocano.

Nos últimos anos o poeta o reduz e o limita. Não renuncia absolutamente a seu egotismo sensual, mas renuncia a uma boa parte de seu individualismo filosófico. O culto do Eu se associa ao culto da hierarquia. O poeta se diz individualista, mas não se chama de liberal. Seu individualismo se transforma em um "individualismo hierárquico". É um individualismo que não ama a liberdade. Que quase a desdenha. Em troca, a hierarquia que ele respeita não é a hierarquia eterna que cria o Espírito. É a hierarquia precária que impõem, na mutante perspectiva do presente, a força, a tradição e o dinheiro.

Da mesma maneira, o poeta doma os arranques primitivos do seu espírito. Sua arte, em sua plenitude, acusa – por seu exaltado ainda que retórico amor à Natureza – um panteísmo um pouco pagão. E esse panteísmo – que produzia um pouco de animismo em suas imagens – é nele a única nota que reflete uma "América autóctone e selvagem" (o índio é panteísta, animista, materialista). Chocano, no entanto, o abandonou tacitamente; a adesão ao princípio da hierarquia o reconduziu à Igreja romana. Roma é, historicamente, a cidadela da reação. Os que peregrinam por suas colinas e suas basílicas na procura do evangelho cristão regressam desiludidos. Mas os que se contentam com encontrar, em seu lugar, o fascismo e a Igreja – a autoridade e a hierarquia no sentido romano – chegam à sua meta e encontram a verdade. Desse último tipo de peregrinos é o poeta de *Alma América*. Ele, que nunca tinha sido cristão, finalmente se confessa católico. Romântico fatigado, herege convertido, refugia-se no sólido aprisco da tradição e da ordem, do qual um dia acreditava partir para sempre à conquista do futuro.

9. Riva Agüero e sua influência. A geração "futurista"

A geração "futurista" – como paradoxalmente é apelidada – assinala um momento de restauração colonialista e civilista no pensamento e na literatura do Peru.

A autoridade sentimental e ideológica dos herdeiros da colônia estava comprometida e abalada por 15 anos de prédica radical. Depois de um período de caudilhismo militar análogo ao que seguiu à revolução da independência, a classe latifundiária tinha restabelecido seu domínio político, mas não tinha restabelecido igualmente seu domínio intelectual. O radicalismo, alimentado pela reação moral da derrota – pela qual o povo sentia que a responsável era a plutocracia – havia encontrado um ambiente favorável para a propagação do verbo revolucionário. Sua propaganda tinha rebelado, principalmente, as províncias. Uma maré de ideias avançadas tinha passado pela república.

A antiga guarda intelectual do civilismo, envelhecida e debilitada, não podia reagir eficazmente contra a geração radical. A restauração tinha que ser feita por uma falange de homens jovens. O civilismo contava com a universidade. E coube à universidade proporcionar-lhe, por fim, essa milícia intelectual. Mas era indispensável que a ação de seus homens não se contentasse em ser uma ação universitária. Sua missão devia se constituir em uma reconquista integral da inteligência e do sentimento. Como um de seus objetivos naturais e substantivos, aparecia a recuperação do terreno perdido na literatura. A literatura chega aonde a universidade não alcança. A obra de um único escritor do povo, discípulo de Gonzáles Prada, El Tunante, era então uma obra muito mais propagada e entendida que a de todos os escritores da universidade juntos.

As circunstâncias históricas propiciavam a restauração. O domínio político do civilismo apresentava-se solidamente consolidado. A ordem econômica e política inaugurada por Piérola, em 1895, era essencialmente uma ordem civilista. Muitos profissionais e literatos que no período caótico de nosso pós-guerra,[216] sentiram-se atraídos pelo campo radical, sentiam-se agora empurrados para o campo civilista. A geração radical estava, na verdade, dissolvida. Gonzáles Prada, aposentado em um ascetismo displicente, vivia desligado de seus discípulos dispersos. Dessa maneira a geração "futurista" quase não encontrou resistência.

Em suas fileiras se misturavam e se confundiam "civilistas" e "democratas" separados na luta partidária. Seu advento era saudado, por consequência, por toda a grande imprensa da capital. *El Comercio* e *La Prensa* auspiciavam a "nova geração". Essa geração se mostrava destinada a realizar a harmonia entre civilistas e democratas que a coalizão de 1895 deixou apenas iniciada. Seu líder e capitão, Riva Agüero, em quem a tradição civilista e plutocrática se conciliava com uma devoção quase filial ao "Califa" democrata, revelou desde o primeiro momento tal tendência. Em sua tese sobre a "literatura do Peru independente", arremetendo contra o radicalismo, disse o seguinte:

> Os partidos de princípios, não apenas produziriam bondades, mas também criariam males irreparáveis. No sistema atual, as diferenças entre os partidos não são muito grandes, nem são muito profundas suas divisões. Coligam sem dificuldade, colaboram com frequência. Os governantes sagazes podem, sem muitos esforços, se aproveitar do concurso de todos os homens úteis.

A resistência aos partidos de princípios denuncia o sentimento e a aspiração classistas de Riva Agüero. Seu esforço manifesta de um modo demasiado inequívoco o propósito de asse-

---

[216] Pós "Guerra do Pacífico", que envolveu Peru, Chile e Bolívia, entre 1879 e 1884, com a derrota do Peru e da Bolívia. (N.T.)

gurar e consolidar um regime de classe. Negar os princípios, as ideias, significava fundamentalmente reservar esse direito para uma casta. Era preconizar o domínio das "pessoas decentes", da "classe ilustrada". Riva Agüero, a esse respeito, como a outros, mostra-se em concordância rigorosa com Javier Prado e Francisco García Calderón. É que Prado e García Calderón representavam a idêntica restauração. Sua ideologia tem os mesmos traços essenciais. Reduz-se, no fundo, a um positivismo conservador. Uma fraseologia mais ou menos idealista e progressista dissimula o ideário tradicional. Como já observei, Riva Agüero, Prado e García Calderón coincidem no acatamento a Taine. Riva Agüero, para esclarecermos mais sua afiliação, nos descobre em sua tese já várias vezes citada – que é incontestavelmente o primeiro manifesto político e literário da geração "futurista" – sua adesão a Brunetiére.

A revisão de valores da literatura com que Riva Agüero debutou na política corresponde absolutamente aos fins de uma restauração. Idealiza e glorifica a colônia, procurando nela as raízes da nacionalidade. Superestima a literatura colonialista exaltando enfaticamente seus cultores medíocres. Trata desdenhosamente o romantismo de Mariano Melgar. Reprova o mais válido e fecundo da obra de Gonzáles Prada: o protesto.

A geração "futurista" mostra-se, ao mesmo tempo, universitária, acadêmica e retórica. Adota do modernismo apenas os elementos que lhe servem para condenar a inquietação romântica.

Uma de suas obras mais características e peculiares é a organização da Academia Correspondente da Língua Espanhola. Um de seus esforços artísticos mais marcados é seu retorno à Espanha na prosa e no verso.

O traço mais característico da geração apelidada de "futurista" é seu passadismo. Desde o primeiro momento seus literatos se dedicam a idealizar o passado. Riva Agüero, em sua tese, reivindica com energia o foro dos homens e das coisas tradicionais.

Mas o passado, para essa geração, não é nem muito remoto nem muito próximo. Tem limites definidos: os do vice-reinado. Toda sua predileção, toda sua ternura, são para essa época. O pensamento de Riva Agüero é inequívoco a esse respeito. O Peru, segundo ele, descende da conquista. Sua infância é a colônia.

A literatura peruana torna-se, desde esse momento, acentuadamente colonialista. Inicia-se um fenômeno que ainda não terminou e que Luís Alberto Sánchez designa com o nome de "perricholismo".[217]

Nesse fenômeno – em suas origens, não nas suas consequências – se combinam e se identificam dois sentimentos: limenhismo e passadismo. O que, politicamente, se traduz assim: centralismo e conservadorismo. Porque o passadismo da geração de Riva Agüero não constitui um resto romântico de inspiração simplesmente literária. Essa geração é tradicionalista, mas não romântica. Sua literatura, mais ou menos tingida de "modernismo", apresenta-se, ao contrário, como uma reação contra a literatura romântica. O romantismo condena radicalmente o presente em nome do passado ou do futuro. Riva Agüero e seus contemporâneos, em troca, aceitam o presente, ainda que para governá-lo e dirigi-lo invoquem e evoquem o passado. Caracterizam-se, espiritual e ideologicamente, por um conservadorismo positivista, por um tradicionalismo oportunista.

Naturalmente esse é simplesmente o tom geral do fenômeno, no qual não faltam matizes mais ou menos discrepantes. José Gálvez, por exemplo, individualmente escapa da definição que acabo de esboçar. Seu passadismo é de fundo romântico. Haya diz dele que é "o único palmista sincero", referindo-se, sem dúvida, ao caráter literário e sentimental de seu passadismo. A distinção não está claramente expressa. Mas parte de um fato evidente. Gálvez – cuja poesia descende da de Chocano, repetindo, às vezes atenuada, às vezes desbotadamente, sua verbosidade – tem contextura de romântico. Seu passadismo, por isso, está menos localizado no tempo do que o do núcleo de sua geração. Enamorado pelo vice-reinado, Gálvez não se sente, entretanto, monopolizado exclusivamente pelo culto dessa época. Para ele "todo tempo passado foi melhor". Pode-se observar que, em troca, seu passadismo está mais localizado no espaço. O tema de suas evocações é quase sempre limenho. Mas isso também parece ser, em Gálvez, um traço romântico.

---

[217] Derivado da Perrichola, apelido depreciativo de uma amante indígena do vice-rei Amat. O nome é uma contração de *perra* e *chola* – cadela índia. (N.T.)

Gálvez, no entanto, às vezes se afasta do credo de Riva Agüero. Suas opiniões sobre a possibilidade de uma literatura genuinamente nacional são heterodoxas dentro do fenômeno "futurista". Sobre o americanismo na literatura, Gálvez, ainda que com muitas reservas e concessões, declara-se de acordo com a tese do líder de sua geração e seu partido. Não se convence com a afirmativa de que é impossível reviver poeticamente as antigas civilizações americanas.

Por muito que sejam civilizações desaparecidas e por profunda que tenha sido a influência espanhola – escreve –, nem o próprio material se extinguiu, nem tão espanhóis somos os que mais fôssemos, que não sintamos vínculos com aquela raça, cuja tradição áurea bem merece uma lembrança e cujas ruínas imponentes e misteriosas nos subjugam e impressionam. Precisamente porque andamos tão misturados e são tão variadas as nossas raízes históricas, e também porque nossa cultura não é tão profunda quanto parece, o material literário daquelas épocas definitivamente mortas é para nós enorme, sem que isso signifique que o consideremos primordial e porque algum fermento deve haver em nossas almas da gestação do império incaico e das lutas das duas raças, a indígena e a espanhola, quando ainda nos estreita a alma e nos sacode com estranha e dolorida emoção a música trêmula do *yaraví*. Ademais, nossa história não pode partir apenas da conquista e por mais vaga que fosse a herança psíquica que tenhamos recebido dos índios, sempre temos algo daquela raça vencida, que numa ruína vivente anda preterida e maltratada nas nossas serranias, constituindo um grave problema social que palpita dolorosamente em nossa vida, por que não pode ter um lugar na nossa literatura, que tem sido tão fecunda em sensações históricas de outras raças que realmente nos são estrangeiras e peregrinas?[218]

Gálvez não acerta, entretanto, na definição de uma literatura nacional. "É questão de voltar a alma" – diz – "para as rumorosas palpitações do que nos rodeia." Mas na linha seguinte reduz seus elementos à "história, à tradição e à natureza". O passadista aqui reaparece por completo. Uma literatura genuinamente nacionalista, em seu conceito, deve se nutrir, sobretudo da história, da lenda, da tradição, ou seja, do passado. O presente

---

[218] Gálvez, *op. cit.*, pp. 33-34.

também é história. Mas, certamente, Gálvez não pensava nisso quando escolhia as fontes de nossa literatura. A história, em seu sentimento, não era então mais que o passado. Gálvez não diz que a literatura nacional deve traduzir totalmente o Peru. Não lhe pede uma função realmente criadora. Nega a ela o direito de ser uma literatura do povo. Polemizando com El Tunante, sustenta que o artista

> deve desdenhar altivamente a facilidade que oferece o modismo das ruas, muitas vezes admirável para o artigo sobre os costumes, mas que está distante da fina aristocracia que deve ter a forma artística.[219]

O pensamento da geração futurista é, todavia, o de Riva Agüero. O voto contra, ou, melhor dizendo, o voto em branco de Gálvez, nesse e em outros debates, não tem mais que um valor individual. A geração futurista, como tal, usa totalmente o passadismo e o romantismo de Gálvez na serenata sob os balcões do vice-reinado, destinada politicamente a reanimar uma lenda indispensável para o domínio dos herdeiros da colônia.

A casta feudal não tem outros títulos que os da tradição colonial. Nada mais de acordo com seu interesse que uma corrente literária tradicionalista. No fundo da literatura colonialista existe somente uma ordem peremptória, uma exigência imperiosa do impulso vital de uma classe, de uma "casta".

E quem duvida da origem fundamentalmente política do fenômeno "futurista" não tem senão que reparar no fato de que essa falange de advogados, escritores, literatos etc., não se contentou em ser apenas um movimento. Quando chegou à maioridade quis ser um partido.

10. "Colónida" e Valdelomar

"Colónida" representou uma insurreição – dizer uma revolução já seria exagerar sua importância – contra o academicismo e suas oligarquias, sua ênfase retórica e seu gosto conservador, sua galanteria à moda do século 18 e sua melancolia medíocre e de olheiras. Os "colónidas" virtualmente exigiam sinceridade e naturalismo. Seu movimento, demasiadamente heteróclito e anárquico, não pôde se condensar em uma tendência nem se concretizar

---
[219] *Idem*, p. 90.

em uma fórmula. Esgotou sua energia no seu grito iconoclasta e no seu orgasmo esnobe.

Uma efêmera revista de Valdelomar deu seu nome a esse movimento. Porque "Colónida" não foi um grupo, não foi um cenáculo, não foi uma escola, mas, sim, um movimento, uma atitude, um estado de ânimo. Vários escritores fizeram "colonidismo" sem pertencer ao grupo de Valdelomar. O "colonidismo" não teve contornos definidos. Fugaz meteoro literário, jamais pretendeu se fixar em uma fórmula. Não impôs um verdadeiro rumo estético a seus aderentes. O "colonidismo" não constituía nem uma ideia nem um método. Constituía um sentimentoególatra, individualista, vagamente iconoclasta, imprecisamente renovador. "Colónida" nem mesmo chegou a ser uma luz de temperamentos afins. Não era propriamente uma geração. Nas suas fileiras, com Valdelomar, More, Gibson etc., militávamos também alguns escritores adolescentes, novíssimos, principiantes. Os "colónidas" só concordavam na revolta contra qualquer academicismo. Levantavam-se contra os valores, as reputações e os temperamentos acadêmicos. Seu nexo era um protesto, não uma afirmação. Conservaram entretanto, enquanto conviveram no mesmo movimento, alguns traços espirituais comuns. Tenderam a um gosto decadente, elitista, aristocrático, um pouco mórbido. Valdelomar trouxe da Europa os germes de *d'annunzianismo*[220] que se propagaram em nosso ambiente voluptuoso, retórico e meridional.

A bizarria, a agressividade, a injustiça e até a extravagância dos "colónidas" foram úteis. Desempenharam uma função renovadora. Sacudiram a literatura nacional. Denunciaram-na como uma rapsódia vulgar da literatura espanhola mais medíocre. Propuseram modelos novos e melhores, novos e melhores caminhos. Atacaram seus fetiches, seus ícones. Iniciaram o que alguns escritores qualificariam como "uma revisão de nossos valores literários". "Colónida" foi uma força negativa, dissolvente, beligerante. Um gesto espiritual de vários literatos que se opunham ao açambarcamento da fama nacional por uma arte antiquada, oficial e ornamental.

---

[220] Gabriele D'Annunzio, poeta italiano, aventureiro, foi o principal mentor da liturgia fascista. (N.T.)

No entanto, os "colónidas" nem sempre se comportaram com injustiça. Simpatizaram com todas as figuras heréticas, heterodoxas e solitárias de nossa literatura. Louvaram e se aproximaram de Gonzáles Prada. No "colonidismo" se percebem alguns rastros de influência do autor de *Páginas libres* e *Exóticas*. Observa-se também que os "colónidas" tomaram de Gonzáles Prada o que menos lhes fazia falta. Amaram o que em Gonzáles Prada havia de aristocrata, parnasiano, individualista. Ignoraram o que havia em Gonzáles Prada de agitador, de revolucionário. More definia Gonzáles Prada como "um grego nascido num país de mulatos". "Colónida", além disso, valorizou Eguren, desdenhado e desestimado pelo gosto medíocre da crítica e do público de então.

O fenômeno "colónida" foi breve. Depois de algumas escaramuças polêmicas, o "colonidismo" dissolveu-se definitivamente. Cada um dos "colónidas" seguiu sua própria trajetória pessoal. O movimento foi liquidado. Nada importa que perdurem alguns de seus ecos e que se agitem, no fundo de mais de um temperamento jovem, alguns de seus sedimentos. O "colonidismo", como atitude espiritual, não é de nosso tempo. A vontade de renovação gerada pelo movimento "colónida" não podia se satisfazer com um pouco de decadentismo e outro pouco de exotismo. "Colónida" não se dissolveu explícita e sensivelmente porque jamais foi uma facção, mas, sim, uma postura interina, um gesto provisório.

O "colonidismo" negou e ignorou a política. Seu elitismo, seu individualismo o afastavam das multidões, o isolavam de suas emoções. Os "colónidas" não tinham nem orientação nem sensibilidade política. A política lhes parecia uma função burguesa, burocrática, prosaica. A revista *Colónida* era escrita para o Palais Concert e para a rua da Unión.[221] Federico More tinha uma inclinação orgânica com a conspiração e o panfleto, mas suas concepções políticas eram antidemocráticas, antissociais, reacionárias. More sonhava com uma aristarquia,[222] quase com uma artecracia. Desconhecia e desprezava a realidade social. Detestava o vulgo e o tumulto.

Mas, terminada a experiência "colónida", os escritores que nela intervieram, principalmente os mais jovens, começaram a se

---

[221] Lugares da moda literária de Lima do começo do século 20. (N.T.)
[222] Predomínio "dos melhores". (N.T.)

interessar pelas novas correntes políticas. É necessário procurar as raízes dessa conversão no prestígio de Unamuno, de Aranquistain, de Alomar e de outros escritores da revista *España,* nos efeitos da prédica de Wilson, eloquente e universitária, propugnando uma nova liberdade, e na sugestão da mentalidade de Victor M. Maúrtua, cuja influência no orientalismo socialista de vários de nossos intelectuais é quase desconhecida. Essa nova atitude espiritual foi marcada também por uma revista ainda mais efêmera que *Colónida: Nuestra Época.* Em *Nuestra Época,* destinada às multidões e não ao Palais Concert, escreveram Félix del Valle, César Falcón, César Ugarte, Valdelomar, Percy Gibson, César A. Rodríguez, César Vallejo e eu. Esse já era, inclusive estruturalmente, um conglomerado diferente do de *Colónida.* Figurava nela um discípulo de Maúrtua, um futuro catedrático da universidade – Ugarte – e um agitador operário – del Barzo. Nesse movimento, mais político que literário, Valdelomar já não era um líder. Seguia escritores mais jovens e menos conhecidos que ele. Atuava na segunda fileira.

Valdelomar, no entanto, tinha evoluído. Um grande artista é quase sempre um homem de grande sensibilidade. O gosto pela vida fácil, plácida, sensual, não teria permitido que ele fosse um agitador. Mas, como Oscar Wilde, Valdelomar tinha chegado a amar o socialismo. Valdelomar não era um prisioneiro da torre de marfim. Não renegava seu passado demagógico e tumultuado de billinghurista.[223] Ficava feliz pelo fato de seu passado incluir esse episódio. Apesar de seu aristocratismo, Valdelomar sentia-se atraído pelas pessoas humildes e simples. Isso é confirmado em vários capítulos de sua literatura, à qual não faltam notas cívicas. Valdelomar escreveu para as crianças das escolas de Huaura seu discurso sobre San Martín. Diante de um auditório de operários, pronunciou em algumas cidades do Norte, em suas andanças como conferencista nômade, um discurso em louvor do trabalho. Lembro que, em um de nossos últimos colóquios, escutava com

---

[223] Guillermo Billinghurst foi presidente do Peru entre 1913 e 1914. Era um milionário populista e teve muitos conflitos com o Congresso devido a uma proposta de lei de implantação da jornada de oito horas e pela implementação de uma solução do conflito Peru-Chile. Foi deposto por um golpe militar. (N.T.)

interesse e respeito minhas primeiras divagações socialistas. Nesse instante grave de amadurecimento e tensões máximas, foi abatido pela morte.

***

Não conheço nenhuma definição certeira, exata, nítida, da arte de Valdelomar. Justifico-me que a crítica ainda não a tenha formulado. Valdelomar morreu aos 30 anos quando ele próprio não tinha ainda conseguido se encontrar, definir-se. Sua produção desordenada, dispersa, versátil, e até um pouco incoerente, não contém senão os elementos materiais da obra que a morte frustrou. Valdelomar não conseguiu afirmar plenamente sua personalidade rica e exuberante. Deixou-nos, apesar de tudo, muitas páginas magníficas.

Sua personalidade não apenas influiu na atitude espiritual de uma geração de escritores. Iniciou em nossa literatura uma tendência que depois se acentuou. Valdelomar, que trouxe do estrangeiro influências multicoloridas e internacionais e que, por conseguinte, introduziu em nossa literatura elementos de cosmopolitismo, sentiu-se ao mesmo tempo atraído pelo *criollismo* e pelo incaísmo. Buscou seus temas no cotidiano e no humilde. Reviveu sua infância numa aldeia de pescadores. Descobriu, sem ser especialista, mas com clarividência, o engenho de nosso passado autóctone.

Um dos elementos essenciais da arte de Valdelomar é seu humor. A egolatria de Valdelomar era em grande medida humorística. Valdelomar dizia brincando quase todas as coisas que o público levava a sério. Dizia-as *pour épater les bourgeois*.[224] Se os burgueses tivessem rido com ele de suas "poses" megalomaníacas, Valdelomar não teria insistido tanto em seu uso. Valdelomar impregnou sua obra com um humorismo elegante, alado, ático, até então novo entre nós. Seus artigos de jornais, seus "diálogos máximos" geralmente estavam cheios de uma elegância gentil. Essa prosa poderia ter sido mais cinzelada, mais elegante, mais duradoura, mas Valdelomar quase não tinha tempo para poli-la. Era uma prosa improvisada e jornalística.

---

[224] Para chocar os burgueses (em francês no original). (N.T.)

Nenhum humorismo foi menos acerbo, menos amargo, menos acre, menos maligno que o de Valdelomar. Valdelomar caricaturava os homens, mas os caricaturava piedosamente. Olhava as coisas com um sorriso bondoso. Evaristo, o empregado da farmácia aldeã, irmão gêmeo de um salgueiro hepático e infeliz, é uma dessas criaturas melancólicas que Valdelomar gostava de traçar. No tom desse romance de sabor pirandeliano sente-se a ternura de Valdelomar por seu personagem infeliz, pálido e magrelo.

Às vezes Valdelomar parece cair no desespero e no pessimismo. Mas essas são falhas passageiras, depressões precárias de seu ânimo. Valdelomar era demasiadamente panteísta e sensual para ser pessimista. Acreditava, com D'Annunzio, que "a vida é bela e digna de ser vivida". Em seus cantos e paisagens aldeãos se reconhece esse traço de seu espírito. Valdelomar buscou sempre a felicidade e o prazer. Poucas vezes conseguiu desfrutá-los, mas nessas poucas vezes soube possuí-los de modo pleno, absoluto e exaltado.

Em seu *Confiteor* – que talvez seja a mais nobre, a mais pura e a mais bela poesia erótica de nossa literatura – Valdelomar alcança o mais alto grau de exaltação dionisíaca. Cheio de emoção erótica, o poeta pensa que a natureza, o universo, não podem ser estranhos nem indiferentes a seu amor. Seu amor não é egoísta. Precisa se sentir rodeado por uma alegria cósmica. Eis aqui a nota suprema de *Confiteor*:[225]

MEU AMOR ANIMARÁ O MUNDO
Que farei no dia em que seus olhos
Tenham para mim um olhar de amor?
Minh'alma encherá o mundo de alegria,
A Natureza vibrará com o fremir do meu coração,

---

[225] MI AMOR ANIMARÁ EL MUNDO. ¿Qué haré el día en que sus ojos/ tengan para mí una mirada de amor?/ Mi alma llenará el mundo de alegría,/ la Naturaleza vibrará con el temblor de mi corazón,/ todos serán felices:/ el cielo, el mar, los árboles, el paisaje... Mi pasión/ pondrá en el universo, ahora triste,/ las alegres notas de una divina coloración;/ cantarán las aves, las copas de los árboles/ entonarán una balada; hasta el panteón/ llegará la alegría de mi alma/ y los muertos sentirán el soplo fresco de mi amor.
¿ES POSIBLE SUFRIR? ¿Quién dice que la vida es triste?/ ¿Quién habla de dolor?/ ¿Quién se queja?... ¿Quién sufre?... ¿Quién llora?

todos serão felizes:
O céu, o mar, as árvores, a paisagem... Minha paixão
trará ao universo, agora triste,
as notas alegres de um colorido divino;
cantarão as aves, as copas das árvores
entonarão uma balada; até o panteão
chegará a alegria da minha alma
e os mortos sentirão o sopro fresco do meu amor.

É POSSÍVEL SOFRER?
Quem diz que a vida é triste?
Quem fala de dor?
Quem se queixa?... Quem sofre?... Quem chora?

Confiteor é a ingênua confidência lírica de um namorado exultante de amor e de felicidade. Diante da amada, o poeta "treme como um débil junco". E com a convicção cândida dos enamorados, diz que nem todos podem compreender sua paixão. A imagem de sua amada é uma imagem pré-rafaelista, pressentida apenas pelos que "contemplaram a tela de Burne Jones onde está o anjo da Anunciação". No amor, nenhum de nossos poetas tinha chegado antes a esse lirismo absoluto. Há alguma coisa do *allegro* beethoveniano nos versos transcritos.

A Valdelomar, apesar de *El hermano ausente*, apesar de *Confiteor* e outros versos, é regateado o título de poeta que, em troca, se outorga por exemplo a d. Felipe Pardo. Valdelomar não cabe dentro das classificações arbitrárias e toscas da velha crítica. O que essa crítica poderia dizer de Valdelomar e de sua obra? Os matizes mais nobres, as notas mais delicadas do temperamento desse grande lírico jamais poderão ser apreendidos por suas definições. Foi "muito moderno, audaz, cosmopolita". Em seu humorismo, em seu lirismo, às vezes se descobrem lineamentos e matizes da moderna literatura de vanguarda.

Valdelomar não é ainda, em nossa literatura, o homem matinal. Muitas influências decadentistas atuavam nele. Entre "as coisas inefáveis e infinitas" que intervêm no desenvolvimento de suas lendas incaicas, ao lado da Fé, do Mar e da Morte ele coloca o Crepúsculo. Desde sua juventude, sua arte esteve sob o signo de D'Annunzio. Na Itália, o vento tramontano romano, o entardecer voluptuoso do Janiculum, a vindima outonal, Veneza anfíbia – marítima e palúdica –, exacerbaram em Valdelomar as emoções crepusculares de *Il Fuoco*.

Mas o que preserva Valdelomar de uma excessiva intoxicação decadentista é seu lirismo vivo e puro. O humor, essa nota tão frequente de sua arte, é o caminho por onde se evade do universo *d'annunziano*. O humor dá o tom ao melhor de seus contos: "Hebaristo, el sauce que se murió de amor". Conto pirandeliano, ainda que Valdelomar talvez não conhecesse Pirandello, que, na época da visita do nosso escritor à Itália, ainda estava muito longe de ter seu nome celebrado pelas suas obras teatrais. Pirandeliano pelo método: identificação panteísta das vidas paralelas de um salgueiro e um boticário. Pirandeliano pelo personagem: levemente caricatural, mesocrático, pequeno-burguês, inconcluso. Pirandeliano pelo drama: o fracasso de uma existência que, numa tentativa superior ao seu ritmo sórdido, sente sua mola se quebrar com um estalo grotesco e risível.

Um sentimento panteísta, pagão, empurrava Valdelomar na direção da aldeia, da natureza. As impressões de sua infância, transcorrida numa aprazível aldeia de pescadores gravitam melodiosamente em sua consciência. Valdelomar é singularmente sensível às coisas rústicas. A emoção de sua infância está feita pelo lar, pela praia e pelo campo. O "sopro denso e perfumado do mar" a impregna de uma tristeza tônica e salobre:

> e o que ele me disse ainda em minha alma persiste;
> meu pai era calado e minha mãe era triste
> e a alegria ninguém me soube ensinar.
> ("Tristitía")[226]

Valdelomar, contudo, tem a sensibilidade cosmopolita e viajante do homem moderno. Nova York, Times Square, são motivos que o atraem tanto quanto a aldeia encantada e o "cavaleiro carmelo". Do 54º andar de Woolworth passa sem nenhum esforço

---

[226] y lo que él me dijera aún en mi alma persiste;/ mi padre era callado y mi madre era triste/ y la alegria nadie me la supo enseñar. (N.T.)

para a hortelã e a beldroega dos primeiros e solitários caminhos de sua infância. Seus contos mostram a mobilidade caleidoscópica da sua fantasia. A sofisticação de seus contos ianques e cosmopolitas, o exotismo de suas imagens chinesas ou orientais ("minha alma treme como um débil junco"), o romantismo de suas lendas incaicas, o impressionismo de seus relatos *criollos* são, em sua obra, estações que se sucedem, se repetem, se alternam no itinerário do artista, sem transições e sem rupturas espirituais.

Sua obra é essencialmente fragmentária. A existência e o trabalho do artista ressentiam-se de indisciplina e exuberância *criollas*. Valdelomar reunia, elevadas à sua máxima potência, as qualidades e os defeitos do mestiço da costa. Era um temperamento excessivo que caía do mais exasperado orgasmo criador à mais asiática e fatalista renúncia de todo desejo. Sua imaginação era simultaneamente ocupada por um ensaio estético, uma divagação humorística, uma tragédia pastoril (*Verdolaga*), uma vida romanesca (*La Mariscala*). Mas possuía o dom do criador. Os urubus do curral, a praça do mercado, as rinhas de galo, qualquer tema podia disparar sua imaginação, com frutífera colheita artística. Valdelomar é o descobridor de muitas coisas. A ele se revelou, antes que a ninguém em nossas letras, a beleza agonal das corridas de touros. Na época em que esse assunto ainda estava reservado à prosa pedestre dos iniciados na tauromaquia, escreveu seu *Belmonte, el trágico*.

A "greguería"[227] começa com Valdelomar em nossa literatura. Consta-me que ele gostou muito dos primeiros livros de Gómez de la Serna que chegaram a Lima. O gosto atomístico da "greguería" era, além disso, inato nele, praticante da busca microscópica. Mas, em troca, Valdelomar não suspeitava que Gómez de la Serna era o descobridor da Alba. Sua retina de *criollo* impressionista era especializada em desfrutar voluptuosamente, da margem dourada, as cores ambíguas do crepúsculo.

Impressionismo: essa é, dentro de sua variedade espacial, a filiação mais precisa de sua arte.

---

[227] Literalmente, algaravia. Diz-se na prosa em espanhol de breves composições em prosa com metáforas humorísticas sobre a vida corrente. (N.T.)

11. Nossos "independentes"

À margem dos movimentos, das tendências, dos cenáculos e até das próprias gerações, não faltaram no processo de nossa literatura casos mais ou menos independentes e solitários de vocação literária. Mas a lembrança do escritor e do artista que não deixa descendência vai se apagando lentamente no processo de uma literatura. O escritor e o artista podem trabalhar fora de qualquer grupo, de qualquer escola, de qualquer movimento. Mas então sua obra não pode salvá-lo do esquecimento se não for em si mesma uma mensagem para a posteridade. Só sobrevive o precursor, o antecipador, o suscitador. Por isso, as individualidades me interessam, sobretudo por sua influência. As individualidades, em meu estudo, não têm seu valor essencial em si mesmas, mas sim em função de signos.

Já vimos como a uma geração, ou melhor, a um movimento radical, que reconheceu González Prada como seu líder, seguiu-se um movimento neocivilista ou colonialista, que proclamou Palma como seu patriarca. E como veio depois um movimento "colónida" precursor de uma nova geração. Mas isso não quer dizer que toda literatura desse longo período corresponda necessariamente ao fenômeno "futurista" ou ao fenômeno "colónida".

Temos o caso do poeta Domingo Martínez Luján, espécime bizarro da velha boemia romântica, do qual alguns versos assinalaram nas antologias algo assim como a primeira nota rubendariana de nossa poesia. Temos o caso de Manuel Beingolea, contista de fino humorismo e fantasia deliciosa que cultiva, no conto, o decadentismo do que é raro e extraordinário. Temos o caso de José Maria Eguren, que representa em nossa história literária a poesia "pura", mais que a poesia simbolista.

O caso de Eguren, entretanto, por sua ascendência excepcional, não se mantém afastado do jogo das tendências. Constitui um valor surgido fora de uma geração, mas que logo se torna um valor polêmico no diálogo de duas gerações em contraste. Desconhecido e desdenhado pela geração "futurista", que aclama Gálvez como seu poeta, Eguren é descoberto e adotado pelo movimento "colónida".

A revelação de Eguren começa na revista *Contemporáneos*, sobre a qual devo dizer algumas palavras. *Contemporáneos* marca incontestavelmente uma data em nossa história literária. Fundada por Enrique Bustamante y Ballivián e Julio Alfonso Hernández, essa revista aparece como o órgão de um grupo de "independentes" que sentem a necessidade de afirmar sua autonomia do cenáculo "colonialista". Da geração de Riva Agüero, esses "independentes" repudiam mais a estética que o espírito. *Contemporáneos* se apresenta, principalmente, como a vanguarda do modernismo no Peru. Seu programa é exclusivamente literário. Mesmo como simples revista de renovação literária, falta-lhe agressividade, beligerância. Tem a ponderação parnasiana de Enrique Bustamante y Ballivián, seu diretor. Mas de qualquer maneira suas atitudes possuem um sentido de protesto. Os "independentes" de *Contemporáneos* procuram a amizade de González Prada. Esse gesto por si só afirma uma "secessão". O poeta de *Exóticas*, o prosador de *Páginas libres*, que então só colaborava em algum pobre e desabrido periódico anarquista, reaparece em 1909 frente ao público das revistas literárias na companhia de uns independentes que nele apreciavam o parnasiano, o aristocrata mais que o acusador, mais que o rebelde. Mas não importa. Esse fato já anuncia uma reação.

A revista *Contemporáneos*, desaparecida depois de alguns poucos números, tenta renascer em uma revista mais volumosa, *Cultura*. Bustamante y Ballivián se associa com Valdelomar para essa tentativa. Mas antes do primeiro número os codiretores brigam. *Cultura* sai sem Valdelomar. O primeiro e único número dá a impressão de ser uma revista mais eclética, menos representativa que *Contemporáneos*. O fracasso dessa experiência prepara *Colónida*.

Mas essas e outras tentativas revelam que se a geração de Riva Agüero não pode se desdobrar e se dividir em dois grupos, em duas facções definidas e antagônicas, tampouco constituiu-se como uma geração uniforme e unânime. Essa uniformidade, essa unanimidade não se apresenta em nenhuma geração. A de Riva Agüero teve seus "independentes", teve seus heterodoxos. O de mais personalidade e significação espiritual e ideológica foi sem dúvida Pedro S. Zulen. Zulen não desgostava somente do academicismo e da retórica dos "futuristas". Desgostava profundamente do espírito conservador e tradicionalista. Diante de uma geração "colonialista", Zulen declarou-se "pró-indigenista". Os demais "independentes" – Enrique Bustamante y Ballivián, Alberto J. Ureta etc. – se contentaram com uma secessão literária.

12. Eguren

José Maria Eguren representa a poesia pura em nossa história literária. Esse conceito não tem nenhuma afinidade com a tese do abade Brémond.[228] Quero simplesmente expressar que a poesia de Eguren se distingue da maior parte da poesia peruana porque não pretende ser história, nem filosofia, nem apologética e sim exclusiva e somente poesia.

Os poetas da república não herdaram dos poetas da colônia a dedicação à poesia teológica – mal apelidada de religiosa ou mística – mas herdaram a dedicação à poesia cortesã e ditirâmbica. O parnaso peruano cresceu sob a república com novas odes, algumas magras, outras inchadas. Os poetas pediam um ponto de apoio para mover o mundo, mas esse ponto de apoio era sempre um evento, um personagem. A poesia se apresentava, por conseguinte, subordinada à cronologia. Odes aos heróis ou feitos da América, quando não aos reis da Espanha, constituíam os maiores monumentos dessa poesia de efemérides ou de cerimônia que não encerrava a emoção de uma época ou de uma gesta, mas apenas a de uma data. A poesia satírica também estava, em razão de seu ofício, demasiadamente encadeada ao evento, à crônica.

Em outros casos, os poetas cultivavam o poema filosófico, que em geral não é nem poesia nem filosofia. A poesia degenerava em um exercício de declamação metafísica.

A arte de Eguren é a reação contra essa arte charlatã e retórica, quase integralmente composta de elementos temporais e contingentes. Eguren sempre se comporta como um poeta puro. Não escreve um único verso de ocasião, um único canto sob medida. Não se preocupa com o gosto do público nem com a crítica. Não canta a Espanha, nem Alfonso XIII, nem a Santa Rosa de Lima. Nem mesmo recita seus versos em serões ou festas. É um poeta que diz aos homens com seus versos unicamente sua mensagem divina.

Como esse poeta salva sua personalidade? Como encontra e afina seus meios de expressão nessa atmosfera literária turva? En-

---

[228] Religioso e acadêmico francês, crítico literário. (N.T.)

rique Bustamante y Ballivián, que o conheceu intimamente, nos deu um esquema interessante de sua formação artística:

> Dois fatores foram os mais importantes na formação de um poeta dotado de temperamento riquíssimo: as impressões campestres recebidas na infância em "Chuquitanta", fazenda de sua família nas imediações de Lima, e as leituras que desde que era criança seu irmão Jorge lhe fazia dos clássicos espanhóis. As primeiras deram-lhe não apenas a paisagem que está no fundo de muitos de seus poemas, mas também o sentimento profundo da natureza, expresso em símbolos como o sente a gente do campo que o anima com lendas e conselhos e o povoa de duendes e bruxos, monstros e espíritos. Daquelas leituras clássicas, feitas com critério culto e bom gosto ponderado, tirou a dedicação literária à riqueza do léxico e certos fraseados arcaicos que dão sabor peculiar à sua poesia muito moderna. De seu lar, profundamente cristão e místico, de moralidade estrita e fechada, obteve a pureza da alma e a tendência ao devaneio. Pode se agregar que ele, por sua irmã Suzana, boa pianista e cantora, obteve a inclinação musical que é tendência de muitos de seus versos. E quanto à cor e à riqueza plástica, não se deve esquecer que Eguren é um bom pintor (ainda que não chegue à altura do poeta) e que começou a pintar antes de escrever. Algum crítico notou que Eguren é um poeta da infância, e que nisso está sua principal virtude. Isso certamente tem origem (ainda que discrepemos da opinião do crítico) no fato de que os primeiros versos do poeta foram escritos para suas sobrinhas e que são quadros da infância que neles figuram.[229]

Acho excessivo ou, melhor dizendo, impreciso, qualificar Eguren de poeta da infância. Mas me parece evidente sua qualidade essencial de poeta de espírito e sensibilidade infantis. Toda sua poesia é uma versão encantada e alucinada da vida. Seu simbolismo vem, antes de mais nada, de suas impressões de criança. Não depende de influências nem de sugestões literárias. Tem suas raízes na própria alma do poeta. A poesia de Eguren é a prolongação da sua infância. Eguren conserva integralmente em seus versos a ingenuidade e o devaneio da criança. Por isso, sua poesia é uma

---

[229] No *Boletín Bibliográfico* da Universidad de Lima, n. 15, dezembro de 1915. Nota crítica a uma seleção de poemas de Eguren feita pelo bibliotecário da universidade, Pedro S. Zulen, um dos primeiros a apreciar e admirar o gênio do poeta de *Simbólicas*.

visão tão virginal das coisas. Em seus olhos deslumbrados de infante está a explicação completa do milagre.

Esse traço da arte de Eguren não aparece apenas nas que especificamente podem ser classificadas como poesias de tema infantil. Eguren expressa sempre as coisas e a natureza com imagens que é fácil identificar e reconhecer como escapadas de sua subconsciência de criança. A imagem plástica de um "rei vermelho de barba de aço" – uma das notas preciosas de "Eroe", poesia de música rubendariana – só pode ser encontrada pela imaginação de um infante. "Os reis vermelhos", uma das mais belas criações do simbolismo de Eguren, acusa uma origem análoga em sua bizarra composição de decalcomania:

Desde a aurora
combatem os reis vermelhos
com lança de ouro.

Por verde bosque
e nas colinas purpurinas
seu cenho vibra.

Reis falcões
batalham em distâncias
azuladas de ouro.

Pela luz cádmio,
airadas se vêm pequenas
suas formas negras.

Vem a noite
e firmes combatem foscos
os reis vermelhos.[230]

---

[230] Desde la aurora/ combaten los reyes rojos/ con lanza de oro./ Por verde bosque/ y en los purpurinos cerros/ vibra su ceño./ Falcones reyes/ batallan en lejanías/ de oro azulinas./ Por la luz cadmio,/ airadas se ven pequeñas/ sus formas negras./ Viene la noche/ y firmes combaten foscos/ los reyes rojos. (N.T.)

Desse encantamento da alma de Eguren nasce também seu gosto pelo maravilhoso e fabuloso. Seu mundo é um mundo indecifrável e aladinesco da "menina da lâmpada azul". Com Eguren aparece pela primeira vez em nossa literatura a poesia do encantamento. Um dos elementos e das características dessa poesia é o exotismo. *Simbólicas* tem um fundo de mitologia escandinava e da idade média germânica. Os mitos helênicos nunca assomam na paisagem wagneriana e grotesca de seus cromos sintéticos.

***

Eguren não tem ascendentes na literatura peruana. Também não os tem na própria poesia espanhola. Bustamante y Ballivián afirma que González Prada "não encontrava em nenhuma literatura a origem do simbolismo de Eguren". Também eu me lembro de ter ouvido de González Prada quase as mesmas palavras.

Classifico Eguren entre os precursores do período cosmopolita de nossa literatura. Eguren – já o disse – aclimata em um clima pouco propício a flor preciosa e pálida do simbolismo. Mas isso não quer dizer que eu compartilhe, por exemplo, da opinião dos que supõem em Eguren influências facilmente perceptíveis do simbolismo francês. Penso, ao contrário, que essa opinião é equivocada. O simbolismo francês não nos dá a chave do simbolismo de Eguren. Pretende-se que em Eguren existem traços especiais da influência de Rimbaud. Mas o grande Rimbaud era, temperamentalmente, a antítese de Eguren. Nietzschiano, inquieto, Rimbaud poderia ter exclamado com Guillén, de *Deucalión*: "Ajudarei o diabo a conquistar o céu". André Rouveyre declara-o "o protótipo do sarcasmo demoníaco e do blasfemador ressentido". Militante da comuna, Rimbaud tinha uma psicologia de aventureiro e de revolucionário. "É preciso ser absolutamente moderno", repetia. E, para sê-lo, aos 22 anos deixou a literatura e Paris. Preferiu ser *pioneer* na África a poeta em Paris. Sua vitalidade excessiva não se resignava a uma boemia citadina e decadente, mais ou menos verlainiana. Rimbaud, em uma palavra, era um anjo rebelde. Eguren, ao contrário, se nos mostra sempre isento de satanismo. Seus tormentos, seus pesadelos, são encantada e feericamente infantis. Eguren poucas vezes encontra seu tom e sua alma tão cristalinamente como em "Los ángeles tranquilos":

Passou o vendaval; agora
com pérolas e berilos,
cantam a solidão aurora
os anjos tranquilos.

Modulam canções santas
em doces bandolins;
vendo caídas as folhudas plantas
de campos e jardins.

Enquanto o sol na neblina
vibra seus ouropéis,
beijam a morte alvacenta
nos Saharas cruéis.

Afastam-se de madrugada
com pérolas e berilos
e com a luz do céu no olhar
os anjos tranquilos. [231]

O poeta de *Simbólicas* e de *La canción de las figuras* representa, em nossa poesia, o simbolismo, mas não um simbolismo. E muito menos uma escola simbolista. Que ninguém lhe regateie originalidade. Não é lícito regateá-la a quem escreveu versos tão absoluta e rigorosamente originais como os de "El duque":

Hoje casa-se o duque Nuez;
Vem o chantre, vem o juiz
e com pendões escarlates
florida cavalgada;
a uma, a duas, a dez;
que se casa o Duque primor

---

[231] Pasó el vendaval; ahora/ con perlas e berilos,/ cantan la soledad aurora/ los ángeles tranquilos./ Modulan canciones santas/ en dulces bandolines;/ viendo caídas las hojosas plantas/ de campos y jardines./ Mientras el sol en la neblina/ vibra sus oropeles,/ besan la muerte blanquecina/ en los Saharas crueles./ Se alejan de madrugada/ con perlas y berilos/ y con la luz del cielo en la mirada/ los ángeles tranquiles. (N.T.)

com a filha do Cravo de Olor.
Ali estão, com peles de bisão,
os cavalos de Lobo do Monte,
e com cenho triunfante,
Gaulês citrino, Rodolfo Montante.
E na capela está a bela,
Mas não veio o Duque atrás dela;
Os magnatas prostradores,
aduladores
ao chão o penacho inclinam;
os corcundas, os bissextos
fazem gestos, seus gestos, seus gestos;
e a turba melenuda
espirra, espirra, espirra.
E aos pórticos e aos espaços
olha a noiva com ardor...
são seus olhos dois topázios
de amor.
E fazem ferozes ademanes,
nobres vermelhos como escorpiões;
concentrando seus ofegos
grita o mais hercúleo deles:
Quem ao grande Duque entretem?
Já o grande cortejo se irrita!...
Mas o Duque não chega;
Comido foi pela Paquita.[232]

---

[232] Hoy se casa el duque Nuez;/ viene el chantre, viene el juez/ y con pendones escarlata/ florida cabalgata;/ a la una, a la dos, a las diez;/ que se casa el Duque primor/ con la hija del Clavo de Olor./ Allí están, con pieles de bisonte,/ los caballos del Lobo del Mont,/ y con ceño triunfante,/ Galo cetrino, Rodolfo Montante./ Y en la capilla está la bella,/ mas no ha venido el Duque tras ella;/ los magnates prostradores,/ aduladores/ al suelo el penacho inclinan; los corvados, los bisiestos/ dan sus gestos, sus gestos, sus gestos;/ y la turba melenuda/ estornuda, estornuda, estornuda./ Y a los pórticos y a los espacios/ mira la novia con ardor.../ son sus ojos dos topacios/ de brillor./ Y hacen fieros ademanes,/ nobles rojos como alacranes;/ concentrando sus resuellos/ grita el más hercúleo de ellos:/ ¿Quién al gran Duque entretiene?/ ¡ya el gran cortejo se irrita!.../ Pero el Duque no viene;/ se lo ha comido Paquita. (N.T.)

Rubén Darío acreditava pensar em francês em vez de castelhano. Provavelmente não se enganava. O decadentismo, o preciosismo, o bizantinismo de sua arte são os da Paris finissecular e verlainiana do qual o poeta sentiu-se hóspede e amante. Sua barca, "provinha do divino estaleiro do divino Watteau". E o galicismo de seu espírito engendrava o galicismo de sua linguagem. Eguren não mostra nem um nem outro. Nem mesmo seu estilo se ressente de afrancesamento.[233] Sua forma é espanhola, não francesa. É frequente e habitual em seus versos, como assinala Bustamante y Ballivián, o fraseado arcaico. Em nossa literatura, Eguren é um dos que representam a reação contra o espanholismo porque, até sua aparição, o espanholismo era ainda retórica barroca ou romantismo grandiloquente. Eguren, de qualquer modo, não é um apaixonado pela França rococó do século 18 como Rubén Dario. Seu espírito desce da Idade Média, muito mais que dos anos de 1700. Eu o vejo mais como gótico que como latino. Já aludi à sua predileção pelos mitos escandinavos e germânicos. Constatarei agora que em algumas de suas primeiras composições, de sotaque e gosto um pouco rubendarianos, como "Las bodas vienesas" e "Lis", a imaginação de Eguren abandona sempre o mundo oitocentista para partir em busca de uma cor ou de uma nota medievais:

Começam ambíguas
idosas marquesas
suas danças antigas
e suas polonesas.

E chegam arqueiros
de enormes bigodes
e evitam as fanfarronadas
dos fradotes.[234]

---

[233] Não escasseiam nos versos de Eguren os italianismos. O gosto pelas palavras italianas – que não o latiniza – nasce no poeta de seu contato com a poesia da Itália, nele fomentado pelas leituras de seu irmãos Jorge que morou muito tempo nesse país.

[234] Comienzan ambiguas/ añosas marquesas/sus danzas antiguas/ y sus polonesas./ Y llegan arqueros/ de largos bigotes/ y evitan los fieros/ de los monigotes. (N.T.)

Parece-me que alguns elementos de sua poesia – a ternura e o candor da fantasia, por exemplo – aparentam vagamente às vezes Eguren com Maeterlinck – o Maeterlinck dos bons tempos. Mas essa afinidade indecisa não revela precisamente uma influência maeterlinkiana. Depende mais do fato de que a poesia de Eguren, pelos caminhos do maravilhoso, pelos caminhos do sonho, toca o mistério. Mas Eguren interpreta o mistério com a inocência de uma criança alucinada e vidente. E em Maeterlinck o mistério é com frequência o produto da alquimia literária.

Objetando seu galicismo, analisando seu simbolismo, abre-se de improviso, feericamente, como um encantamento, a porta secreta de uma interpretação genealógica do espírito e do temperamento de José M. Eguren.

* * *

Eguren descende da Idade Média. É um eco puro – extraviado no trópico americano – do Ocidente medieval. Não procede da Espanha mourisca e sim da Espanha gótica. Não tem nada de árabe em seu temperamento nem em seu espírito. Nem sequer tem muito de latino. Seus gostos são um pouco nórdicos. Pálido personagem de Van Dyck, sua poesia se povoa às vezes de paisagens e reminiscências flamengas e germânicas. Na França, o classicismo lhe reprovaria a falta de ordem e clareza latinas. Maurras o acharia demasiado alemão e caótico. Porque Eguren não procede da Europa renascentista e rococó. Procede espiritualmente da idade das cruzadas e das catedrais. Sua fantasia bizarra tem um parentesco característico com a dos decoradores das catedrais góticas por sua inclinação ao grotesco. O gênio infantil de Eguren se diverte com o grotesco, finalmente estilizado e com gosto pré-renascentista:

Dois infantes oblongos deliram
e ao céu levantam suas rápidas mãos
e duas louras gigantas suspiram
e o coro preludia cretinos anciãos.

E à doçura de virgínias camélias
segue atrás do cortejo a banda macróbia

e rígidas, fortes, as tias Adélias,
e depois coxeando, coxeando a noiva.[235]

("Las bodas vienesas")

À sombra dos estuques
chegam velhos e pernas de pau
em seus macacõezinhos
os vampiros brancos.[236]

("Diosa ambarina")

Em Eguren subsiste, enlanguescido pelos séculos, o espírito aristocrático. Sabemos que no Peru a aristocracia colonial se transformou em burguesia republicana. O antigo *encomendero* substituiu formalmente seus princípios feudais e aristocráticos pelos princípios democrático-burgueses da revolução libertadora. Essa mudança simples permitiu-lhe conservar seus privilégios de *encomendero* latifundiário. Por essa metamorfose, assim como não tivemos sob o vice-reinado uma aristocracia autêntica, também não tivemos uma autêntica burguesia sob a república. Eguren – o caso tinha que acontecer com um poeta – é talvez o único descendente da genuína Europa medieval e gótica. Bisneto da Espanha aventureira que descobriu a América, Eguren satura-se na fazenda da costa, em seu solar nativo, de antigos aromas de lendas. Seu século e seu meio não sufocam nele de todo a alma medieval (na Espanha Eguren teria amado, como Valle Inclán, os heróis e os feitos das guerras carlistas). Não nasce cruzado – é muito tarde para sê-lo – mas nasce poeta. A inclinação de sua raça para a aventura salva-se na galeota corsária de sua imaginação. Como não lhe é dado ter alma aventureira, tem pelo menos a fantasia aventureira.

---

[235] Dos infantes oblongos deliran/ y al cielo levantan sus rápidas manos/ e dos rubias gigantes suspiran/ y el coro preludian cretinos ancianos./ Y al dulzor de virgíneas camelias/ va en pos del cortejo la banda macrovia/ y rígidas, fuertes, las tías Adelias,/ y luego cojeando, cojeando la novia. (N.T.)

[236] A la sombra de los estucos/ llegan viejos y zancos,/ en sus mamelucos/ los vampiros blancos. (N.T.)

Tivesse nascido meio século antes, a poesia de Eguren teria sido romântica,[237] ainda que nem por isso de mérito menos imperecível. Nascida sob o signo da decadência do final do século 19, tinha que ser simbolista. (Maurras não se engana quando aponta no simbolismo o fim da fila do romantismo.) Eguren teria necessitado sempre fugir de sua época, da realidade. A arte é uma fuga quando o artista não pode aceitar nem expressar sua época e a realidade em que vive. Desse tipo de artistas foram, em nossa América – dentro de seus temperamentos e épocas dessemelhantes – José Asunción Silva e Julio Herrera y Reissig.

Esses artistas amadurecem e florescem alheios e contrários ao penoso e áspero trabalho de crescimento de seus povos. Como diria Jorge Luis Borges, são artistas de uma cultura, não de uma estirpe. Mas talvez sejam os únicos artistas que, em certos períodos de sua história, um povo pode possuir, uma raça pode produzir. Valério Brussiov, Alexandre Block, simbolistas e aristocratas, representaram, nos anos anteriores à revolução, a poesia russa. Chegada a revolução, os dois desceram de sua torre para a ágora ensanguentada e tempestuosa.

Eguren, no Peru, não compreende nem conhece o povo. Ignora o índio, distante de sua história e alheio a seu enigma. É demasiadamente ocidental e espiritualmente estrangeiro para assimilar o orientalismo indígena. Mas, igualmente, Eguren não compreende nem conhece também a civilização capitalista, burguesa, ocidental. Dessa civilização o que lhe interessa e encanta é a colossal loja de quinquilharias. Eguren pode se supor moderno porque admira o avião, o submarino, o automóvel. Mas no avião, no automóvel etc., não admira apenas a máquina, e sim também o brinquedo. O brinquedo fantástico que o homem construiu para atravessar os mares e os continentes. Eguren vê o homem brincar com a máquina. Não vê, como Rabindranath Tagore, a máquina escravizar o homem.

Talvez a região da costa, mórbida, mole, mestiça, o tenha isolado de vez da história e da gente peruana. Talvez a serra o tivesse

---

[237] Uma boa parte da obra de Eguren é romântica, e não apenas em *Simbólicas* como também em *Sombras* e até em *Rondinelas*, as duas últimas jornadas de sua poesia.

feito diferente. Uma natureza incolor e monótona, de qualquer maneira, é a responsável por sua poesia ser algo assim como uma poesia de câmara. Poesia de momento e interior. Porque tal como existe uma música e uma pintura de câmara, também há uma poesia de câmara. Que, quando é a voz de um verdadeiro poeta, tem o mesmo encanto.

13. Alberto Hidalgo

Alberto Hidalgo significou em nossa literatura, de 1917 a 1918, a exasperação e o término da experiência "colónida". Hidalgo levou às mais extremas consequências a megalomania, a egolatria, a beligerância do gesto "colónida". Os bacilos dessa febre, sem a qual talvez não tivesse sido possível elevar a temperatura de nossas letras, alcançaram nele, Hidalgo, ainda o provinciano de *Panoplia lírica*, seu maior grau de virulência. Valdelomar já havia regressado de sua viagem aventurosa pelos domínios *d'annunzianos*, no qual – talvez porque em D'Annunzio junto à Veneza bizantina está o Abruzzo rústico e a praia adriática – descobriu a costa da *criollidad* e entreviu ao longe o continente do incaísmo. Valdelomar tinha guardado seu humorismo em suas atitudes mais ególatras. Hidalgo, ainda um pouco duro dentro de seu paletó arequipenho, não tinha a mesma agilidade para o sorriso. O gesto "colónida" era nele patético. Mas Hidalgo, em troca, iria trazer para nossa renovação literária um gosto viril pela mecânica, o maquinismo, o arranha-céu, a velocidade etc., talvez por sua própria virgindade bronca de provinciano, a quem a urbe não tinha afrouxado. Se com Valdelomar incorporamos em nossa sensibilidade, antes estragada pelo espesso chocolate escolástico, a D'Annunzio, com Hidalgo assimilamos Marinetti, explosivo, trepidante, brigão. Hidalgo, panfletista e frasista contundente, continuava, a partir de outro ponto de vista, a linha de González Prada e More. Era um personagem excessivo para um público sedentário e reumático. A força centrífuga e secessionista que o impulsa levou-o daqui em um torvelinho.

Hoje Hidalgo é, ainda que não saia de um bairro de Buenos Aires, um poeta do idioma. Mal se pode falar de suas aventuras de poeta local como um antecedente. Crescendo e crescendo, adquiriu uma efetiva estatura americana. Sua literatura tem circulação em todos os mercados do mundo hispânico. Como sempre, sua arte é de secessão. O clima austral temperou e robusteceu seus nervos um pouco tropicais, que conhecem todos os graus da literatura e todas as latitudes da imaginação. Mas Hidalgo está – como não podia deixar de estar – na vanguarda. Sente-se – segundo suas próprias palavras – à esquerda da esquerda.

Isso quer dizer, antes de mais nada, que Hidalgo visitou as diversas estações e percorreu os diversos caminhos da arte ultramoderna. A experiência vanguardista lhe é inteiramente familiar. Dessa incessante ginástica tirou uma técnica depurada de qualquer atraso suspeito. Sua expressão é límpida, brilhante, certeira, despida. O lema de sua arte é este: "simplismo".

Mas Hidalgo está, por seu espírito, sem querer e sem saber, na última estação romântica. Em muitos de seus versos encontramos a confissão de seu individualismo absoluto. De todas as tendências literárias contemporâneas, o unanimismo é, evidentemente, a mais afastada e ausente de sua poesia. Quando alcança seu tom mais alto de lírico puro, às vezes se evade de seu egocentrismo. Assim, por exemplo, quando diz: "Sou um aperto de mãos a tudo que vive./ Possuo toda a vizinhança do mundo".[238] Mas com esses versos começa seu poema "Envergadura del anarquista" que é a mais sincera e lírica efusão do seu individualismo. E desde o segundo verso a ideia da "vizinhança do mundo" acusa o sentimento de separação e solidão.

O romantismo – entendido como movimento literário e artístico, anexo à revolução burguesa – resolve-se, conceitual e sentimentalmente, no individualismo. O simbolismo, o decadentismo não foram mais que estações românticas. E também o foram as escolas modernistas nos artistas que não souberam escapar do excessivo subjetivismo da maior parte de suas propostas.

Existe um sintoma substantivo na arte individualista que indica, melhor que qualquer outro, um processo de dissolução: o empenho com que cada arte, e até cada elemento artístico, reivindica sua autonomia. Hidalgo é um dos que aderem mais radicalmente a esse empenho, se consideramos sua tese do "poema de vários lados". "Poema em que cada um dos versos constitui

---

[238] Soy apretón de manos a todo que vive./ Poseo plena la vecindad del mundo. (N.T.)

um ser livre, apesar de se achar a serviço de uma ideia ou de uma emoção centrais." Temos assim proclamada, categoricamente, a autonomia, a individualidade do verso. A estética do anarquista não poderia ser outra.

Politicamente, historicamente, como já está verificado, o anarquismo é a extrema esquerda do liberalismo. Entra, portanto, apesar de todos os protestos inocentes ou interessados, na ordem ideológica burguesa. O anarquista, em nossa época, pode ser um *revoltado*, mas não é, historicamente, um revolucionário.

Hidalgo – ainda que o negue – não pôde se subtrair da emoção revolucionária de nosso tempo quando escreveu sua *Ubicación de Lenin* e sua *Biografía de la palabra revolución*. No prefácio de seu último livro, *Descripción del cielo*, a visão subjetiva o faz, entretanto, escrever que o primeiro "é um poema de exaltação, de pura lírica, não de doutrina" e que "Lenin foi um pretexto para criar, como poderia tê-lo sido uma montanha, um rio, uma máquina", e que "*Biografía de la palabra revolución* é um elogio da revolução pura, da revolução em si, qualquer que seja a causa que a provoque". A revolução pura, a revolução em si, querido Hidalgo, não existe para a história, e não existe também para a poesia. A revolução pura é uma abstração. Existem a revolução liberal, a revolução socialista, outras revoluções. Não existe a revolução pura, nem como coisa histórica nem como tema poético.

Das três categorias primárias nas que, por comodidade de classificação e crítica, cabe, no meu entendimento, dividir a poesia de hoje – lírica pura, disparate absoluto e épica revolucionária –, Hidalgo liga-se, principalmente à primeira. E aí está sua força maior, a que lhe deu seus mais belos poemas. O poema a Lenin é uma criação lírica (Hidalgo só se engana quando se imagina alheio à emoção histórica). Esse poema, que superou integralmente todos os riscos profissionais, é ao mesmo tempo de uma grande pureza poética. Poderia transcrevê-lo integralmente, se não bastassem esses versos:

No coração dos operários seu nome levanta-se antes que o Sol.
É bendito pelos carretéis de fio
desde a ponta dos mastros
de todas as máquinas de costura

Pianos da época as máquinas de escrever tocam sonatas em sua honra.

É o descanso automático
que torna leve o andar do vendedor ambulante

Cooperativa geral de esperanças

Seu pregão cai no mealheiro dos humildes
ajudando a pagar a casa a prazo

Horizonte para o qual se abre a janela do pobre

Pendurado do badalo do Sol
golpeia nos metais da tarde
para que às cinco saíam os trabalhadores.[239]

Seu lirismo salva Hidalgo de cair numa arte excessivamente cerebral, subjetiva, nihilista. Não é possível duvidar dele, capaz de recriar-se neste "Dibujo del niño":

Infância aldeia das lembranças
tomo o bonde para ir até lá.

A evasão das coisas começa com a teimosia do óleo que se espalha

o solo não está aqui
Passa uma nuvem e apaga o céu
Desaparecem ar e luz e isto fica vazio.
Então sais com um salto do fundo inabordável do meu esquecimento

---

[239] En el corazón de los obreros su nombre se levanta antes que el sol./ Lo bendicen los carretes de hilo/ desde lo alto de los mástiles/ de todas las máquinas de coser/ Pianos de la época las máquinas de escribir tocan sonatas em su honor./ Es el descanso automático/ que hace leve al andar del vendedor ambulante/ Cooperativa general de esperanzas/ Su pregón cae en la alcancía de los humildes/ ayudando a pagar la caza a plazos/ Horizonte hacial el que se abre la ventana del pobre/ Colgado del badalo del sol/ golpea los metales de la tarde/ para que salgan a las 17 los trabajadores. (N.T.)

Foi na curva de uma tarde assinalada de luz por tua silhueta
Uma emoção sem nome tinha encadeada nossas mãos
Teus olhares convocavam meu beijo
Mas teu riso rio entre os dois corria separando-nos criança
E eu desde minha margem te posterguei até o sonho.
Agora tenho trinta anos menos dos que me entregaram para dar-te
Se tu morreste guardo esta paisagem de meu coração pintada em ti.[240]

O disparate – se julgamos a atualidade de Hidalgo por *Descripción del cielo* – desaparece quase completamente de sua poesia. É mais um elemento de sua prosa. E nunca é, na verdade, um disparate absoluto. Carece de sua incoerência alucinada: tende, em vez disso, ao disparate lógico, racional. A épica revolucionária – que anuncia um novo romantismo vacinado contra o individualismo do que termina – não se concilia com seu temperamento nem com sua vida, violentamente anárquicos.

Hidalgo deve a seu individualismo exasperado sua dificuldade para o conto e o romance. Quando tenta fazê-los, move-se dentro de um gênero que exige extroversão do artista. Os contos de Hidalgo são os de um artista introvertido. Seus personagens aparecem esquemáticos, artificiais, mecânicos. Interfere na sua criação, até quando é mais fantástica, a presença excessiva, intolerante e tirânica presença do artista, que se nega a deixar viver por sua própria conta a suas criaturas, porque coloca demasiado, em todas elas, sua individualidade e sua intenção.

14. César Vallejo

O primeiro livro de César Vallejo, *Los heraldos negros*, é a alvorada de uma nova poesia no Peru. Não exagera Antenor Orrego,

---

[240] Infancia pueblo de los recuerdos/ tomo el tranvía para irme a él./ La evasión de las cosas se inicia con terquedad de aceite que se esparce/ El suelo no está aquí/ Pasa una nube y borra el cielo/ Desaparecen aire y luz y esto queda vacío./ Entonces sales de un brinco del fondo inabordable de mi olvido/ Fue en el recuerdo de una tarde señalado de luz por tu silueta/ una emoción sin nombre tenía encadenadas nuestras manos/ Tus miradas convocaban mi beso/ Pero tu risa río entre los dos corría separándonos niña/ Y yo desde mi orilla te postergué hasta el sueño./ Ahora tengo treinta años menos de los que me entregaron para darte/ Si tu has muerto yo guardo este paisaje de mi corazón pintado en tí. (N.T.)

por exaltação fraterna, quando afirma que "a partir desse semeador se inicia uma nova época da liberdade, da autonomia poética, da articulação verbal vernácula".[241]

Vallejo é o poeta de uma estirpe, de uma raça. Em Vallejo se encontra, pela primeira vez em nossa literatura, sentimento indígena virginalmente expresso. Melgar – signo larvar, frustrado – em seus *yavaríes* é ainda um prisioneiro da técnica clássica, um companheiro da retórica espanhola. Vallejo, ao contrário, consegue um novo estilo em sua poesia. O sentimento indígena tem em seus versos uma modulação própria. Seu canto é integralmente seu. Não basta ao poeta trazer uma nova mensagem. Precisa também trazer uma técnica e uma linguagem novas. Sua arte não tolera o equívoco e o artificial dualismo entre a essência e a forma.

A derrubada do velho andaime retórico – assinala certeiramente Orrego – não era um capricho ou arbitrariedade do poeta, era uma necessidade vital. Quando se começa a compreender a obra de Vallejo, começa-se a compreender também a necessidade de uma técnica renovada e diferente.[242]

O sentimento indígena é, em Melgar, algo que se vislumbra apenas no fundo de seus versos. Em Vallejo, é algo que se vê aflorar plenamente no próprio verso, mudando sua estrutura. Em Melgar não passa de um sotaque. Em Vallejo é o verbo. Em Melgar, enfim, não é mais que queixa erótica. Em Vallejo é empreendimento metafísico. Vallejo é um criador absoluto. *Los heraldos negros* podia ter sido sua única obra. Nem por isso Vallejo teria deixado de inaugurar, no processo de nossa literatura, uma nova época. Nesses versos do pórtico de *Los heraldos negros* principia talvez a poesia peruana (peruana, no sentido de indígena).

> Há golpes na vida, tão fortes... Não sei!
> Golpes como o ódio de Deus; como se diante deles
> A ressaca de todo o sofrido
> Encharcasse a alma... Não sei!
> São poucos; mas são... Abrem valas escuras
> no rosto mais duro e no lombo mais forte.

---

[241] Antenor Orrego, *Panorama*, ensaio sobre César Vallejo.
[242] Orrego, *op. cit.*

Serão talvez os potros de bárbaros átilas;
ou os arautos negros que nos manda a morte.

São as quedas profundas dos Cristos da alma,
de alguma fé adorável que o Destino blasfema.
Esses golpes sangrentos são as crepitações
de algum pão que se nos queima na porta do forno.
E o homem... Pobre... pobre! Volta os olhos, como
quando por cima do ombro nos chama uma palmada;
volta os olhos loucos, e todo o vivido
se empoça, como um charco de culpa, na mirada

Há golpes na vida, tão fortes... Não sei![243]

Classificado dentro da literatura mundial, este livro, *Los heraldos negros*, pertence parcialmente, por seu título, por exemplo, ao ciclo simbolista. Mas o simbolismo é de todos os tempos. O simbolismo, no entanto, se presta melhor que qualquer outro estilo para a interpretação do espírito indígena. O índio, por animista e por bucólico, tende a se expressar em símbolos e imagens antropomórficas ou camponesas. Além disso, Vallejo é simbolista apenas em parte. Encontra-se em sua poesia – sobretudo da primeira forma – elementos de simbolismo, tal como se encontram elementos de expressionismo, de dadaísmo e de surrealismo. O valor substantivo de Vallejo é o de criador. Sua técnica está em contínua elaboração. O processo, em sua arte, corresponde a um estado de ânimo. Quando, no seu começo, Vallejo toma emprestado, por exemplo, o método de Herrera Ressig, adapta-o a seu lirismo pessoal.

---

[243]   Hay golpes en la vida, tan fuertes... Yo no sé!/ Golpes como del odio de Dios; como si ante ellos,/ la resaca de todo lo sufrido/ se empozara en el alma... Yo no sé!/ Son pocos; pero son... Abren zanjas oscuras/ en el rostro más fiero y en el lomo más fuerte./ Serán talvez los potros de bárbaros átilas;/ o los heraldos negros de la muerte./ Son las caídas hondas de los Cristos del alma,/ de alguna fe adorable que el Destino blasfema./ Esos golpes sangrientos son las crepitaciones/ de algún pan que en la puerta del horno se nos quema./ Y el hombre... Pobre... pobre! Vuelve los ojos, como/ cuando por sobre el hombro nos llama una palmada;/ vuelve los ojos locos, y todos lo vivido/ se empoza, como un charco de culpa, en la mirada/ Hay golpes en la vida, tan fuertes... Yo no sé! (N.T.)

Mas o fundamental e característico de sua arte é a nota indígena. Há em Vallejo um americanismo genuíno e essencial. Não um americanismo descritivo ou localista. Vallejo não recorre ao folclore. A palavra "quéchua", o fraseado vernáculo não se insertam artificialmente em sua linguagem. São nele o produto espontâneo, célula própria, elemento orgânico. Poder-se-ia dizer que Vallejo não escolhe seus vocábulos. Seu autoctonismo não é deliberado. Vallejo não se afunda na tradição, não se interna na história para extrair de seu substrato obscuro emoções perdidas. Sua poesia e sua linguagem emanam de sua carne e de sua alma. Sua mensagem está nele. O sentimento indígena atua em sua arte sem que ele o saiba ou queira.

Um dos traços mais límpidos e claros do indigenismo de Vallejo me parece ser sua frequente atitude de nostalgia. Valcárcel, a quem talvez devamos a interpretação mais cabal da alma autóctone, nos diz que a tristeza do índio não é nada mais que nostalgia. Pois bem, Vallejo é apuradamente nostálgico. Tem a ternura da evocação. Mas em Vallejo a evocação é sempre subjetiva. Não se deve confundir sua nostalgia concebida com tanta pureza lírica com a nostalgia literária dos passadistas. Vallejo é nostálgico, mas não simplesmente retrospectivo. Não tem saudade do império como o passadismo "perricholesco"; tem saudades do vice-reinado. Sua nostalgia é um protesto sentimental ou um protesto metafísico. Nostalgia de exílio, nostalgia de ausência.

> Que estará fazendo nesta hora minha andina e doce Rita
> de junco e cerejeira;
> agora que me asfixia Bizâncio, e que cochila
> o sangue, como conhaque aguado, dentro de mim.[244]
> ("Idílio muerto", *Los heraldos negros*)

> Irmão, hoje estou no banco de pedra da casa,
> onde nos fazes uma falta sem fim!

---

[244] Que estará haciendo esta hora mi andina y dulce Rita/ de junco e capulí;/ ahora que me asfixia Bizancio, y que dormita/ la sangre, como flojo cognac, dentro de mí. (N.T.)

Lembro que brincávamos nessas horas, e que mamãe
nos acariciava: "Mas filhos..."[245]
    ("A mi hermano Miguel", *Los heraldos negros*)

Só agora almocei, e não tive
nem mãe, nem súplica, nem serve-te, nem água,
nem pai que em um ofertório eloquente
do milho, pergunte para sua tardança
de imagem, pelo fecho de ouro do som.[246]
    ("XXVIII", *Trilce*)

Se acabou o estranho, com quem, tarde
da noite, regressavas fala e fala.
Já não haverá quem me aguarde,
disposto meu lugar, bom ou mau.

Se acabou a tarde calorenta;
tua grande baía e teu clamor; a conversa
com tua mãe acabada
que nos ofertava um chá cheio de tarde.[247]
    ("XXXIV", *Trilce*)

Outras vezes Vallejo pressente ou prediz a nostalgia que virá:
Ausente! A manhã que à praia
do mar de sombra e do calado império,
como um pássaro lúgubre eu for,
será o branco panteão teu cativeiro.[248]
    ("Ausente", *Los heraldos negros*)

---

[245] Hermano, hoy estoy en el poyo de la casa,/donde nos haces una falta sin fondo!/Me acuerdo que jugábamos esta hora, y que mamá/nos acariciaba: "Pero hijos" (N.T.)

[246] He almorzado solo ahora, y no he tenido/ madre, ni súplica, ni sírvete, ni agua,/ ni padre que en el facundo ofertorio/ de los choclos, pregunte para su tardanza/ de imagen, por los broches mayores del sonido. (N.T.)

[247] Se acabó el extraño, con quien, tarde/ la noche, regresabas parla y parla./Ya no habrá quien me aguarde,/ dispuesto mi lugar, bueno lo malo./ Se acabó la calurosa tarde;/ tu gran bahía y tu clamor; la charla/ con tu madre acabada/ que nos brindaba un té lleno de tarde. (N.T.)

[248] Ausente! La mañana en que a la playa/ del mar de sombra y del callado imperio,/ como un pájaro lúgubre me vaya,/ será el blanco panteón tu cautiverio. (N.T.)

Verão, já vou. E me dão pena
as mãozinhas submissas de tuas tardes.
Chegas devotadamente; chegas velho;
e já não encontrarás ninguém em minha alma.[249]

("Verano", *Los heraldos negros*)

Vallejo interpreta a raça num instante em que se exacerbam todas suas nostalgias, punçadas por uma dor de três séculos. Mas – e nisso também se identifica um traço de alma índia – suas lembranças estão cheias dessa doçura de milho novo que Vallejo desfruta melancolicamente quando fala do "ofertório eloquente do milho".

Vallejo tem o pessimismo do índio em seu poema. Sua hesitação, sua pergunta, sua inquietação, resolvem-se ceticamente em um "para quê!". Nesse pessimismo sempre se encontra um fundo de piedade humana. Não há nada nele de satânico ou mórbido. É o pessimismo de uma alma que sofre e expia a "pena dos homens", como diz Pierre Hamp. Esse pessimismo carece de qualquer origem literária. Não traduz um desespero romântico de adolescente perturbado pela voz de Leopardi ou Schopenhauer. Resume a experiência filosófica, condensa a atitude espiritual de uma raça, de um povo. Não se preocupa com parentesco nem afinidade com o niilismo ou o ceticismo intelectualista do Ocidente. O pessimismo de Vallejo, como o pessimismo do índio, não é um conceito e sim um sentimento. Tem uma cega trama de fatalismo oriental que o aproxima mais do pessimismo cristão dos eslavos. Mas nunca se confunde com essa neurastenia angustiada que leva ao suicídio os personagens lunáticos de Andreiev e Arzibachev. Poder-se-ia dizer que assim como não é um conceito, também não é uma neurose.

Esse pessimismo se apresenta cheio de ternura e caridade. É que não é engendrado por um egocentrismo, um narcisismo desencantados e exasperados, como em quase todos os casos do ciclo romântico. Vallejo sente toda a dor humana. Sua pena não é pessoal. Sua alma "está triste até a morte" da tristeza de todos

---

[249] Verano, ya me voy. Y me dan pena/ las manitas sumisas de tus tardes./ Llegas devotamente; llegas viejo;/ y ya no encontrarás en mi alma a nadie. (N.T.)

os homens. E da tristeza de Deus. Porque para o poeta não existe apenas a pena dos homens. Nesses versos fala da pena de Deus:

Sinto Deus que caminha
tão em mim, com a tarde e com o mar.
Com ele vamos juntos. Anoitece
Como ele anoitecemos. Orfandade...

Mas eu sinto Deus. E até parece
que ele me dita nem sei que boa cor.
Como um hospitaleiro, e bom e triste;
languesce um doce desdém de apaixonado:
deve doer-te muito o coração.

Oh, Deus meu, só agora a ti chego
hoje que amo tanto esta tarde; hoje
que na balança falsa de uns seios
olho e choro uma frágil Criação.

E tu, o que chorarás... tu, apaixonado
de tão enorme seio girador...
Eu te consagro Deus, porque amas tanto;
porque jamais sorris; porque sempre
deve doer-te muito o coração.[250]

Outros versos de Vallejo negam essa intuição da divindade. Em "Los dados eternos", o poeta dirige-se a Deus com amargura rancorosa. "Tu que estiveste sempre bem, nada sentes de tua criação". Mas o verdadeiro sentimento do poeta, sempre feito de piedade e de amor, não é esse. Quando seu lirismo, isento de toda coerção racionalista, flui livre e generosamente, se expressa em

---

[250] Siento a Dios que caminha/ tan en mí, con la tarde y con el mar./ con él nos vamos juntos. Anochece/ con él anochecemos. Orfandad.../ Pero yo siento a Dios. Y hasta parece/ que él me dicta no sé qué buen color./ Como un hospitalario, es bueno y triste;/ mustia un dulce desdén de enamorado:/ debe dolerle mucho el corazón./ Oh, Dios mío, recién a ti me llego,/ hoy que amo tanto en esta tarde; hoy/ que en la falsa balanza de unos senos,/ miro y lloro una frágil Creación./ Y tú, cuál llorarás... tú, enamorado/ de tanto enorme seno girador.../ Yo te consagro Dios, porque amas tanto;/ porque jamás sonríes; porque siempre/ debe dolerte mucho el corazón. (N.T.)

versos como esses, os primeiros que há dez anos me revelaram o gênio de Vallejo:

> O lotérico que grita "aqui a de mil"
> contém não sei que fundo de Deus.
>
> Passam todos os lábios. O fastio
> desponta em uma ruga seu basta.
> Passa o lotérico que entesoura, talvez
> nominal, como Deus,
> entre pães tantálicos, humana
> impotência de amor.
>
> Olho seus andrajos. E ele poderia
> dar-nos o coração;
> mas a sorte tal que em suas mãos
> traz, apregoando em alta voz,
> como um pássaro cruel, vai cair
> onde não sabe nem quer
> esse deus boêmio.
>
> E digo nesta sexta-feira morna que anda
> sobre os ombros sob o sol;
> por que terá vindo vestida de lotérico
> a vontade de Deus![251]

"O poeta" – escreve Orrego – "fala individualmente, particulariza a linguagem, mas pensa, sente e ama universalmente". Esse grande lírico, esse grande subjetivo, comporta-se como um intérprete do universo, da humanidade. Nada em sua poesia lembra a queixa egolátrica e narcisista do romantismo. O romantismo do

---

[251] El suertero que grita "la de a mil"/ contiene no sé qué fondo de Dios./ Pasan todos los labios. El hastío/ despunta en una arruga en su yanó./ Pasa el suertero que atesora, acaso/ nominal, como Dios,/ entre panes tantálicos, humana/ importancia de amor./ Yo le miro al andrajo. Y él pudiera/ darnos el corazón;/ pero la suerte aquella que en sus manos/ aporta, pregonando en alta voz,/ como un pájaro cruel, irá a parar/ adonde no lo sabe ni lo quiere/ este bohemio Dios./ Y digo en este viernes tibio que anda/ a cuestas bajo el sol: ¡por qué se habrá vestido de suertero/ la voluntad de Dios! (N.T.)

século 19 foi essencialmente individualista. O romancista do século 20 é, ao contrário, espontânea e logicamente socialista, unanimista. Vallejo, a partir desse ponto de vista, não apenas pertence à sua raça como pertence também ao seu século, ao seu tempo.[252]

É tanta sua piedade humana que às vezes sente-se responsável por uma parte da dor dos homens. E então acusa-se a si mesmo. Assalta-o o temor, a angústia de estar também, ele, roubando aos demais:

> Todos meus ossos são alheios;
> talvez os tenha roubado!
> Dei para mim mesmo o que talvez estivesse
> designado para outro;
> e penso que, se não houvesse nascido,
> outro pobre tomaria este café!
> Sou um mal ladrão... Onde vou parar!
>
> E nesta hora fria, em que a terra
> recende a pó humano e é tão triste,
> quisera eu bater em todas as portas
> e suplicar não sei a quem, perdão,
> e cozinhar-lhe pedacinhos de pão fresco
> aqui, no forno do meu coração...![253]

A poesia de *Los heraldos negros* é sempre assim. A alma de Vallejo entrega-se inteira ao sofrimento dos pobres.

---

[252] Jorge Basadre acredita que, em *Trilce*, Vallejo emprega uma nova técnica, mas que seus motivos continuam sendo românticos. Mas a mais destilada "nova poesia", na medida em que extrema seu subjetivismo, também é romântica, como observou Hidalgo a propósito. Em Vallejo existe, certamente, muito de velho romantismo e decadentismo até *Trilce*, mas o mérito de sua poesia se valoriza pelos graus em que supera e transcende esses resíduos. Ademais, conviria entender-se previamente sobre o termo romântico.

[253] Todos mis huesos son ajenos;/ yo talvez los robé!/Yo vine a darme lo que acaso estuvo/ asignado para otro;/ y pienso que, si no hubiera nacido,/ otro pobre tomara este café!/ Yo soy un mal ladrón... a donde iré!/ Y en esta hora fría, en que la tierra/ trasciende a polvo humano y es tan triste,/ quisiera yo tocar todas las puertas,/ y suplicar a no sé quién, perdón,/ y hacerle pedacitos de pan fresco/ aquí, en el horno de mi corazón! (N.T.)

Arrieiro, segues fabulosamente vidrado de suor.
A Fazenda Menocucho
cobra mil dissabores diários pela vida.[254]

Essa arte assinala o nascimento de uma nova sensibilidade. É uma arte nova, uma arte rebelde, que quebra com a tradição cortesã de uma literatura de bufões e lacaios. Essa linguagem é a de um poeta e de um homem. O grande poeta de *Los heraldos negros* e de *Trilce* – esse grande poeta que passou ignorado e desconhecido pelas ruas de Lima tão propícias e subservientes aos louros dos jograis de feira – se apresenta, em sua arte, como um precursor do novo espírito, da nova consciência.

Vallejo, em sua poesia, é sempre uma alma ávida de infinito, sedenta de verdade. A criação nele é, ao mesmo tempo, inefavelmente dolorosa e exultante. Esse artista não aspira mais que se expressar de modo puro e inocente. Despoja-se, por isso, de toda vaidade literária. Chega à mais austera, à mais humilde, à mais orgulhosa simplicidade da forma. É um místico da pobreza que se descalça para que seus pés conheçam, despidos, a dureza e a crueldade de seu caminho. Eis o que escreve a Antenor Orrego depois de ter publicado *Trilce*:

> O livro nasceu no maior vazio. Sou responsável por ele. Assumo toda a responsabilidade por sua estética. Hoje, talvez mais do que nunca, sinto gravitar sobre mim uma até agora desconhecida obrigação sacratíssima, de homem e de artista: a de ser livre! Se não hei de ser livre hoje, não o serei jamais. Entrego-me na forma mais livre que posso e essa é minha maior colheita artística. Deus sabe até onde é certa e verdadeira minha liberdade! Deus sabe o quanto sofri para que o ritmo não trespassasse essa liberdade e caísse na libertinagem! Deus sabe até que bordas assustadoras assomei, cheio de medo, temeroso de que tudo vá morrer no fundo para que viva minha pobre alma!

Esse é inconfundivelmente o tom de um verdadeiro criador, de um artista autêntico. A confissão de seu sofrimento é a melhor prova de sua grandeza.

---

[254] Arriero, vas fabulosamente vidriado de sudor./ La Hacienda Menocucho/ cobra mil disabores diarios por la vida. (N.T.)

15. Alberto Guillén

Alberto Guillén herdou da geração "colónida" o espírito iconoclasta eególatra. Extremou em sua poesia a exaltação paranoica do eu. Mas, de acordo com o novo estado de ânimo que já amadurecia, sua poesia teve um acento viril. Alheio aos venenos da urbe, Guillén discorreu, com sentimento rústico e pânico, pelos caminhos do agro e da égloga. Doente de individualismo e nietzchanismo, sentiu-se um super-homem. Em Guillén, a poesia peruana renegava, de um modo um tanto desalinhado, mas oportuno e definitivo, suas torneiras e fontes.

A esse momento de Guillén pertencem *Belleza humilde* e *Prometeo*. Mas é em *Deucallón* em que o poeta encontra seu equilíbrio e realiza sua personalidade. Classifico *Deucallón* entre os livros que representam de modo mais alto e puro a lírica peruana da primeira centúria. Em *Deucallón* não há um bardo que declama em um telheiro nem um trovador que canta uma serenata. Há um homem que sofre, que exulta, que afirma, que duvida e que nega. Um homem cheio de paixão, de ânsia, de desejo. Um homem, sedento de verdade, que sabe que "nosso destino é achar o caminho que leva ao Paraíso". *Deucallón* é a canção da partida.

> Para onde?
> Não importa A Vida esconde
> mundos em germe
>
> que ainda falta descobrir;
> Coração, é hora de partir
> para os mundos que dormem![255]

Esse novo cavaleiro andante não vela suas armas em nenhuma venda. Não tem rocim, nem escudeiro nem armadura. Caminha desnudo e grave como o "João Batista" de Rodin.

> Ontem saí desnudo
> a desafiar o Destino

---

[255] ¿Hacia donde?/ No importa La Vida esconde/ mundos en germen/ que aún falta descubrir;/ Corazón, es hora de partir/ hacia los mundos que duermen! (N.T.)

o orgulho de escudo
e o elmo de Mambrino.²⁵⁶

Mas a tensão da vigília de espera foi dura demais para seus nervos jovens. Assim, logo a primeira aventura foi desventurada e ridícula, como a de d. Quixote. O poeta, ademais, nos revela sua debilidade desde essa jornada. Não está louco o suficiente para seguir a rota de d. Quixote, insensível às burlas do destino. Leva acocorado em sua própria alma o maligno Sancho, com seus refrões e sarcasmos. Sua ilusão não é absoluta. Sua loucura não é total. Percebe o lado grotesco, o flanco cômico de sua andança. E, por conseguinte, fatigado, vacilante, se detém para interrogar todas as esfinges e todos os enigmas:

Para que te entregas coração,
para que te entregas,
se não hás de encontrar tua ilusão
jamais?²⁵⁷

Mas a dúvida, que rói o coração do poeta, não pode ainda prevalecer sobre sua esperança. O poema tem muita sede de infinito. Sua ilusão está ferida, mas ainda consegue ser imperativa e peremptória. Esse soneto resume todo o episódio:

No meio do caminho
perguntei, como Dante:
sabes tu meu destino,
minha rota, caminhante?

Como um eco um burro
me respondeu hilariante,
mas o bom peregrino
me assinalou adiante:

---

[256] Ayer sali desnudo/ a retar al Destino/ el orgullo de escudo/ y elmo de Mambrino. (N.T.)
[257] ¿Para que te das corazón,/ para que te das,/ si no has de hallar tu ilusión/ jamás? (N.T.)

301

depois se levantou em mim mesmo
uma voz de heroísmo
que me disse: Marchai!

E joguei fora minha dúvida
e em minha mão, desnuda,
levo minha vontade!²⁵⁸

Nem sempre o caminhante é tão forte. O diabo o tenta a cada passo. A dúvida, apesar de si mesmo, começa sagazmente a se infiltrar em sua consciência, envenenando-a e debilitando-a. Guillén concorda com o diabo que "não sabemos se tem razão Quixote ou Pança". Uma filosofia relativista e cética mina sua vontade. Seu gesto se torna um pouco inseguro e desconfiado. Entre o Nada e o Mito, seu impulso vital o conduz ao Mito. Mas Guillén já conhece sua relatividade. A dúvida é estéril. A fé é fecunda. Só por isso Guillén se decide pelo caminho da fé. Seu quixotismo perdeu o candor e a pureza. Tornou-se pragmático. "Pensa que te convém/ não perder a esperança." Esperar, acreditar, é uma questão de conveniência e de comodidade. Nada importa que depois essa intuição se expresse em termos mais nobres: "E, melhor, não razões, mais valem as ilusões que a razão mais forte".

Mas o poeta ainda recupera, de tempo em tempo, sua loucura divina. Sua alucinação ainda está acesa. Ainda é capaz de se expressar com uma paixão sobre-humana:

Tal como o velho Pablo
foi prostrado no solo,
me mordeu o venábulo
do infinito anelo:

por isso, quando vos falo,
ponho a ânsia do voo

---

[258] A mitad del camino/ pregunté, como Dante:/ ¿sabes tú mi destino,/ mi ruta, caminante?/ Como un eco un pollino/ me respondió hilarante,/ pero el buen peregrino/ me señaló adelante;/ Y yo arrojé mi duda/ y, en mi mano, desnuda,/ llevo mi voluntad! (N.T.)

e ajudarei o Diabo
a conquistar o Céu.[259]

E nesse soneto admirável, grávido de emoção, religioso em seu acento, o poeta formula seu evangelho:

"Desnuda o coração
de toda vaidade
e põe tua vontade
onde está tua ilusão;

opõe teu punho, opõe
toda tua liberdade
contra o velho aluvião
da Fatalidade;

e que teus pensamentos,
como os elementos
destruam toda brida,

como se abre o grão
apesar do verme
e do lodo à vida.[260]

A raiz dessa poesia às vezes está em Nietzsche, às vezes em Rodó, às vezes em Unamuno, mas a flor, a espiga, o grão são de Guillén. Não é possível discutir nem contestar sua propriedade. O pensamento e a forma se consubstanciam, se identificam totalmente em *Deucalión*. A forma é como o pensamento, desnuda, plástica, tensa, urgente. Colérica e serena ao mesmo tempo

---

[259] Igual que el viejo Pablo/ fue postrado en el suelo,/ me ha mordido el venablo/ del infinito anhelo:/ por eso, en lo que os hablo,/ pongo el ansia del vuelo/ yo he de ayudar al Diablo/ a conquistar el Cielo. (N.T.)

[260] Desnuda el corazón/ de toda vanidad/ y pón tu voluntad/ donde esté tu ilusión;/ opón tu puño, opón/ toda tu libertad/ contra el viejo aluvión/ de la Fatalidad;/ y que tus pensamientos,/ como los elementos/ destrocen toda brida,/ como se abre el grano/ a pesar del gusano/ y del lodo a la vida. (N.T.)

(uma das coisas que mais amo em *Deucallón* é precisamente o fato de prescindir de modo quase absoluto de decoração e vestes. Sua renúncia voluntária e categórica ao ornamental e retórico). *Deucallón* é um toque de alvorada. É o nascimento de um astro. Em *Deucallón* parte um homem, ainda moço e puro, em busca de Deus ou à conquista do mundo.

Mas Guillén se corrompe em seu caminho. Peca por vaidade e por soberba. Esquece o objetivo ingênuo de sua juventude. Perde sua inocência. O espetáculo e as emoções da civilização urbana e cosmopolita excitam e relaxam sua vontade. Sua poesia se contagia com o humor negativo e corrosivo da literatura do Ocidente. Guillén torna-se astuto, burlão, cínico, ácido. E o pecado traz a expiação. Tudo o que é posterior a *Deucallón* é também inferior. O que lhe falta de intensidade humana lhe falta, igualmente, de significado artístico. *El libro de las parábolas* e *La imitación de nuestro señor yo* contém muitos acertos, mas são livros irremediavelmente monótonos. Me dão a impressão de serem produtos de uma retorta. O ceticismo e o egotismo de Guillén destilam ali, compassadamente, uma gota, outra gota. Tantas gotas completam uma página, tantas páginas e um prólogo dão um livro.

O lado, o contorno mais interessante dessa atitude de Guillén é seu relativismo. Guillén se entretém em negar a realidade do eu, do indivíduo. Mas seu testemunho é recusável. Porque talvez Guillén raciocine segundo sua experiência pessoal: "Minha personalidade, como a sonhei, como a entrevi, não se realizou. Logo, a personalidade não existe".

Em *La imitacíon de nuestro señor yo*, o pensamento de Guillén é pirandeliano. Eis algumas provas:

"Ele, ela, todos existem, mas em ti"; "Sou todos os homens em mim"; "Minhas contradições são uma prova de que tenho muitos homens dentro de mim"; "Mentira. Eles não morrem: somos nós que morremos neles".

Essas linhas contêm alguns fios da filosofia do *Um, nenhum, cem mil* de Pirandello.

Não acredito, entretanto, que Guillén, se perseverar nesse caminho, chegue a se qualificar entre os espécimes da literatura humorista e cosmopolita do Ocidente. Guillén, no fundo, é um poeta um pouco rural e franciscano. Não se deve levar suas blasfêmias ao pé da letra. Lá dentro de sua alma ele guarda um pouco de romantismo de província. Sua psicologia tem muitas raízes camponesas. Permanece, intimamente, afastada do espírito quintessenciado da urbe. Quando se lê Guillén percebe-se, em seguida, que ele não consegue lidar com destreza com o artifício.

O título do último livro de Guillén, *Laureles*, resume a segunda fase de sua literatura e de sua vida. Para conquistar esses e outros louros, que ele secretamente desdenha, lutou, sofreu, batalhou. O caminho do louro desviou o caminho do céu. Na adolescência sua ambição era mais alta. Contenta-se agora com alguns louros municipais ou acadêmicos?

Concordo com Gabriel Alomar que acusa Guillén de sufocar o poeta de *Deucallón* com suas próprias mãos. Guillén se perde pela impaciência. Quer louros à qualquer custo. Mas os louros não perduram. A glória se constrói com materiais menos efêmeros. E é para os que conseguem renunciar suas falazes e fictícias antecipações. O dever do artista é não trair o destino. Em Guillén a impaciência se resolve na abundância. E a abundância é o que mais prejudica e diminui o mérito de sua obra que, nos últimos tempos, ainda que adote em verso a moda vanguardista, ressente-se de cansaço, de falta de ânimo e de repetição de seus primeiros motivos.

16. Magda Portal

Magda Portal é outro valor-signo no processo de nossa literatura. Com sua chegada nasceu no Peru sua primeira poetisa. Porque até agora havíamos tido apenas mulheres de letras, das quais uma ou outra com temperamento artístico ou mais especificamente literário. Mas não tivemos propriamente uma poetisa.

É conveniente chegarmos a um entendimento sobre o termo. A poetisa é até certo ponto, na história da civilização ocidental, um fenômeno de nossa época. As épocas anteriores só produziram poesia masculina. A das mulheres também o era, pois contentava-se em ser uma variação de seus temas líricos ou de seus motivos filosóficos. A poesia que não tinha o signo do varão, também não tinha o da mulher – virgem, fêmea, mãe. Era uma poesia assexual. Na nossa época as mulheres finalmente colocam em sua poesia a sua própria carne e seu próprio espírito. A poetisa agora é aquela que cria uma poesia feminina. E desde que a poesia da mulher se emancipou e se diferenciou espiritualmente da do homem, as poetisas têm uma alta categoria no elenco de todas as literaturas. Sua existência é evidente e interessante a partir do momento em que começou a ser distinta.

Na poesia da América hispânica, duas mulheres, Gabriela Mistral e Juana de Ibarbourou, atraem, há tempos, mais atenção do que qualquer outro poeta de seu tempo. Delmira Augustini tem em seu país e na América uma grande e nobre descendência. Blanca Luz Brum trouxe sua mensagem ao Peru. Não se trata de casos solitários e excepcionais. Trata-se de um vasto fenômeno, comum a todas as literaturas. A poesia, um tanto envelhecida pelo homem, renasce rejuvenescida na mulher.

Um escritor de intuições brilhantes, Félix del Valle, um dia me dizia, constatando a multiplicidade de poetisas de mérito em todo o mundo, que o centro da poesia tinha sido passado à mulher. Com seu humorismo nato assim formulava sua proposição: "A poesia se tornou um ofício de mulheres". Sem dúvida é uma tese extrema. Mas o certo é que a poesia que, nos poetas, tende a uma atitude niilista, desportiva, cética, nas poetisas têm raízes frescas e flores cândidas. Seu tom acusa mais elã vital, mais força biológica.

Magda Portal ainda não é bastante conhecida e apreciada no Peru e na América hispânica. Só publicou um livro de prosa: *El derecho de matar* (La Paz, 1926) e um livro de versos: *Una esperanza y el mar* (Lima, 1927). *El derecho de matar* quase que só nos apresenta um de seus lados: esse espírito rebelde e esse messianismo revolucionário que testemunham incontestavelmente em nossos dias a sensibilidade histórica de um artista. Além disso, na prosa de Magda Portal sempre se encontra um traço de seu lirismo magnífico. "El poema de la cárcel", "La sonrisa de Cristo" e "Círculos violeta" – três poemas desse volume – têm a caridade, a paixão e a ternura exaltada de Magda. Mas esse livro não a caracteriza nem define. *El derecho de matar*: título de gosto anarcoide e nihilista, no qual não se reconhece o espírito de Magda.

Magda é essencialmente lírica e humana. Sua piedade tem parentesco – dentro da personalidade autônoma de um e de outro

– com a piedade de Vallejo. Assim nos apresenta, nos versos de "Anima absorta" e "Una esperanza y el mar". Assim é certamente. Não cabe nela nenhum gesto de decadentismo ou paradoxismo novecentista.

Em seus primeiros versos Magda Portal é, quase sempre, a poetisa da ternura. E em alguns deles se reconhece exatamente seu lirismo em sua humanidade. Isenta de egolatria megalomaníaca, de narcisismo romântico, Magda Portal nos diz: "Sou pequena...!"

Mas, nem piedade, nem somente ternura, em sua poesia encontra-se todos os tons de uma mulher que vive, e veementemente, apaixonada, acesa de amor e de anelo e atormentada de verdade e esperança.

Magda Portal escreveu no frontispício de um de seus livros esses pensamentos de Leonardo da Vinci: "A alma, primeiro manancial da vida, se reflete em tudo o que se cria". "A verdadeira obra de arte é como um espelho em que se mira a alma do artista". A adesão fervorosa de Magda a esses princípios de criação é um dado de um sentido de arte que sua poesia nunca contradiz e sempre ratifica.

Em sua poesia Magda nos dá, antes de mais nada, uma versão límpida de si mesma. Não se esconde, não se mistifica, não se idealiza. Sua poesia é sua verdade. Magda não trabalha para nos oferecer uma imagem alinhada de sua alma em vestido de gala. Em um livro seu podemos entrar sem desconfiança, sem cerimônia, certos de que não nos aguarda nenhum simulacro, nenhuma cilada. A arte dessa lírica pura e profunda reduz ao mínimo, quase a zero, a proporção de artifício que necessita para ser arte.

Essa é para mim a melhor prova do alto valor de Magda. Nesta época de decadência de uma ordem social – e por conseguinte de uma arte – o dever mais imperativo de um artista é a verdade. As únicas obras que sobreviverão a essa crise serão as que constituam uma confissão e um testemunho.

O contraste perene e escuro entre dois princípios – o da vida e o da morte – que regem o mundo, está sempre presente na poesia de Magda. Em Magda sente-se ao mesmo tempo um anelo angustiado de acabar e de não ser e uma ânsia de criar e de ser. A alma de Magda é uma alma angustiada. E sua arte traduz cabal e integralmente as duas forças que a dilaceram e a impulsionam.

Às vezes triunfa o princípio da vida, às vezes triunfa o princípio da morte.

A presença dramática desse conflito dá à poesia de Magda Portal uma profundidade metafísica a que livremente chega seu espírito, pelo caminho próprio do seu lirismo, sem se apoiar na bengala de nenhuma filosofia.

Também lhe dá uma profundidade psicológica que lhe permite registrar todas as vozes contraditórias do seu diálogo, de seu combate, de sua angústia.

A poetisa consegue com uma força extraordinária a expressão de si mesma nestes versos admiráveis:

> Vem, beija-me!
> Que importa que algo escuro
> me esteja roendo a alma
> com seus dentes?
>
> Eu sou tua, tu és meu... beija-me!
> Hoje não choro... A alegria me afoga,
> uma estranha alegria
> que nem sei de onde vem.
>
> Tu és meu... Tu és meu?
> Uma porta de gelo
> há entre tu e eu:
> teu pensamento!
>
> Isso que te golpeia no cérebro
> e cujo martelar
> me escapa...
>
> Vem, beija-me... Que importa?
> O coração te chamou toda a noite,
> E agora que estás tu, tua carne e tua alma
> por que me preocupar com o que fizestes ontem?... Que importa!
>
> Vem, beija-me... teus lábios,
> teus olhos e tuas mãos...

Depois... nada.
E tua alma? E tua alma! [261]

Essa nossa poetisa, a quem já devemos saudar como uma das primeiras poetisas da indo-américa, não descende de Ibarbourou. Não descende de Augustini. Não descende nem mesmo de Mistral, de quem, entretanto, sente-se mais próxima do que de qualquer outra, por algumas afinidades de tons. Tem um temperamento original e autônomo. Seu segredo, sua palavra, sua força, nasceram com ela e estão nela.

Em sua poesia há mais dor que alegria, há mais sombra que claridade. Magda é triste. Seu impulso vital lança-a para a luz e para a festa. E Magda sente-se impotente para desfrutá-las. Esse é seu drama. Mas não a amargura nem a embaraça.

Em "Vidrios de amor", poema em 18 canções emocionadas, toda Magda está nesses versos:

com quantas lágrimas me forjaste?

Tive tantas vezes
a atitude das árvores suicidas
nos caminhos poeirentos e vazios

secretamente, sem que o saibas
tudo deve doer-te
por ter-me feito assim, sem uma doçura
para minhas dores ácidas

de onde vim com minha ferocidade
para me conformar?

---

[261] Ven, bésame!/ qué importa que algo oscuro/ me esté royendo el alma/ con sus dientes?/ Yo soy tuya y tu eres mío... bésame!/ No lloro hoy... Me ahoga la alegría,/ una extraña alegría/ que yo no sé de dónde viene./ Tú eres mío... ¿Tú eres mío?/ una puerta de hielo/ hay entre tú y yo:/ tu pensamiento!/ Eso que te golpea en el cerebro/ y cuyo martillar/ me escapa.../ Ven, bésame... ¿Qué importa?/ Te llamó el corazón toda la noche,/ y ahora que estás, tú, tu carne y tu alma/ qué he de fijarme en lo que has hecho ayer?... Qué importa!/ Ven, bésame... tus lábios,/ tus ojos y tus manos.../ Luego... nada./ Y tu alma? Y tu alma! (N.T.)

Eu não conheço a alegria
carrossel da infância com que nunca sonhei

ah! – e no entanto
amo de tal maneira a alegria
como amarão as amargas plantas
um fruto doce

mãe
receptora alerta
hoje não respondas porque te afogarias
hoje não respondas ao meu choro
quase sem lágrimas

afundo minha angústia em mim para olhar
o lado esquerdo da vida

que não tenha posto nada mais que amor
ao formar o coração de minha filha

quisera defendê-la de mim mesma
como de uma fera
desses olhos delatores
dessa voz dilacerada
onde a insônia constrói cavernas

e para ela ser alegre, ingênua, criança
como se todos os sinos da alegria
soassem em meu coração sua páscoa eterna.[262]

---
[262] con cuántas lágrimas me forjaste?/ he tenido tantas veces/ la actitud de los árboles suicidas/ en los caminos polvorientos y solos.../ secretamente sin que lo sepas/ debe dolerte todo/ por haberme hecho así, sin una dulzura/ para mis ácidos dolores/ de dónde vine yo con mi fiereza/ para conformarme?/ yo no conozco la alegría/ carroussel de niñez que no he soñado nunca/ ah! – sin embargo/ amo de tal manera la alegría/ como amarán las amargas plantas/ un fruto dulce/ madre/ receptora alerta/ hoy no respondas porque te ahogarías/ hoy no respondas a mi llanto/ casi sin lágrimas/ hundo mi angustia en mí para mirar/ la rama izquierda de mi vida/ que no haya puesto sino amor/ al amasar el corazón de mi hija/ quisiera defenderla de mí misma/ como de una fiera/ de estos ojos delatores/ de esta voz desgarrada/ donde el insomnio hace

Toda Magda está nesses versos? Toda Magda, não. Magda não é apenas mãe, não é apenas amor. Quem sabe de quantas potências escuras, de quantas verdades contrárias está feita uma alma como a sua?

17. As correntes de hoje. Indigenismo

A corrente "indigenista" que caracteriza a nova literatura peruana não deve sua atual propagação nem seu possível exagero às causas eventuais e contingentes que comumente determinam uma moda literária. E tem um significado muito mais profundo. Basta observar sua coincidência e sua consanguinidade com uma corrente ideológica e social que recruta cada vez mais adesões na juventude, para compreender que o indigenismo literário traduz um estado de ânimo, um estado de consciência do novo Peru.

Esse indigenismo, que está apenas na sua etapa de germinação – falta ainda um pouco para que dê suas flores e seus frutos –, poderia ser comparado – resguardadas todas as diferenças de tempo e espaço – ao "mujiquismo"[263] da literatura russa pré-revolucionária. O "mujiquismo" teve parentesco estreito com a primeira fase da agitação social na qual se preparou e incubou a revolução russa. A literatura "mujiquista" cumpriu uma missão histórica. Constituiu um verdadeiro processo do feudalismo russo, do qual este saiu inapelavelmente condenado. A socialização da terra, resultado da revolução bolchevique, reconhece entre seus precursores o romance e a poesia "mujiquistas". Não importa nada que, ao retratar o "mujique" – seja deformando-o ou idealizando-o – o poeta ou romancista russo estivessem muito distantes de pensar na socialização.

Da mesma maneira o "construtivismo" e o "futurismo" russos, que se comprazem com a representação de máquinas, arranha-céus, aviões, fábricas etc., correspondem a uma época na qual o proletariado urbano, depois de ter criado um regime cujos usufrutuários até agora são os camponeses, trabalha por ocidentalizar a Rússia, levando-a a um grau máximo de industrialização e eletrificação.

---

cavernas/ y para élla ser alegre, ingenua, niña/ como si todas las campanas de alegría/ sonaram en mi corazón su pascua eterna. (N.T.)

[263] De "mujique", palavra que designa o camponês russo pré-revolução. (N.T.)

O "indigenismo" de nossa literatura atual não está desconectado dos demais elementos novos dessa hora. Ao contrário, encontra-se articulado com esses. O problema indígena, tão presente na política, na economia e na sociologia, não pode estar ausente da literatura e da arte. Equivocam-se gravemente aqueles que, julgando-o por sua incipiência ou pelo oportunismo de poucos ou muitos de seus corifeus, consideram-no artificioso em conjunto.

Também não cabe duvidar de sua vitalidade pelo fato de que até agora não produziu uma obra-prima. Obra-prima não floresce a não ser em um terreno já muito adubado por uma multidão anônima e obscura de obras medíocres. O artista genial não é geralmente um princípio, e sim uma conclusão. Aparece, normalmente, como o resultado de uma vasta experiência.

Menos ainda cabe nos alarmarmos por exasperações episódicas ou exageros anedóticos. Nem uma nem outra encerram o segredo nem portam a seiva do fato histórico. Toda afirmação necessita tocar seus limites extremos. Deter-se a especular sobre a anedota é expor-se a ficar fora da história.

Essa corrente, no entanto, encontra um estímulo na assimilação, por nossa literatura, de elementos de cosmopolitismo. Já assinalei a tendência autonomista e nativista do vanguardismo na América. Na nova literatura argentina ninguém se sente mais portenho que Girondo e Borges, nem mais gaúcho que Güiraldes. Em troca, aqueles que, como Larreta, permanecem enfeudados ao classicismo espanhol, revelam-se radical e organicamente incapazes de interpretar seu povo.

Outro incentivo, finalmente, é em alguns o exotismo que invade as literaturas europeias, à medida que se acentuam os sintomas de decadência da civilização ocidental. A César Moro, a Jorge Seoane e aos demais artistas que ultimamente emigraram para Paris, pedem temas nativos, motivos indígenas. Nossa escultora Carmen Saco levou com suas estátuas e desenhos de índios o mais válido passaporte para sua arte.

Esse último fator externo é o que decide literatos que poderíamos chamar de "emigrados", como Ventura García Calderón, a cultivar o indigenismo, ainda que seja à sua maneira e apenas episodicamente, sem que se lhes atribua a mesma artificiosa moda vanguardista nem o mesmo contágio dos ideais da nova geração que são supostos nos literatos jovens que trabalham no país.

* * *

O *criollismo* não pode prosperar em nossa literatura, como uma corrente de espírito nacionalista, antes de mais nada porque o *criollo* não representa ainda a nacionalidade. Constata-se, quase uniformemente, há tempos, que somos uma nacionalidade em formação. Percebe-se agora, precisando esse conceito, a subsistência de uma dualidade de raça e de espírito. De qualquer maneira, admite-se, unanimemente, que não alcançamos ainda nem mesmo um grau elementar de fusão dos elementos raciais que convivem em nosso solo e que compõem nossa população. O *criollo* não está claramente definido. Até agora a palavra *criollo* não é nada mais que um termo que nos serve para designar genericamente uma pluralidade, muito matizada, de mestiços. Nosso *criollo* carece do caráter que encontramos, por exemplo, no *criollo* argentino. O argentino é identificável em qualquer parte do mundo; o peruano, não. Essa confrontação é, precisamente, a que nos evidencia que já existe uma nacionalidade argentina, enquanto ainda não existe, com traços peculiares, uma nacionalidade peruana. O *criollo* apresenta aqui uma série de variedades. O da costa se diferencia fortemente do serrano. Enquanto na serra a influência telúrica indigeniza o mestiço, até quase sua absorção pelo espírito indígena, na costa o predomínio colonial manteve o espírito herdado da Espanha.

A literatura nativista do Uruguai, nascida, como na Argentina, da experiência cosmopolita, tem sido *criollista*, porque ali a população tem a unidade que falta à nossa. O nativismo, que no Uruguai, entretanto, aparece como um fenômeno essencialmente literário. Não tem, como o indigenismo no Peru, uma inspiração política e econômica subconsciente. Zum Felde, um de seus animadores como crítico, declara que já chegou a hora de sua liquidação.

> À devoção imitativa do estrangeiro – escreve – devia se opor o sentimento autônomo do nativo. Era um movimento de emancipação literária. A reação se operou. A emancipação foi, em seguida, um fato. Os

tempos estavam maduros para isso. Os jovens poetas voltaram seus olhos para a realidade nacional. E, ao voltar a ela seus olhos, viram aquilo que, por contraste com o europeu, era mais genuinamente americano: o gauchesco. Mas, cumprida já sua missão, o tradicionalismo deve por sua vez passar. Já é hora que passe, para dar lugar a um americanismo lírico mais de acordo com o imperativo da vida. A sensibilidade de nossos dias já se nutre de realidade, de idealidades diferentes. O ambiente platense já deixou definitivamente de ser gaúcho. E todo o gauchesco – depois de se encurralar nos pagos mais insociáveis – vai passando para o culto silencioso dos museus. A vida rural do Uruguai está toda transformada em seus costumes e em seus caracteres, pelo avanço do cosmopolitismo urbano.[264]

No Peru, além do *criollismo* ter sido demasiado esporádico e superficial, foi nutrido pelo sentimento colonial. Não se constituiu como uma afirmação da autonomia. Até há pouco tempo contentou-se em ser o setor costumbrista da literatura colonial sobrevivente. Abelardo Gamarra talvez seja a única exceção nesse *criollismo* domesticado, sem orgulho nativo.

Nosso "nativismo" – também necessário literariamente como revolução – não pode ser simples *criollismo*. O *criollo* peruano não acabou ainda de se emancipar espiritualmente da Espanha. Sua europeização – pela qual deve encontrar, por reação, sua personalidade – só se completou parcialmente. Uma vez europeizado, o *criollo* de hoje dificilmente deixa de dar-se conta do drama do Peru. É ele precisamente quem, reconhecendo-se a si mesmo como espanhol abastardado, sente que o índio deve ser o alicerce da nacionalidade. (Valdelomar, *criollo* da costa, ao regressar da Itália, impregnado de *d'annunzianismo* e esnobismo, experimenta seu deslumbramento máximo quando descobre, ou, melhor dizendo, imagina o incário.) Enquanto o *criollo* puro conserva geralmente seu espírito colonial, o *criollo* europeizado rebela-se, em nosso tempo, contra esse espírito, ainda que seja apenas como protesto contra sua limitação e seu arcaísmo.

Claro que o *criollo*, diverso e múltiplo, pode abastecer abundantemente nossa literatura – narrativa, descritiva, costumbrista, folclórica etc. – de tipos e motivos. Mas o que a genuína corrente

---
[264] Estudo sobre o nativismo em *La cruz del Sur* (Montevidéu).

indigenista subconscientemente procura no índio não é apenas o tipo ou o motivo. Menos ainda o tipo ou o motivo pitoresco. O "indigenismo" aqui não é um fenômeno essencialmente literário como o "nativismo" no Uruguai. Suas raízes alimentam-se de outro humo histórico. Os "indigenistas" autênticos – que não devem ser confundidos com os que exploram temas indígenas por mero "exotismo" – colaboram, conscientemente ou não, em uma obra política e econômica de reivindicação – não de restauração nem ressurreição.

O índio não representa unicamente um tipo, um tema, um motivo, um personagem. Representa um povo, uma raça, uma tradição, um espírito. Não é possível, pois, valorizá-lo e considerá-lo, de pontos de vista exclusivamente literários, como uma cor ou um aspecto nacional, colocando-o no mesmo plano que outros elementos étnicos do Peru.

À medida que é estudada, averigua-se que a corrente indigenista não depende de fatores literários, e sim de fatores sociais e econômicos complexos. O que dá direito ao índio de prevalecer na visão do peruano de hoje é, sobretudo, o conflito e o contraste entre seu predomínio demográfico e sua servidão – não apenas inferioridade – social e econômica. A presença de 3 ou 4 milhões de homens da raça autóctone no panorama mental de um povo de 5 milhões, não deve surpreender ninguém em uma época em que esse povo sente a necessidade de encontrar o equilíbrio que até agora lhe faltou em sua história.

* * *

O indigenismo, em nossa literatura, como se depreende de minhas propostas anteriores, tem fundamentalmente o sentido de uma reivindicação do autóctone. Não preenche a função puramente sentimental que preencheria, por exemplo, o *criollismo*. Seria errado, por conseguinte, apreciar o indigenismo como equivalente ao *criollismo*, ao qual não substitui.

Se o índio ocupa o primeiro plano da literatura e da arte peruanas não será, certamente, por seu interesse literário ou plástico, e sim porque as novas forças e o impulso vital da nação tende a reivindicá-lo. O fenômeno é mais instintivo e biológico que intelectual e teórico. Repito que o que subconscientemente a genuína corrente indigenista procura no índio não é apenas o tipo ou o motivo e menos ainda o tipo ou o motivo "pitoresco". Se isso não fosse certo é evidente que o "zambo",[265] por exemplo, interessaria ao literato ou ao artista *criollo* – em especial ao *criollo* – tanto quanto o índio. E isso não acontece por várias razões. Porque o caráter dessa corrente não é naturalista ou costumbrista e sim, melhor dizendo, lírico, como provam as tentativas ou esboços de poesia andina. E porque uma reivindicação do autóctone não pode confundir o "zambo", ou o mulato, com o índio. O negro, o mulato, o "zambo" representam, em nosso passado, elementos coloniais. O espanhol importou o negro quando sentiu sua impossibilidade de substituir o índio e sua incapacidade de assimilá-lo. O escravo veio ao Peru para servir aos objetivos colonizadores da Espanha. A raça negra constitui um dos aluviões humanos depositados na costa pela colonização. É um dos estratos, pouco densos ou fortes, sedimentados nas terras baixas do Peru durante o vicereinado e a primeira etapa da república. E, nesse ciclo, todas as circunstâncias concorreram para manter sua solidariedade com a colônia. O negro sempre viu com hostilidade e desconfiança a serra, onde não pode se aclimatar nem física, nem espiritualmente. Quando se misturou com o índio foi para abastardá-lo, transferindo-lhe sua domesticidade bajuladora e sua psicologia exteriorizante e mórbida. Para com seu antigo amo branco guardou, depois de sua libertação, um sentimento de liberto afeiçoado. A sociedade colonial – que fez dele um negro doméstico – poucas vezes um artesão ou um operário – absorveu e assimilou a raça negra, até se intoxicar com seu sangue tropical e quente. Tanto quanto impenetrável e esquivo o índio, foi-lhe acessível e doméstico o negro. E nasceu assim uma subordinação cuja primeira razão está na própria origem da importação de escravos e da qual a evolução social e econômica só redime o negro e o mulato que, convertendo-o em operário, cancela e extirpa pouco a pouco a herança espiritual do escravo. O mulato, ainda colonial nos seus gostos, está inconscientemente a favor do hispanismo, contra o autoctonismo. Sente-se espontaneamente mais próximo

---

[265] Mestiço de espanhol e negro da costa peruana. (N.T.)

da Espanha do que do incário. Só o socialismo, despertando nele a consciência classista, é capaz de conduzi-lo à ruptura definitiva com os últimos resíduos do espírito colonial.

O desenvolvimento da corrente indigenista não ameaça nem paralisa o de outros elementos vitais de nossa literatura. O "indigenismo", sem dúvida, não espera monopolizar a cena literária. Não exclui nem estorva outros impulsos nem outras manifestações. Mas representa a cor e a tendência mais características de uma época por sua afinidade e coerência com a orientação espiritual das novas gerações, condicionada, por sua vez, pelas necessidades imperiosas de nosso desenvolvimento econômico e social.

A maior injustiça na qual um crítico poderia incorrer seria a condenação apressada da literatura indigenista por sua falta de autoctonismo integral ou pela presença, mais ou menos percebida, em suas obras, de elementos de artifício na interpretação e na expressão. A literatura indigenista não pode nos dar uma versão rigorosamente verista do índio. Tem que idealizá-lo e estilizá-lo. Também não nos pode dar sua própria alma. É ainda uma literatura de mestiços. Por isso se chama indigenista e não indígena. Uma literatura indígena, se deve vir, virá a seu tempo. Quando os próprios índios estiverem em condições de produzi-la.

Finalmente, não se pode equiparar a atual corrente indigenista com a velha corrente colonialista. O colonialismo, reflexo do sentimento da casta feudal, se entretinha com a idealização nostálgica do passado. O indigenismo, em troca, tem raízes vivas no presente. Extrai sua inspiração no protesto de milhões de homens. O vice-reinado era; o índio é. E enquanto a liquidação dos resíduos de feudalismo colonial se impõe como uma condição elementar de progresso, a reivindicação do índio, e em última instância de sua história, chega-nos inserida no programa de uma revolução.

* * *

Fica, pois, esclarecido que da civilização incaica nos preocupa mais o que permaneceu do que o que morreu. O problema do nosso tempo não é saber como foi o Peru. É, sim, saber como é o Peru. O passado nos interessa na medida em que pode nos servir para explicar o presente. As gerações construtivas sentem o passado como uma raiz, como uma causa. Jamais o sentem como um programa.

Quase a única coisa que sobrevive do *Tawantinsuyo* é o índio. A civilização pereceu; a raça não pereceu. O material biológico do *Tawantinsuyo* revela-se, depois de quatro séculos, indestrutível e, em parte, imutável.

O homem muda com mais lentidão do que se supõe neste século da velocidade. A metamorfose do homem bate o recorde na era moderna. Mas esse é um fenômeno peculiar da civilização ocidental que se caracteriza, antes de mais nada, como uma civilização dinâmica. Não é por acaso que a essa civilização coube averiguar a relatividade do tempo. Nas sociedades asiáticas – afins, se não consanguíneas com a sociedade incaica –, nota-se ao contrário algum quietismo e algum êxtase. Existem épocas em que parece que a história se detém. E uma mesma forma social perdura, petrificada, muitos séculos. Não é aventurosa, portanto, a hipótese de que, em quatro séculos, o índio pouco mudou espiritualmente. A servidão deprimiu, sem dúvida, sua psique e sua carne. Tornou-o um pouco mais melancólico, um pouco mais nostálgico. Sob o peso desses quatro séculos, o índio encurvou-se moral e fisicamente. Mas o fundo escuro de sua alma quase não mudou. Nas serras abruptas, nos desfiladeiros longínquos em que não chegou a lei do branco, o índio ainda guarda sua lei ancestral.

O livro de Enrique López Albújar, escritor da geração radical, *Cuentos andinos*, é o primeiro que, na nossa época, explora esses caminhos. Os *Cuentos andinos* apreendem, em seus desenhos secos e duros, emoções substantivas da vida nos Andes e nos apresentam alguns esboços da alma do índio. López Albújar coincide com Valcárcel ao buscar nos Andes a origem do sentimento cósmico dos quéchuas. "Los tres jircas", de López Albújar, e "Los hombres de piedra,[266] de Valcárcel, traduzem a mesma mitologia. Os lutadores e as cenas de López Albújar têm o mesmo pano de fundo que a teoria e as ideias de Valcárcel. Esse resultado é singularmente interessante porque é obtido por temperamentos diferentes e métodos dessemelhantes. A literatura de López Al-

---

[266] *De la vida inkaica*, por Luis E. Valcárcel, Lima, 1925.

bújar quer ser, sobretudo, naturalista e analítica; a de Valcárcel, imaginativa e sintética. O traço essencial de López Albújar é seu criticismo; o de Valcárcel, seu lirismo. López Albújar olha o índio com a visão e a alma do habitante da costa. Valcárcel, com os olhos e a alma do serrano. Não existe parentesco espiritual entre os dois escritores; não há semelhança de gênero nem estilo entre os dois livros. No entanto, um e outro escutam o mesmo longínquo palpitar da alma quéchua.[267]

A conquista converte formalmente o índio ao catolicismo. Mas, na verdade, o índio não renegou seus velhos mitos. Seu sentimento místico variou. Seu animismo subsiste. O índio continua sem entender a metafísica católica. Sua filosofia panteísta e materialista desposou, sem amor, o catecismo. Mas não renunciou à sua própria concepção da vida, que não interroga a Razão e sim

---

[267] Uma nota do livro de López Albújar, que se lembra com uma nota do livro de Valcárcel, é a que nos fala da nostalgia do índio. A melancolia do índio, segundo Valcárcel, nada mais é que nostalgia. Nostalgia do homem arrancado do agro e do lar pelas empresas bélicas ou pacíficas do Estado. Em "Ushanam Jampi" a nostalgia é que perde o protagonista. Conce Malle é condenado ao exílio pela justiça dos anciãos de Chupan. Mas o desejo de sentir-se sob seu teto é mais forte que o instinto de conservação. E o impulsiona a voltar furtivamente para sua choça, sabendo que talvez o aguarde a última pena em sua aldeia. Essa nostalgia nos define o espírito do povo do Sol como a de um povo agricultor e sedentário. Os quéchuas não são e nunca foram aventureiros nem vagabundos. Talvez por isso tenha sido e seja tão pouco aventureira e vagabunda sua imaginação. Talvez por isso o índio objetiva sua metafísica na natureza que o circunda. Talvez por isso os "jircas", ou seja, os deuses domésticos da terra natal, governam sua vida. O índio não podia ser monoteísta.
Há quatro séculos não deixam de se multiplicar as causas da nostalgia indígena. O índio foi frequentemente um emigrado. E, como em quatro séculos não pôde aprender a viver como nômade, porque quatro séculos é muito pouca coisa, sua nostalgia adquiriu esse traço de desespero incurável com o qual gemem suas queixas.
López Albújar se debruça com um olhar penetrante no abismo profundo e mudo da alma do quéchua. E escreve em sua divagação sobre a coca: "O índio, sem o saber, é schopenhauerista. Schopenhauer e o índio têm um ponto de contato, com esta diferença: que o pessimismo do filósofo é teoria e vaidade e o pessimismo do índio, experiência e desdém. Se para um a vida é um mal, para o outro não é nem mal nem bem, e sim uma triste realidade, e tem a sabedoria profunda de aceitá-la como é".
Unamuno acha esse um julgamento certeiro. Também ele acredita que o ceticismo do índio é experiência e desdém. Mas o historiador e o sociólogo podem perceber outras coisas que o filósofo e o literato talvez desdenhem. Não será esse ceticismo, por acaso, um traço da psicologia asiática? O chinês, como o índio, é materialista e cético. E, como no *Tawantinsuyo*, a religião, na China, é um código de moral prática mais do que uma concepção metafísica.

a Natureza. Os três jircas, as três montanhas de Huánuco, pesam mais na consciência do índio huanuquenho que o além-túmulo cristão.

"Los tres jircas" e "Como habla la coca" são, segundo entendo, as páginas mais bem escritas de *Cuentos andinos*. Mas nem "Los tres jircas" nem "Como habla la coca" se classificam exatamente como contos. "Ushanam Jampi", ao contrário, tem uma contextura vigorosa de relato. E a esse mérito "Ushanam Jampi" une o de ser um documento precioso do comunismo indígena. Esse relato nos faz compreender a forma como funciona a justiça popular nas pequenas aldeias indígenas, nas quais a lei da república quase não chega. Encontramo-nos aqui diante de uma instituição sobrevivente do regime autóctone. Diante de uma instituição que declara categoricamente que a organização incaica foi uma organização comunista.

Em um regime de tipo individualista, a administração da justiça se burocratiza. É função de um magistrado. O liberalismo, por exemplo, a atomiza, a individualiza na pessoa do juiz profissional. Cria uma casta, uma burocracia de juízes de hierarquia diversa. Em um regime de tipo comunista, ao contrário, a administração da justiça é função de toda a sociedade. É como, no comunismo índio, função dos *yayas*, dos anciãos.[268]

---

[268] O autor do prólogo de *Cuentos andinos*, senhor Ezequiel Ayllón, assim explica a justiça popular indígena: "A lei substantiva, consuetudinária, conservada desde a antiguidade mais obscura, estabelece dois substitutivos penais que tendem à reintegração do delinquente, e duas penas propriamente ditas contra o homicídio e o roubo, que são os delitos de transcendência social. O Yachishum ou Yachachishum se reduz a admoestar o delinquente, fazendo-o compreender os inconvenientes do delito e as vantagens do respeito recíproco. O Allyáchishum tende a evitar a vingança pessoal, reconciliando o delinquente com o agravado ou seus parentes por não haver tido efeito morigerante o Yachishum. Aplicados os dois substitutivos cujas categorias ou transcendências não são alheios aos meios que preconizam com esse caráter os penalistas da moderna escola positiva, procede a pena de confinamento ou desterro chamada de Jitarishum, que tem as projeções de uma expatriação definitiva. É a ablação do elemento enfermo, que constitui uma ameaça à segurança das pessoas e dos bens. Por último, se o admoestado, reconciliado ou expulso, rouba ou mata novamente dentro da jurisdição distrital, nele se aplica a pena extrema, irremissível, denominada Ushanam Jampi, o último remédio, que é a morte, quase sempre a pauladas, esquartejamento do cadáver e sua desaparição no fundo dos rios ou despenhadeiros, ou servindo de pasto aos cães e às aves de rapina. O Direito Processual se desenvolve de modo público e oral, em uma única audiência, e compreende acusação, defesa, prova, sentença e execução".

* * *

O futuro da América Latina depende, de acordo com a maior parte dos atuais prognósticos, da sorte da mestiçagem. Sucedeu-se ao pessimismo hostil dos sociólogos da tendência Le Bon sobre o mestiço, um otimismo messiânico que deposita no mestiço a esperança do continente. O trópico e o mestiço são, na veemente profecia de Vasconcelos, a cena e o protagonista de uma nova civilização. Mas a tese de Vasconcelos que esboça uma utopia – na acepção positiva e filosófica da palavra – na mesma medida em que aspira predizer o futuro, suprime e ignora o presente. Nada é mais distante de sua especulação e de sua tentativa que a crítica da realidade contemporânea, na qual procura exclusivamente os elementos favoráveis à sua profecia.

A mestiçagem exaltada por Vasconcelos não é precisamente a mistura das raças espanhola, indígena e africana, já operada no continente, e sim a fusão e refundição acrisoladoras, das quais nascerá, depois de um trabalho secular, a raça cósmica. O mestiço atual, concreto, não é para Vasconcelos o tipo de uma nova raça, de uma nova cultura, e sim apenas sua promessa. A especulação do filósofo, do utopista, não conhece limites de tempo e de espaço. Os séculos não contam em sua construção ideal salvo como momentos. O trabalho do crítico, do historiador, do político, é de outro tipo. Tem que se ater a resultados imediatos e contentar-se com as perspectivas próximas.

O mestiço real da história – não o ideal da profecia – constitui o objeto de sua pesquisa ou o fator de seu plano. No Peru, pela impressão diferente do meio e pela múltipla combinação de raças entrecruzadas, o termo "mestiço" nem sempre tem o mesmo significado. A mestiçagem é um fenômeno que produziu uma variedade complexa, em vez de resolver uma dualidade, a do espanhol e a do índio.

O dr. Uriel García percebe o neoíndio no mestiço. Mas esse mestiço é o que provém de uma mistura das raças espanhola e indígena, sujeita à influência do meio e da vida andinas. O meio serrano, no qual o dr. Uriel García situa sua pesquisa, assimilou-se ao branco invasor. Do braço das duas raças nasceu o novo índio, fortemente influenciado pela tradição e pelo ambiente regionais.

Esse mestiço, que no processo de várias gerações, e sob a pressão constante do mesmo meio telúrico e cultural, já adquiriu traços estáveis, não é o mestiço engendrado na costa pelas mesmas razões. A marca da costa é mais suave. O fator espanhol, mais ativo.

O chinês e o negro complicam a mestiçagem na costa. Nenhum desses dois elementos contribuíram ainda para a formação da nacionalidade com valores culturais ou energias progressistas. O cule chinês é um ser segregado em seu país pela superpopulação e o pauperismo. Insere sua raça no Peru, mas não sua cultura. A imigração chinesa não nos trouxe nenhum dos elementos essenciais da civilização chinesa, talvez porque tenham perdido em sua própria pátria seu poder dinâmico e regenerador. Lao Tsé e Confúncio chegaram a nosso conhecimento pela via do Ocidente. A medicina chinesa talvez seja a única importação de tipo intelectual direta do Oriente, e, sem dúvida, deve sua vinda a razões práticas e mecânicas, estimuladas pelo atraso de uma população na qual o curandeirismo e todas as suas manifestações conservam um profundo enraizamento. A habilidade e excelência do pequeno agricultor chinês mal frutificou nos vales de Lima, onde a vizinhança de um mercado importante oferece proveito seguro para a horticultura. O chinês, em troca, parece ter inoculado o fatalismo, a apatia e as taras do Oriente decrépito em toda sua descendência. O jogo, ou seja, um elemento de relaxamento e imoralidade, singularmente nocivo em um povo propenso a confiar mais na sorte que no esforço, recebe da imigração chinesa seu maior impulso. Apenas depois do movimento nacionalista – que encontrou ressonância extensa entre os chineses expatriados do continente – é que a colônia chinesa deu sinais ativos de interesse cultural e impulsos progressistas. O teatro chinês, quase unicamente reservado à diversão noturna de elementos dessa nacionalidade, não conseguiu mais eco em nossa literatura que aquele propiciado de modo efêmero pelos gostos exóticos e artificiais do decadentismo. Valdelomar e os "colónidas" o descobriram entre suas sessões de ópio, contagiados pelo orientalismo de Loti e Farrère. O chinês, em resumo, não transfere ao mestiço nem sua disciplina moral, nem sua tradição cultural e filosófica, nem sua habilidade de agricultor artesanal. Um idioma inacessível, a condição de imigrantes e o desprezo hereditário que por ele sente o *criollo*, se interpõe entre sua cultura e o meio.

A contribuição do negro, vindo como escravo, quase como mercadoria, aparece ainda mais nula e negativa. O negro trouxe sua sensualidade, sua superstição, seu primitivismo. Não estava em condições de contribuir para a criação de uma cultura, mas sim, em vez disso, prejudicá-la com a influência crua e vivente de sua barbárie.

O preconceito das raças diminuiu, mas a noção das diferenças e desigualdades na evolução dos povos se ampliou e enriqueceu em virtude do progresso da sociologia e da história. A inferioridade das raças de cor já não é um dos dogmas dos quais se alimenta o maltratado orgulho branco. Mas todo relativismo de hoje não é o suficiente para abolir a inferioridade da cultura.

A raça é apenas um dos elementos que determinam a forma de uma sociedade. Entre esses elementos, Vilfredo Pareto distingue as seguintes categorias:

1º – o solo, o clima, a flora, a fauna, as circunstâncias geológicas, mineralógicas etc.; 2º – outros elementos externos a uma sociedade dada, em um tempo dado, isto é, as ações das outras sociedades sobre ela, que são externas ao espaço, e as consequências do estado anterior dessa sociedade, que são externas no tempo; 3º – elementos internos, entre os quais os principais são a raça, os resíduos, ou seja, os sentimentos que manifestam, as inclinações, os interesses, as aptidões para o raciocínio, para a observação, o estado dos conhecimentos etc.

Pareto afirma que a forma da sociedade é determinada por todos os elementos que sobre ela operam que, uma vez determinada, opera sobre esses elementos, de maneira que se pode dizer que se efetua uma mútua determinação.[269]

O que importa, por conseguinte, no estudo sociológico dos estratos índio e mestiço, não é a medida em que o mestiço herda as qualidades ou os defeitos das raças progenitoras, e sim sua aptidão para evoluir, com mais facilidade que o índio, na direção do estado social, ou o tipo de civilização do branco. A mestiçagem precisa ser

---

[269] Vilfredo Pareto, *Trattato di sociologia generale*, tomo III, p. 265. Pareto foi um sociólogo conservador italiano, de grande projeção teórica, e foi largamente usado pelos fascistas como fundamento de algumas de suas teorias, embora não se possa qualificá-lo exatamente como tal. *Trattato di sociologia generale* não tem tradução completa em português. (N.T.)

analisada não como questão étnica, e sim como questão sociológica. O problema étnico, na consideração do qual se comprazeram sociólogos rudimentares e especuladores ignorantes, é totalmente fictício e imaginário. Assume uma importância desmedida para os que, atando servilmente seu julgamento a uma ideia acariciada pela civilização europeia em seu apogeu – e já abandonada por essa mesma civilização, propensa agora em seu declínio a uma concepção relativista da história – atribuem as criações da sociedade ocidental à superioridade da raça branca. As aptidões intelectuais e técnicas, a vontade criadora, a disciplina moral dos povos brancos reduzem-se, ao critério simplista dos que aconselham a regeneração do índio pelo cruzamento, a meras condições zoológicas da raça branca.

Mas se a questão racial – cujas sugestões levam seus críticos superficiais a raciocínios zootécnicos inverossímeis – é artificial, e não merece a atenção dos que estudam o problema indígena de modo concreto e político, outra é a índole da questão sociológica. A mestiçagem descobre nesse terreno seus verdadeiros conflitos, seu drama íntimo. A cor da pele se borra como contraste, mas os costumes, os sentimentos, os mitos – os elementos espirituais e formais desses fenômenos que se designam com os termos de sociedade e de cultura – reivindicam seus direitos. A mestiçagem – dentro das condições econômico-sociais subsistentes entre nós – não apenas produz um novo tipo humano e étnico, mas também um novo tipo social. E se a imprecisão daquele, por uma desordenada combinação de raças, não implica em si mesma uma inferioridade, e até pode anunciar, em alguns exemplares felizes, os traços da raça "cósmica", a imprecisão ou hibridismo do tipo social se traduz por um predomínio obscuro de sedimentos negativos, em uma estagnação sórdida e mórbida. As contribuições do negro e do chinês se deixam sentir, nessa mestiçagem, em um sentido quase sempre negativo e exorbitado. No mestiço não se prolonga a tradição do branco nem a do índio: ambas se esterilizam e contrastam. Dentro de um ambiente urbano, industrial e dinâmico, o mestiço ultrapassa rapidamente as distâncias que o separam do branco, até se assimilar à cultura ocidental, com seus costumes, impulsos e consequências. Pode lhe escapar – e geralmente lhe escapa – o fundo complexo de crenças, mitos e sentimentos que se agita sob as criações materiais e intelectuais da civilização europeia ou branca. Mas a mecânica e a disciplina desta impõe-lhe automaticamente seus hábitos e concepções. Em contato com uma civilização maquinista, assombrosamente dotada para o domínio da natureza, a ideia de progresso, por exemplo, é de um poder de contágio ou de sedução irresistível. Mas esse processo de assimilação ou incorporação acontece prontamente apenas em um meio no qual atuem vigorosamente as energias da cultura industrial. No latifúndio feudal, no burgo retardado, a mestiçagem carece de elementos de ascensão. Em seu torpor extenuante anulam-se as virtudes e os valores das raças entremescladas e, em troca, se impõem, prepotentes, as superstições mais enervantes.

Para o homem do populacho mestiço – tão sombriamente descrito por Valcárcel com uma paixão não isenta de preocupações sociológicas – a civilização ocidental constitui um espetáculo confuso, não um sentimento. Tudo o que está na civilização é íntimo, essencial, intransferível, energético, permanece alheio a seu ambiente vital. Algumas imitações externas, alguns hábitos subsidiários, podem dar a impressão de que esse homem se move dentro da órbita da civilização moderna. Mas a verdade é outra.

Desse ponto de vista, o índio, em seu meio nativo, enquanto a emigração não o desenraíza nem o deforma, não tem nada de que invejar ao mestiço. É evidente que ainda não está incorporado nessa civilização expansiva, dinâmica, que aspira à universalidade. Mas não rompeu com seu passado. Seu processo histórico está detido, paralisado, mas não perdeu, por isso, sua individualidade. O índio tem uma existência social que conserva seus costumes, seu sentimento da vida, sua atitude diante do universo. Os "resíduos" e as derivações de que nos fala a sociologia de Pareto, que continuam atuando sobre ele, são os de sua própria história. A vida do índio tem estilo. Apesar da conquista, do latifúndio, do *gamonal*, o índio dos Andes ainda se move, em certa medida, dentro de sua própria tradição. O *ayllu* é um tipo social bem entranhado no meio e na raça.[270]

---

[270] Os estudos de Hildebrando Castro Pozo, sobre a "comunidade indígena", consignam a esse respeito dados de interesse extraordinário, que já citei em outro lugar. Esses dados coincidem totalmente com o conteúdo das afirmações de Valcárcel em "Tempestad en los Andes", às quais, se não estivessem confirmadas por pesquisas objetivas, podia-se supor serem excessivamente otimistas e apologéticas. Além disso, qualquer um pode comprovar a unidade, o estilo, o caráter da vida indígena. E, sociologicamente, a persistência na comunidade daquilo que Sorel chama de "elementos espirituais do trabalho" é de um valor capital.

O índio continua vivendo sua antiga vida rural. Guarda até hoje seus trajes, seus costumes, suas indústrias típicas. Sob o feudalismo mais duro, não chegaram a se extinguir os traços da agrupação social indígena. A sociedade indígena pode se mostrar mais ou menos primitiva ou atrasada, mas é um tipo orgânico de sociedade e de cultura. As experiências dos povos do Oriente, o Japão, a Turquia e a própria China, já provaram como uma sociedade autóctone, mesmo depois de um longo colapso, pode encontrar por seus próprios passos, e em muito pouco tempo, o caminho da civilização moderna e traduzir para o seu próprio idioma as lições dos povos do Ocidente.

18. Alcides Spelucin

No primeiro livro de Alcides Spelucin estão, entre outras, as poesias que me leu há nove anos quando nos conhecemos em Lima na redação do diário no qual trabalhava. Abraham Valdelomar fez a mediação fraterna desse encontro, depois do qual Alcides e eu nos reencontramos poucas vezes, mas ficamos mais próximos a cada dia. Nossos destinos têm uma analogia especial dentro de sua dessemelhança formal. Ele e eu procedemos, mais que da mesma geração, do mesmo tempo. Nascemos sob signo idêntico. Na nossa adolescência literária nos nutrimos das mesmas coisas: decadentismo, modernismo, estetismo, individualismo, ceticismo. Mais tarde, coincidimos no trabalho doloroso e angustiante de superar essas coisas e escaparmos desse âmbito mórbido. Partimos para o estrangeiro em busca não do segredo dos outros, mas sim em busca do segredo de nós mesmos. Conto minha viagem em um livro de política. Spelucin conta a sua em um livro de poesia. Mas nisso não há outra coisa senão diferença de aptidões ou, se quiserem, de temperamento. Não existe diferença nem de peripécia nem de espírito. Os dois embarcamos "na barca de ouro em busca de uma ilha boa". Os dois, na aventura tempestuosa, encontramos Deus e descobrimos a humanidade. Alcides e eu, postos a escolher entre o passado e o futuro, votamos pelo futuro. Sobreviventes dispersos de uma escaramuça literária, hoje nos sentimos combatentes de uma batalha histórica.

El libro de la nave dorada é uma estação da viagem e do espírito de Alcides Spelucin. Orrego adverte isso ao leitor, no prefácio, cheio de emoção, grávido de pensamento, que escreveu para esse livro.

Não representa – escreve – a atualidade estética do criador. É um livro da adolescência, o trabalho poético primeiro, que mal quebra o claustro de uma intimidade anônima. Desde então o poeta percorreu muitos caminhos ascendentes e prazerosos, e também muitas trilhas dolorosas. O espírito de hoje está mais maduro, a visão mais luminosa, o veículo expressivo mais rico, mais ágil e mais potente; o pensamento mais iluminado de sabedoria, mais extenso de panorama, mais valorizado pelo acúmulo de intuições. O coração mais religioso, mais estremecido e mais aberto para o mundo. É preciso marcar isso para que o leitor perceba a precocidade penosa do poeta que, quando escreve esse livro, é quase uma criança.

Como canção do mar, como balada do trópico, esse livro é, na poesia da América, algo assim como o prolongamento encantado da "Sinfonia em gris mayor". A poesia de Alcides Spelucin tem, nessa jornada, ecos melodiosos da música rubendariana. Nota-se também que é posterior às aquisições feitas pela lírica hispano-americana na obra de Herrera y Reissig. A marca do poeta uruguaio está esplendidamente viva em versos como estes:

> E diante de um despertar planetário de nardos
> bramando lilases tristes pela rota do Oriente
> vão-se os vesperais, divinos leopardos.[271]
> ("Caracol bermejo")

Mas essa presença de Herrera y Reissig e a do próprio Rubén Dario só é sensível na técnica, na forma, na estética. Spelucin tira do decadentismo a expressão, mas não o espírito. Seus estados de alma nunca são mórbidos. Uma das coisas que atraem nele é sua saúde total. Alcides absorveu muitos dos venenos de sua época, mas sua alma rija, um pouco rústica no fundo, conservou-se pura e sã. Assim, está mais vivo e pessoal nessa súplica de lirismo acrisolado.

---

[271] Y ante un despertamiento planetario de nardos/ bramando lilas tristes por la ruta de oriente/ se van los vesperales, divinos leopardos. (N.T.)

> Não me darás a argila da canteira rosada
> onde lavrar minha base para desfrutar Amor?
> Não me darás um pouco de terra melodiosa
> onde plasmar a febre do meu sonho, Senhor?[272]

Alcides assemelha-se a Vallejo na piedade humana, na ternura humilde, na efusão cordial. Em uma época que ainda era de egolatrismo exasperado e bizantinismo *d'annunziano*, a poesia de Alcides tem um perfume de parábola franciscana. Sua alma se caracteriza por um cristianismo espontâneo e substancial. Seu acento parece ser sempre o dessa outra prece com sabor de espiga e de Angelus, como alguns versos de Francis Jammes:

> Por essa doce irmã menor de olhos suaves...[273]

Essa clareza, essa inocência de Alcides são perceptíveis até nessas "águas fortes" de estirpe um pouco baudelairiana que, assumindo integralmente a responsabilidade de sua poesia da juventude, ele incluiu em *El libro de la nave dorada*. E são talvez a raiz de seu socialismo que é mais um ato de amor que de protesto.

19. Balanço provisório

Não tive o propósito de fazer história nem crônica nessa sumaríssima revisão de valores-signos. Nem mesmo tive o propósito de fazer crítica, dentro do conceito que limita a crítica ao campo da técnica literária. Propus-me esboçar as linhas ou traços essenciais de nossa literatura. Realizei um ensaio de interpretação de seu espírito, não de revisão de seus valores nem de seus episódios. Meu trabalho pretende ser uma teoria ou uma tese e não uma análise.

Isso explicará a ausência deliberada de algumas obras que, com direito incontestável a ser citadas e tratadas na crônica e na crítica de nossa literatura, carecem de significado essencial no seu próprio processo. Esse significado, em todas as literaturas, é

---

[272] ¿No me darás la arcilla de la cantera rosa/ donde labrar mi base para gustar Amor?/ ¿No me darás un poco de tierra melodiosa/ donde plasmar la fiebre de mi ensueño, Señor? (N.T.)

[273] Por esta dulce hermana menor de ojos suaves... (N.T.)

dado por duas coisas: o extraordinário valor intrínseco da obra ou o valor histórico de sua influência. O artista perdura realmente, no espírito de uma literatura, ou por sua obra ou por sua descendência. De outra maneira, perdura apenas em suas bibliotecas e em sua cronologia. E então pode ter muito interesse para a especulação de eruditos e bibliógrafos, mas quase não tem interesse para uma interpretação do sentido profundo de uma literatura.

O estudo da última geração, que constitui um fenômeno em pleno movimento, desenvolvendo-se agora, não pode ser efetuado ainda com esse mesmo caráter de balanço.[274] Precisamente em nome do revisionismo dos novos se instaura o processo da literatura nacional. Nesse processo, como é lógico, julga-se o passado, não se julga o presente. Apenas sobre o passado é que já se pode dizer a última palavra nesta geração. Os novos, que pertencem mais ao futuro que ao presente, são nesse processo juízes, promotores, advogados, testemunhas. Tudo, menos acusados. Seria prematuro e precário, entretanto, um quadro de valores que pretendesse fiar o que existe como potencialidade ou em crescimento.

A nova geração assinala antes de mais nada a decadência definitiva do "colonialismo". O prestígio espiritual e sentimental do vice-reinado, ciumenta e interessadamente cultivado por seus herdeiros e sua clientela, é para sempre ultrapassado com essa geração. Esse fenômeno literário e ideológico se apresenta, naturalmente, como uma face de um fenômeno muito mais vasto. A geração de Riva Agüero realizou, na política e na literatura, a última tentativa para salvar a colônia. Mas, como é demasiado evidente, o chamado "futurismo", que não foi mais que um neocivilismo, está liquidado política e literariamente, pela fuga, a abdicação e a dispersão de seus corifeus.

Na história de nossa literatura, a colônia termina agora. O Peru, até essa geração, não tinha ainda se tornado independente da metrópole. Alguns escritores já tinham semeado os germes de outras influências. González Prada, há 40 anos, desde a tribu-

---

[274] Reconheço, além disso, a ausência neste ensaio da alguns contemporâneos mais velhos, cuja obra deve ainda ser considerada mais ou menos suscetível de evolução ou continuação. Meu estudo, repito, não está concluído.

na do Ateneo, convidando a juventude intelectual de então a se revoltar contra a Espanha, definiu-se como um precursor de um período de influências cosmopolitas. Neste século, o modernismo rubendariano nos trouxe, atenuado e contrastado pelo colonialismo da geração "futurista", alguns elementos de renovação estilística que afrancesaram um pouco o tom da nossa literatura. E, depois, a insurreição "colónida" amotinou contra o academicismo espanhol – solene, mas precariamente restaurado em Lima com a instalação de uma academia correspondente – a geração de 1915, a primeira que escutou com atenção a já velha advertência de González Prada. Mas ainda durava o fundamental do colonialismo: o prestígio intelectual e sentimental do vice-reinado. A antiga forma tinha decaído, mas não havia decaído igualmente o antigo espírito.

Hoje a ruptura é substancial. O "indigenismo", como vimos, está extirpando, pouco a pouco, desde a raiz, o "colonialismo". E esse impulso não procede exclusivamente dos Andes. Valdelomar, Falcón, *criollos* da costa, contam-se – não discutamos o acerto de suas tentativas – entre os que primeiro voltaram seus olhos para a raça. Chegam-nos, de fora e ao mesmo tempo, várias influências internacionais. Nossa literatura entrou em seu período cosmopolita. Em Lima esse cosmopolitismo se traduz na imitação, entre outras coisas, na imitação de não poucos decadentismos corrosivos e na adoção anárquica de modas finisseculares. Mas, sob esse fluxo precário, um novo sentimento, uma nova revelação se anunciam. Pelos caminhos universais, ecumênicos, que tanto nos desaprovam, vamos nos aproximando cada vez mais de nós mesmos.